사회복지공무원이
설명하는

국민
기초생활
보장제도

사회복지 공무원이 설명하는 국민기초생활보장제도

발행일	2019년 9월 30일		

지은이	박지훈	일러스트	판영현
펴낸이	손형국		
펴낸곳	(주)북랩		
편집인	선일영	편집	오경진, 강대건, 최예은, 최승헌, 김경무
디자인	이현수, 김민하, 한수희, 김윤주, 허지혜	제작	박기성, 황동현, 구성우, 장홍석
마케팅	김회란, 박진관, 조하라, 장은별		
출판등록	2004. 12. 1(제2012-000051호)		
주소	서울시 금천구 가산디지털 1로 168, 우림라이온스밸리 B동 B113, 114호		
홈페이지	www.book.co.kr		
전화번호	(02)2026-5777	팩스	(02)2026-5747

ISBN	979-11-6299-866-3 04330 (종이책)	979-11-6299-867-0 05330 (전자책)	
	979-11-6299-909-7 04330 (세트)		

이 도서의 국립중앙도서관 출판예정도서목록(CIP)은 서지정보유통지원시스템 홈페이지(http://seoji.nl.go.kr)와
국가자료공동목록시스템(http://www.nl.go.kr/kolisnet)에서 이용하실 수 있습니다.
(CIP제어번호: CIP2019038364)

(주)북랩 성공출판의 파트너

북랩 홈페이지와 패밀리 사이트에서 다양한 출판 솔루션을 만나 보세요!

홈페이지 book.co.kr • **블로그** blog.naver.com/essaybook • **출판문의** book@book.co.kr

급여 신청부터 지급까지 알기 쉬운 기초생활보장제도 설명서

사회복지 공무원이
설명하는

박지훈 지음

국민
기초생활
보장제도

북랩 book Lab

김성이

제46대 보건복지부 장관

이화여대 사회복지 대학원 명예교수

진리는 단순하다.

복지는 개인의 존속과 발전에 필수적인 문제일 뿐 아니라, 공동체의 과제입니다. 우리나라는 경제적 발전과 함께 사회복지법도 빠르게 변화되어 왔습니다. 그 중심에 「국민기초생활보장법」이 생활이 어려운 사람에게 기본 복지를 제공하는 큰 역할을 해 왔습니다. 그러나 해당 법의 내용이 복잡해서 이해하기 어려울 뿐 아니라 현장에서 적용하는데 어려움과 혼란이 존재해 온 것이 사실입니다.

너무 재미있다.

이러한 때에 복지공무원으로 14년을 몸담은 저자가 현장에서 직접 접한 사례를 보고 느낀 것을 바탕으로, 이를 알기 쉽고 재미있게 대화체로 설명하는 책을 낸 것은 참으로 환영할 만한 일이라 생각됩니다.

삶이 복지다.

이 책은 사회복지를 전공하는 학생들, 현장에 있는 실무 및 정책담당자들은 물론 복지 문제에 질문이 많은 일반인에게도 도움이 될 것입니다. 특별히 사람과 사람 간의 존중과 믿음이 무엇보다 절실하게 요구되는 이 시대에, 차가운 이성과 논리만으로 접근하는 복지가 아닌 실제 삶과 사람 간의 관계 안에서 복지를 이해하는 데 큰 도움이 되리라 기대하며 본 책을 적극 추천합니다.

2019년 8월 15일

"납득이 안돼."

기초생활보장제도를 접한 사람들의 반응은 비슷하다. 대체 납득이 안 된다는 거다. 물론, 단편적인 정보나 대략적인 기준은 동사무소에 전화 한 통이면 충분하다. 하지만 한 걸음만 더 들어가 보면 이해되지 않는 내용들이 한두 가지가 아니다. 이는 사회복지를 공부하는 학생도 마찬가지일 것이다.

그렇다고, 법(「국민기초생활보장법」)과 지침(국민기초생활보장 사업안내)이 친절한 설명을 하는 건 아니다. 평소에는 들어 보지도 못한 용어들이 난무하는가 하면, 같은 말이어도 법이라는 책에만 들어가면 이상하게 꼬여있다. 필자 역시도 신규 공무원 시절 두꺼운 지침을 뒤져가며 우여곡절을 겪었던 경험들이 기억에 선하다.

한마디로, 기초생활보장제도는 아는 사람만 아는 제도이다.

그래서 펜을 들었다.

비록 글쓰기를 업으로 삼는 전문작가는 아니지만 지난 14년간 복지공무원으로서의 경험을 살려 느리지만 자세하게 독자와 대화하듯이 설명해 보았다.

물론, 기초생활보장제도는 여전히 복잡하다. 설명을 한다고 해서 복잡한 기준이 간단해지지는 않는다. 하지만 이 책을 다 읽고 나면 이해가 되고 납득이 되리라 생각된다.

이 책이 사회복지를 공부하는 학생들과 필요로 하는 누군가에게 좋은 설명서가 될 수 있길 바란다.

1장 사회복지 이름 구분하기 Ⅰ - 사회복지, 사회보장

2장 사회복지 이름 구분하기 Ⅱ - 사회보험, 공공부조, 중위소득, 소득인정액

글쓴이

14년 차 사회복지 공무원

홍길동

글쓴이의 친구로 궁금한 것은 다짜고짜 물어봐야
직성이 풀리는 성격의 소유자.
우리나라 복지제도가 무척이나 궁금한 1인

1장

사회복지 이름
구분하기 Ⅰ

- 사회복지, 사회보장

기초생활보장제도에 대한 설명에 앞서, 사회복지의 크고 작은 이름을 살펴볼 필요가 있어. 독자에 따라서는 생소하거나 헷갈릴 수 있거든.

맞아. '사회복지'라는 용어 자체도 그런데, 사회보장, 사회보험, 사회서비스, ○○연금, ○○수당 등등…. 왜 그렇게 비슷비슷한 이름이 많은지 모르겠어.

물론, 기초생활보장제도를 알기 위해서 사회복지의 모든 용어를 알 필요는 없어. 기초생활보장제도가 어떤 종류의 사회복지제도이며 어떤 특징을 가졌는지 정도만 알면 돼. 큰 테두리를 가지고 있는 '사회복지'와 '사회보장'부터 시작해볼게.

좋아.

1. 사회복지

'사회복지'란 단어를 언제 들어봤어?

글쎄…. 언제였는지는 모르겠어. 하지만 요즘 들어 참 많이 듣게 되지.

나 같은 경우는 고등학교 3학년 때였던 거 같아. 대학 진학을 위해서 지원할 학과를 고민하다가 접하게 되었지. 기억해보면 그 당시에는 사회복지에 대한 인식이 많이 달랐던 거 같아. 주위 사람이 '사회복지도 대학에서 공부해야 되냐'고 물어볼 정도였으니까.

확실히 옛날은 옛날이다.

맞아, 그때는 '사회복지'라는 것 자체에 의문을 가졌던 사람들이 많았어. 지금과는 많이 달랐지.

요즘엔 어디 가나 복지, 복지…. 지난여름에는 뉴스에서 이런 말도 나오더라고. "냉방도 복지다!"

'냉방 복지' 없는 저소득층… "日처럼 에어컨 구입 지원 검토를"

(전략) 폭염이 반복되면서 사회적 취약 계층에 대한 '냉방 복지' 필요성도 증가하고 있다. (후략)[1]

---

1 장재진, '냉방 복지' 없는 저소득층…"日처럼 에어컨 구입 지원 검토를", 한국일보, 2018.09. 05. https://www.hankookilbo.com/News/Read/201809041658756976

노인, 장애인, 아동, 보육, 고용, 주거, 교육 그리고 이젠 냉방까지⋯. 격세지감이 느껴지는 요즘이야.

근데, 우리가 언제부터 그랬던 거지?

우리나라 국민 사이에서 '사회복지'란 단어가 본격적으로 회자되기 시작한 것은 1997년 IMF 경제위기 때라고 할 수 있어. 전례가 없는 대규모 실업 등을 겪으면서 사회복지에 대한 인식이 변화하기 시작한 거지.

IMF 이후엔 어땠지?

양극화, 금융위기, 저출산 고령화, 청년실업 등까지⋯. 사회복지의 필요성은 나날이 커지고 있어.

그럼, '사회복지'란 뭐야? 어떤 걸 '사회복지'라고 하는 거야?

'사회복지학개론' 책에서 '사회복지'의 정의를 찾아보면 보통 이렇게 시작해. 책마다 비슷비슷하지.

'욕구를 해결하기 위한 모든 사회적 활동'이라…. 너무 광범위한데?

'사회복지'란 용어 자체가 그래. 명확한 경계선을 정해두고 있지도 않지.

그럼, '모든 사회적 활동'에서 '사회적'이란 말은 어떤 의미야?

'사회적(Social)'이라는 말은 '집단적' 혹은 '공식적'이라는 말로도 바꿔서 말할 수 있어. '개인적', '개별적', '비공식적'이란 말과는 대비되지. 예를 들어, 개인적으로 가난한 사람에게 돈을 주는 행위는 사회복지라고 할 수 없어. 그건, 개인적인 원조 행위이지. 하지만 기초생활보장제도과 같은 공적인 복지제도나 다양한 영역에서 이루어지는 공식적인 복지사업과 서비스는 모두 '사회복지'야. 사회구성원의 욕구를 해결하기 위한 공식적이고 사회적인 활동이니까.

명확한 경계선이 없다면, 사회복지의 범위도 정해진 건 없다는 거네?

그렇지. 사회복지의 범위는 시대마다, 국가마다, 학자마다 달라. 어떤 욕구(문제, 위험)를 얼마만큼 사회적으로 해결할지가 각각 다르니까.

그렇구나.

몇 가지만 생각해봐도 그래. '노령'만 해도 과거에는 개인적인 문제였어. 하지만 현재는 다르지. 장애도 마찬가지야. 먼 과거에는 신의 저주라고 생각했었으니까.

아까 '냉방 복지'를 생각해봐. 옛날이었으면 '냉방 복지'가 사회적으로 받아들여졌을까? 절대 아니지.

그래서 '어떤 게 사회복지냐?'라는 물음에는 정해진 답이 없어. 그 사회의 경제적 상황, 인식 변화, 사회적 합의 등에 따라 달라지는 거니까. 특히, 우리나라처럼 빠르게 변화하는 사회에서는 더더욱 그렇지.

2. 그럼 사회보장은 뭐야? 사회복지랑 다른 거야?

사회복지와 사회보장이라… 내 생각에는 곤충과 벌레의 차이 정도야. 곤충과 벌레를 영어로 하면 똑같이 "bug"이지

용어의 기원이 다르긴 해. 사회보장(Social Security) 용어는 미국이 대공황 시기에 「사회보장법」(1935년)을 제정하면서 처음 사용한 용어이니까. 하지만 사회복지와 사회보장은 대부분 비슷한 의미로 사용돼. '사회복지가 잘 되어 있는 나라'라고 말하는 것과 '사회보장이 잘 되어 있는 나라'라고 말하는 것은 큰 차이가 없어.

그렇긴 하지.

'사회보장'의 정의도 시대마다, 국가마다, 학자마다 모두 틀리지만 대부분 국가에서는 사회보장에 대한 법률적 정의를 가지고 있어. 우리나라도 그렇지. 「사회보장기본법」에서 정의한 걸 보면 이래.

> **우리나라 「사회보장기본법」 제3조 제1항**
>
> "사회보장이란 출산, 양육, 실업, 노령, 질병, 빈곤 및 사망 등의 사회적 위험으로부터 모든 국민을 보호하고 국민 삶의 질을 향상시키는 데 필요한 소득·서비스를 보장하는 사회보험, 공공부조, 사회서비스를 말한다."

 잠깐, 사회복지랑 크게 차이가 없는 거 같은데? 비슷한 말이잖아?

 내가 그랬잖아, 'Bug'라고.

 그럼 어떻게 구분할 수 있어? 뭔가 다른 점이 있지 않을까? 네가 말했듯이 일단, 용어의 기원도 다르고 말이야.

 하긴, 따지고 보면 곤충과 벌레도 다른 말이긴 하지.

사회복지와 사회보장도 조금은 다른 용어야.

어떻게 다른데?

응. 우선, 사회보장은 사회복지를 보다 구체화한 용어라고 생각하면
돼. 우리나라 헌법과 법률만 봐도 그래. 사회복지에 대한 정의는 없지
만 사회보장에 대한 정의는 있어. 「사회보장기본법」에 따르면, 우리나
라의 사회보장은 '사회보험', '공공부조', '사회서비스'야.

그렇구나. 그리고?

그리고 사회보장은 주로 공공영역에서 추진하는 복지제도를 지칭할
때가 많아. 그래서 보통 사회보장의 핵심이라고 하면 사회보험과 공
공부조를 말하지. 즉, '사회복지'는 공공영역, 민간영역, 기타 영역에
서 이루어지는 모든 사회적 활동을 크게 포괄하는 용어이고 '사회보
장'은 사회보험과 공공부조와 같이 법제화된 복지제도에 초점이 맞춰
져 있는 용어야.

그럼, 민간영역의 복지서비스는 사회보장이 아니야? 우리 동네 종합

복지관에서 하는 복지사업 같은 거 말이야.

그런 얘기는 아니야. 민간영역의 복지서비스도 사회보장에 포함할 수 있어. 우리나라 「사회보장기본법」의 정의를 봐도 그렇지. 다만, 사회보장의 핵심이 사회보험과 공공부조이니까 그만큼 공공영역의 비중이 크다는 얘기야.

아, 알겠다.

그래서, 보통 민간영역의 복지서비스는 '사회보장'이라고 부르기보다는 '사회복지'라고 부르지.

그렇구나.

자, 그럼, 지금까지 설명한 내용을 그림으로 정리해 볼까?

좋아.

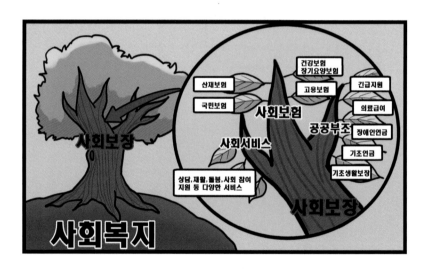

'사회복지'라는 큰 나무에 '사회보장'이라는 큰 줄기가 있고 그 큰 줄기에는 사회보험, 공공부조, 사회서비스와 같은 작은 줄기들이 있어.

그리고 사회보험에는 국민연금, 산재보험, 건강보험, 장기요양보험, 고용보험의 나뭇잎들이 있고 공공부조에는 기초생활보장제도, 긴급지원제도, 기초연금제도, 장애인연금제도, 의료급여제도와 같은 나뭇잎들이 있지.

어때 좀 정리가 돼?

 오케이.

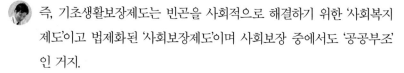 즉, 기초생활보장제도는 빈곤을 사회적으로 해결하기 위한 '사회복지제도'이고 법제화된 '사회보장제도'이며 사회보장 중에서도 '공공부조'인 거지.

2장

사회복지 이름
구분하기 II

- 사회보험, 공공부조,
중위소득, 소득인정액

'사회복지'와 '사회보장'에 대해서는 어느 정도 그림이 그려졌을 거야. 그리고 기초생활보장제도의 소속(?) 정도는 알게 되었고 말이야.

사회보장의 핵심은 사회보험과 공공부조이고 기초생활보장제도는 공공부조라고 했지?

맞아.

근데, 사회보험은 대충 알겠는데 공공부조는 좀 낯설어.

그럴 거야. 자주 보게 되는 용어는 아니니까. 공공부조를 구체적으로 알아보려면 먼저 사회보장이 어떤 체계를 가지고 있는지부터 봐야돼. 그리고 사회보험과 비교해서 알아보는 게 좋지.

그렇구나. 우선, 사회보장 체계는 어떻게 되어 있는데?

사회보장은 사회적 위험으로부터 사회구성원을 보호한다고 해서 '사회안전망'이라고도 해. 우리나라 사회안전망은 이런 체계를 가지고 있어.

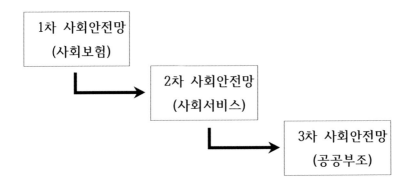

가장 기본이 되는 1차 안전망은 사회보험, 그를 보충하는 2차 안전망은 사회서비스… 그리고 마지막으로 보충하는 3차 안전망이 바로 공공부조야. 사회보험이 위험에 대한 예방조치라면 공공부조는 최종적인 사후조치이지.

그렇구나.

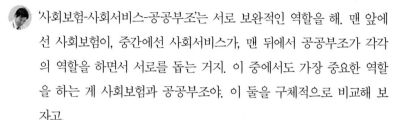 '사회보험-사회서비스-공공부조'는 서로 보완적인 역할을 해. 맨 앞에 선 사회보험이, 중간에선 사회서비스가, 맨 뒤에서 공공부조가 각각의 역할을 하면서 서로를 돕는 거지. 이 중에서도 가장 중요한 역할을 하는 게 사회보험과 공공부조야. 이 둘을 구체적으로 비교해 보자고.

좋아.

1. 사회보험

1) 사회보험은 뭐야?

사회보험은 사회보장 중 가장 기본이 되는 제도야. 미래의 위험을 대비하여 돈(기여)을 내고 일정한 조건에 해당되면 소득/자산조사 없이 급여를 받지.

기여는 하고 소득/자산조사는 없다?

맞아, 사회보험은 '기여-비소득자산조사' 유형의 사회보장이야. 우리나라 사회보험은 총 다섯 가지가 있어.

노령, 장애, 사망에 대해서는	➞	**국민연금**
질병에 대해서는	➞	**국민건강보험**
실업에 대해서는	➞	**고용보험**
업무상 재해에 대해서는	➞	**산업재해보상보험**
노인요양(부양)에 대해서는	➞	**노인장기요양보험**

요즘 동네 곳곳에 있는 방문요양센터가 장기요양보험과 관련 있는 거지?

그렇지. 월급에서 '장기요양보험료'라는 게 공제되잖아? 그게 거동이 힘든 어르신의 요양서비스 비용으로 쓰이는 거지.

음… 맞아, 건강보험료랑 같이 공제되잖아. 근데, 이런 보험료를 꼭 내야 되는 건가? 카드값이 많이 나가는 달에는 영 힘들어서 말이야.

아마 많은 사람이 그렇게 생각할 거야. 하지만 국가가 운영하는 사회보험이 없다면 어떨까? 아마 카드값보다 훨씬 더 끔찍할 거야.

아니 뭐… 삼*화재, 동*화재 뭐 이런 보험사들도 있잖아? 다양한 연금 상품들도 있고 말이야. 국민연금보다 훨씬 조건이 괜찮은 상품도 많던데?

물론, 민간보험의 조건이 더 좋을 수도 있지. 그리고 민간회사이다 보니 국가가 운영하는 것보다 효율적인 면도 있어. 하지만 민간보험만 있다? 그거는 문제가 달라.

왜?

민간보험은 영리를 추구하고 가입의 강제성도 없으니까

 그게 왜 문제가 돼?

영리를 추구한다면 이익을 남겨야 돼. 민간보험만 있다고 하면 위험이 큰 대상자(급여가 많이 지급될 만한 대상자)는 배제될 가능성이 커. 만약, 건강보험이라고 한다면, 선천적으로 중한 질병을 앓고 있는 사람은 가입이 힘들 수도 있어.

음… 듣고 보니 그렇기는 하네.

과연, 건강보험만 그럴까? 아니야. 국민연금도, 장기요양보험도, 고용보험도 마찬가지야.

그래서 대부분의 선진국이 사회보험을 가지고 있는 건가?

그렇지.

근데, 선진국이라도 미국은 좀 다르잖아? 건강보험이 좀 틀린 거 같던데….

맞아. 좀 틀리지. 미국의 의료제도는 기본적으로 민간보험이야. 우리나라처럼 전 국민을 대상으로 하는 건강보험이 없어. 그래서 방금 말했던 민간보험의 폐해를 그대로 가지고 있지. 나중에 〈식코(Sicko)〉[2] 라는 제목의 영화를 봐봐. 이해하는 데 도움이 될 거야.

---

2 미국 영화감독 마이클 무어의 영화로 미국 민영건강보험의 부조리를 고발한 다큐멘터리야. YouTube에서 요약본을 찾아볼 수 있어.

■ 영화 <식코>의 한 장면

건강보험을 가입하지 못한 한 미국인이 의료비를 부담하지 못하여 직접 다리를 꿰매고 있음.

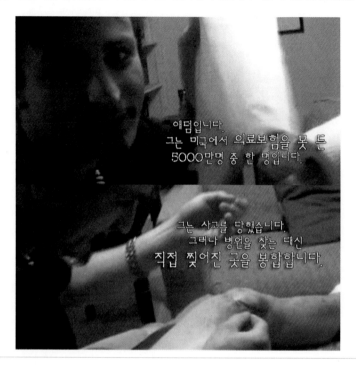

애덤입니다.
그는 미국에서 의료보험을 못 든
5000만명 중 한 명입니다.

그는 사고를 당했습니다.
그러나 병원을 찾는 대신
직접 찢어진 곳을 봉합합니다.

혁! 심각하구나.

<식코>는 오래된 영화이지만 미국 의료제도 문제는 여전히 진행 중이야.

그렇구나. 그럼, 강제성이 없다는 건은 왜 문제가 돼? 만약 건강보험이라면, 아까처럼 선천적으로 중한 질병을 앓고 있는 사람만 국가가 지원하면 되잖아. 나머지는 자유롭게 민간보험에 가입하게 해도 되지 않아?

그렇게 되면 부자는 부자들끼리의 건강보험, 가난한 사람은 가난한 사람끼리의 건강보험, 보험이 계급화될 수 있어. 게다가… 현실적으로 대부분 사람들은 미래의 위험을 대비하지 않아. 강제성을 지닌 국가의 보험이 없으면 아마 많은 사람이 어려움에 처하게 될 거야.

그래서 사회적 위험에 대해선 국가가 강제적으로?

그렇지. 그게 가장 확실하고 안전한 방법이지.

2) 사회보험의 특징

좋아. 그럼, 사회보험은 어떤 특징을 가지고 있어?

사회보험과 공공부조는 상호보완적인 관계이지만 서로 대치되는 특징을 가지고 있어. 이 둘을 비교하면 사회보험과 공공부조의 차이를 더 명확하게 알 수 있어.

그렇구나.

우선 첫째, 사회보험은 제도를 운용하는데 필요한 돈을 확보하기가 쉬워. 가입자가 평소에 지불한 보험료로 제도를 운용하니까. 일반조세로 급여를 지급하는 공공부조와는 다르지.

하긴, 세금은 걷기도 힘들고 쓰기도 힘들지.

그리고, 둘째, 기여 한 사람이 급여를 받으니까 '스티그마'가 적고 급여의 권리성이 강해.

스티그마는 뭔데?

스티그마(Stigma)는 '사회적 낙인'을 의미해. 복지급여를 받게 됨으로써 느끼는 수치심 같은 게 '스티그마'이지. 소득·자산조사를 거쳐 선별적으로 지원하는 공공부조는 스티그마를 느끼기 쉽지만 사회보험은 달라. 본인 기여한 돈으로 본인이 급여를 받고, 소득·자산조사도 하지 않으니까.

그래서, 급여의 권리성도 강하게 인식되는 거고?

그렇지.

좋아. 셋째는?

셋째, 사회보험은 대상효율성이 낮아.

대상효율성은 뭐야?

'필요한 사람에게 얼마나 집중적으로 지원하느냐'가 대상효율성이야. 사회보험은 돈이 많아도 지원받을 수 있어. 따라서 대상 효율성이 낮을 수밖에 없지. 대기업 총수도 건강보험 대상자잖아.

아, 그렇네.

그리고 마지막이야. 넷째, 사회보험은 공공부조에 비하여 행정비용이 적게 들어.

행정비용은 또 뭔데?

행정비용은 정책이나 제도를 추진할 때 드는 비용을 말해. 사회보험도 행정비용이 많이 들어가지만 소득·자산조사를 해야 하는 공공부조보다는 적게 들어가지.

장단점이 있구나?

장단점이라기보다 서로 다른 특징들이 있는 거지. 역할이 다르니까.

2. 공공부조

1) 공공부조는 뭐야?

'공공부조'는 생활유지 능력이 없거나 생활이 어려운 국민의 최저생활을 보장하고 자립을 지원하는 제도야. 1차, 2차 안전망에서 해결하지 못한 사회적 위험을 해결하는 최종적인 사회안전망이지. 생활이 어려운 사람을 대상으로 하기 때문에 소득·자산조사를 하고 기여 없이 일반조세로 급여를 지급해. 즉, 공공부조는 '비기여-소득자산조사' 유형의 사회보장이야.

우리나라 공공부조에는 어떤 제도가 있는데?

흔히 우리나라의 5대 공공부조라고 하면 '국민기초생활보장제도', '의료급여제도', '긴급복지지원제도', '장애인연금제도', '기초연금제도'를 말해. 하지만 이외에도 다양한 공공부조가 있지. 차상위[3]계층 지원제도도 있고, 한부모가족 지원제도도 있으니까. 이 중에서도 가장 오래되고 대표적인 공공부조가 '국민기초생활보장제도'야.

그렇구나.

우리나라 공공부조는 생활이 어려운 정도에 따라 아래와 같이 구성되어 있어. 기초생활보장제도는 가장 생활이 어려운 사람을 보장하기

---

3 '차상위'는 '최상위'에서 다음가는 등급이나 자리를 말해. '차상위계층'이라고 하면 가장 생활이 어려운 계층(기초생활보장가구), 그다음으로 생활이 어려운 계층을 말하지. 「국민기초생활보장법」에서는 수급권자에 해당하지 않는 중위소득 50% 이하 가구를 '차상위계층'이라고 해.

때문에 가장 엄격한 선정 기준을 가지고 있지.

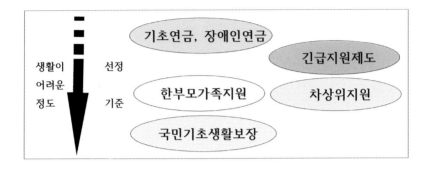

물론 이해를 위한 대략적인 분류야. 중복되는 보장이 아니면 다수의 보장을 동시에 받을 수도 있어.[4]

기초생활보장제도가 가장 오래된 공공부조라고?

응. 국민기초생활보장제도는 2000년에 만들어지긴 했지만 생활보호제도(1961년)를 전면 대체한 제도야. 가장 오래된 공공부조이지. 그래서 기초생활보장제도 선정기준은 다른 공공부조 선정 기준의 근간이 돼.

그렇구나. 그러고 보니, 공공부조의 종류도 참 많네?

사회보험이 아직 발전단계에 있는 우리나라 같은 경우는 공공부조의 역할이 커. 다양해질 수밖에 없지.

우리나라 사회보험이 그래?

응. 아직은 그렇지. 국민연금만 봐도 그래. 전체 노인 중 1/3 정도만 연금을 받아. 그리고 아직 가입기간이 짧아서 연금액도 크지 않지.

그럼 건강보험이나 다른 사회보험은?

---

4 경우에 따라서는 긴급지원, 차상위, 기초생활보장, 한부모, 기초연금 모두를 같이 받는 가구도 있을 수 있어.

건강보험도 아직은 보장률이 낮아. OECD 평균은 80%인 반면, 우리 나라는 62% 정도야(2016년 기준), 실업급여도 마찬가지이지. 지급수준 및 기간 등을 봤을 때 OECD 평균치보다 낮은 편이야(보건복지부/제2차 사회보장기본계획 자료 중 /2019.2.12.).

그렇구나.

그래서, 우리나라 같은 경우는 공공부조의 역할이 상대적으로 중요해. 일정 기간은 사회보험이 채우지 못한 빈 곳을 채워야 하니까. 오래전부터 사회보험이 도입된 복지선진국과는 조금 사정이 다르지.

2) 공공부조의 특징

좋아. 그럼 공공부조는 어떤 특징이 있어?

사회보험과 반대로 생각하면 돼. 첫째, 공공부조는 사회구성원 간의 연대성을 약화시킬 수 있어. 세금을 내는 사람과 급여를 받는 사람이 다르니까 갈등이 생길 수도 있지.

그리고 둘째, 스티그마를 느끼기 쉬워…. 그래서, 수급을 받는 것이 당연한 권리임에도 시혜로 인식될 때가 많지. 이런 스티그마 때문에 수급을 포기하는 경우도 있어.

그리고 셋째, 공공부조는 대상 효율성이 높아. 당연하겠지? 자산조사를 통하여 정말로 필요한 사람에게만 집중해서 지원하니까.

대기업 총수는 절대 받을 수 없을 거 아니야?

그렇지. 그리고 마지막으로 넷째, 공공부조는 행정비용이 많이 들어. 가끔은 지급되는 급여와 맞먹을 때도 있지.

그 정도야?

2018년 9월부터 실시한 아동수당이 그랬어. 아동수당은 원래 상위 10%를 제외하고 90%에게만 주는 제도였거든. 10%를 가려내기 위한 비용이 생각보다 컸지.

얼마 정도였는데?

840~1,600억 원 정도….

헉!

1,600억 원 정도면. 상위 10% 대부분에게 아동수당을 지급할 수 있어.

배꼽이 배만 한 상황인 거네?

그렇지. 그래서, 2019년부터는 모든 계층에게 지급하는 것으로 바뀌었지.

소득·자산조사를 간단하게 생각했는데 그게 아니구나?

근로소득만 해도 국세청, 국민연금공단, 건강보험공단, 산재보험공단 등 여러 기관의 자료를 조회하고 확인해야 돼. 그뿐인가? 공적이전소득, 재산소득, 각종 금융재산, 일반재산, 기타 재산까지…. 생활수준을 가려내는 게 그리 간단한 일은 아니야. 게다가… 한번 조사하고 끝나는 것도 아니야. 수시로 변동사항이 발생할 수도 있으니까.

그렇구나.

나중에 기초생활보장제도의 선정 기준을 다 알게 되면 왜 행정비용이 많이 들어가는지 알게 될 거야.

3. 기준 중위소득과 소득인정액

자, 이번에는 두 가지 중요한 용어를 설명할게. '기준 중위소득'과 '소득인정액'이야. 우리나라 공공부조에선 모르면 안 되는 용어이지.

왜?

이 두 가지로 생활이 어려운 사람을 구분하거든.

그렇구나.

'기준 중위소득'은 전체 가구를 소득별로 나열하였을 때 정 가운데 있는 가구의 소득을 말해.

딱 중간?

응, 2019년 중위소득은 아래와 같아. 가구원 수에 따라 금액이 다르지.

1인 가구	2인 가구	3인 가구	4인 가구	5인 가구	6인 가구	7인 가구
170만 원	290만 원	376만 원	461만 원	546만 원	632만 원	717만 원

보건복지부 장관은 중앙생활보장위원회의 심의·의결을 거쳐 매년 다음 연도의 중위소득을 고시해.

매년 바뀌는구나?

응.

그럼, '소득인정액'은 뭔데? 소득을 말하는 건가?

아니야. '소득인정액'은 '소득평가액' + 재산의 '소득환산액'이야. 소득으로 평가한 금액과 재산을 소득으로 환산한 금액의 합이지.

그러니까, 소득만을 고려한 게 아니고 재산까지 고려한 금액이구나?

응, 우리나라 공공부조는 이 두 가지로 대상자를 선정해. 기초생활보장의 생계급여는 소득인정액이 중위소득의 30%일 때, 차상위지원은 소득인정액이 중위소득의 50%일 때… 각각 소득인정액 기준이 달라.

4. 영세민, 수급자, 생보자(생활보호대상자), 수급자와 수급권자의 차이

🧑 기초생활보장제도와 관련하여 잘못 쓰이고 있는 용어들과 수급자/수급권자의 차이를 설명하도록 할게.

🧑‍🦱 잘못 쓰이고 있는 용어?

🧑 응. 기초생활보장제도를 설명하는 책이니까 용어는 제대로 알고 가자는 거지.

1) 영세민

🧑 '영세민'이라는 단어 들어봤어?

🧑‍🦱 응, 들어봤어.

🧑 '영세민'이라는 단어의 뜻은 '생활이 어려운 사람', '빈민(가난한 사람)' 정도일 거야. 특정한 복지제도의 대상자를 말하는 건 아니지. 하지만 많은 사람들이 '영세민'이라는 단어를 '기초생활보장 수급자'와 같은 뜻으로 사용하고 있어. 심지어는 뉴스 지면에서도 그렇지.

🧑‍🦱 맞아. 그런 거 같아. 사실, 나도 조금 전까지 그렇게 알고 있었어.

 아마 과거 생활보호제도[5]가 있을 때 '생활보호대상자'와 '영세민'을 혼용해서 사용했던 거 같아. 당시로서는 틀린 말도 아니긴 했어. 생활이 어려운 사람에 대한 지원이 다양하지 못했으니까. 그래서 '영세민'이라는 단어는 어르신들이나 공무원 경력이 오래된 상급자에게 더 친숙하지.

하지만, 요즘은 생활이 어려운 사람에 대한 지원이 다양해졌어. 차상위 지원제도도 있고, 기초연금도 있고, 한부모가족 지원도 있으니까. '영세민'이라고 말해도 대화가 안 되는 건 아니지만 복지현장에서는 더 이상 쓰지 않는 단어지. '생활이 어려운 사람'은 '저소득계층' 혹은 '저소득가구'라고 해.

 그렇구나.

 그리고 무엇보다 어감이 좀 그렇지 않아?

 그렇기도 해.

---

5 1961년에 만들어졌으나 2000년 국민기초생활보장제도로 전면 대체되면서 폐지되었어.

2) 수급자

🧑 다음은 '수급자'라는 용어야. 흔히 '기초생활보장 수급자'를 줄여서 '수급자'라고 하는데 사실, '수급자'는 기초생활보장제도에만 있는 건 아니야. 수급자는 말 그대로 (정부로부터) 급여를 받는 사람을 말하니까.

🧑 아, 하긴 국가로부터 받는 급여가 기초생활보장 급여만 있는 건 아니잖아?

🧑 그렇지, 국민연금급여를 받는 사람은 국민연금 수급자이고 기초연금 급여를 받는 사람은 기초연금 수급자인 거야. 정확하게 표현해야 한다면 "기초생활보장 수급자"와 같이 제도의 명칭을 같이 말하는 게 좋아.

3) 생활보호대상자

"우리 동에 '생보자'가 몇 가구인가요?"

🧑 여기서 '생보자'는 '생활보호대상자'를 줄인 말이야 이것도 '생활보호제도'가 있을 때 사용한 옛날 용어이지.

🧑 '생보자'라? 이것도 어감이 별로이긴 하다.

🧑 맞아. 그리고 '보호'라는 말보다 '보장'이란 말이 더 듣기 좋아. '생활보호대상자'는 과거 생활보호제도의 대상자를 의미하니까 그만 쓰는 게 맞지.

🧑 오케이.

4) 기초생활보장 수급자와 수급권자의 차이

마지막으로 수급자와 수급권자의 차이를 설명할게.

수급자랑 수급권자…. 의미가 달라?

좀 다르지. 국민기초생활 사업안내(지침)의 선정 기준을 보면 보통 이렇게 쓰여 있어.

---

① ○○는 수급권자에게 적용.
② ○○는 수급자에게 적용.
③ 수급(권)자에 대한 부양의무자 기준이….

'수급자'는 급여를 받고 있는 사람을 말하고 '수급권자'는 아직 급여를 받고 있지 않지만 급여를 받을 권리를 가지고 있는 사람을 말해. 아직 수급자로 결정되지 않은 신청인은 수급권자이지.

아, 그러니까 위에 ①번은 수급신청인에게만, ②번은 현재 급여를 받고 있는 수급자에게만 적용한다는 거구나?

그렇지. 그리고 ③은 둘 다에게 적용하는 기준이라는 거지.

오케이. 알겠다.

자, 이제 좀 정리가 됐지?

응.

3장

상식 깨기

지난 1, 2장 내용을 정리하면 이렇지?

> **기초생활보장제도**는
> 사회구성원의 욕구를 해결하는 **사회복지**이고,
> 생활이 어려운 사람을 지원하는 **공공부조**이다.
>
> 공공부조는 생활이 어려운 사람을 지원하는 제도이기 때문에
> **소득/자산조사**를 한다.
> 그래서, **소득인정액 기준**이 있고 **중위소득**을 기준으로 대상자를 선정한다.
> 소득인정액은 '**소득평가액**'에 재산의 '**소득환산액**'을 합한 금액이다.

 오케이.

 좋아, 그럼 기본은 됐고, 이제 '상식 깨기' 차례야. 기초생활보장제도
의 선정 기준에는 상식과 다른 부분이 꽤 있어. 본격적인 설명에 앞
서 몇 가지를 소개하도록 할게.

 좋아.

1. 이것도 소득에 포함돼?

'소득평가액'이 뭘까?

글쎄… 소득이라면 일해서 번 돈?

소득평가액은 말 그대도 소득을 '평가'한 금액이야. 여러 가지 기준에 의해서 평가한 소득이기 때문에 일반적으로 생각하는 소득과 달라. 소득평가액은 실제소득에서 몇 가지 요인(공제'라고 해두자)을 차감한 금액이야.

■ **소득평가액 구하는 공식**

소득평가액 = 실제소득 - 가구 특성에 따른 지출요인
　　　　　　　　　　 - 근로를 유인하기 위한 요인
　　　　　　　　　　 - 그 밖에 추가적인 지출요인

가구특성에 따른 지출요인, 근로를 유인하기 위한 요인? 이런 건 뭐야?

'가구 특성에 따른 지출'은 추가 지출이 필요한 특수한 가구에 대한 소득공제야. 장애가구 같은 경우가 이에 속하지. 일반 가정이 100만 원의 소득을 가지고 있는 것과 장애인 가정이 100만 원의 소득을 가지고 있는 것은 전혀 달라. 그래서 일정 금액을 소득에서 차감하는 거야.

듣고 보니 그렇네. 그럼, '근로를 유인하기 위한 요인'은?

말 그대로, 근로를 장려하고 유인하기 위한 공제야. 청년, 장애인, 노인 등의 일정 조건을 갖추면 근로소득에서 일정 금액을 차감해.

지금까지는 상식과 크게 다르지 않은데?

그렇지. 하지만, 실제소득에 포함되는 소득을 보면 좀 생각이 달라질 거야. 실제소득이라고 하면 보통 근로소득 정도로만 생각하기 쉬운데, 기초생활보장제도의 소득은 생각보다 종류가 많아.

실제소득

근로소득	사업소득	재산소득	이전소득
상시근로 소득	농업소득	임대소득	✔ 사적이전소득
일용근로 소득	임업소득	이자소득	✔ 부양비
자활근로 소득	어업소득	연금소득	✔ 공적이전소득
공공일자리 소득	기타사업소득	-	-

근로소득, 사업소득이야 당연하고, 임대소득도 알겠어. 이자소득은 은행에 돈 맡기고 받는 이자를 말하는 거지?

그렇지.

그리고 연금소득은 매달 받는 연금을 말할 테고… 근데 '이전소득', 그러니까 사적이전소득, 부양비, 공적이전소득은 대체 뭐야?

따로 살고 있는 자녀가 매월 주는 용돈 같은 게 '사적이전소득'이야. 근로를 통하지 않고 사적으로 얻는(이전되는) 소득이라고 해서 '사적이전소득'이라고 하지.

엥? 아니 그런 것까지 소득으로 산정한다면 수급받을 수 있는 사람이 있을까?

기초생활보장제도는 그런 도움도 받지 못하는 사람들을 지원하는 제도야. 그래서 정기적이라면 사적인 도움도 실제소득으로 산정하지.

하… 그럼, 부양비는?

부양비는 기초생활보장급여 중 생계·의료급여 수급(권)자에게만 적용하는 소득인데 좀 독특한 소득이지.

근데 왜 생계·의료급여에 대해서만 적용해?

생계·의료급여에서만 '부양의무자 기준'이 있거든.

부양의무자 기준?

응, 예를 들어, 독거노인이라면 따로 살고 있는 아들, 딸, 사위, 며느리가 부양의무자가 돼. 생계, 의료급여까지 신청했다면 부양의무자의 소득·재산을 조사해서 부양 능력을 따지지. 그런데 만약 부양의무자의 소득이 일정 수준 이상이라면 '부양비'라는 걸 계산해. 부양비는 신청인의 실제소득으로 산정하지.

아, 그 정도는 도움을 줄 수 있다는 보는 거야?

그렇지.

근데, 실제로는 도움을 못 받을 수도 있잖아?

물론, 실제로 부양을 하지 않을 경우에는 특별한 조치를 해(구체적인 건 부양의무자 기준에서 설명하자고). 하지만 실제 부양도 받지 못하고 부양비만 실제소득으로 산정되어 제대로 지원받지 못하는 경우가 많지. 적절한 조치가 없다면 사실, '부양비'는 실체가 없는 소득이야. 그래서 어떤 사람은 '간주 부양비'라고도 하지.

그럼, 공적이전소득은?

국가에서 받는 급여나 수당을 말해. 국민연금 같은 급여가 이에 속하지.

아니, 국민연금은 내가 기여해서 내가 받은 급여잖아. 그걸 소득으로 산정한다고?

응. 사실, 연금급여를 못 받는 건 아니야. 단지, 기초생활보장을 선정할 때 우선적으로 고려한다는 거지. 앞에서 배운 내용을 잘 생각해봐. 공공부조는 사회적 위험을 최종적으로 보충하는 가장 마지막 사회안전망이야. 보충한다는 게 뭐야? 부족분을 채운다는 거잖아.

말은 맞는데… 왜 억울(?)한 생각이 들지?

나중에 소득평가액 파트에서 구체적 다룰 거야. 그때 또 이어서 설명할게.

결국, '실제소득'은 근로나 사업소득, 재산을 통하여 얻는 소득, 공적인 혹은 사적인 수입, 그리고 부양비네?

그렇지.

2. 이것도 재산에 들어가?

 재산 관련해서도 상식과 다른 부분이 있어. 우선, 재산을 소득으로 환산하는 공식부터 보자.

지금은 다 이해하지 않아도 돼. 가볍게 봐. 나중에 예시와 함께 구체적으로 설명할 거야.

재산의 소득환산액 공식과 계산 순서는 이래.

■ 기본공식

재산의 소득환산액 = (재산의 종류별 가액 - 기본재산액 - 부채)
× 재산의 종류별 소득환산율

■ 계산순서

① 일반재산(주거용재산 포함/이하 같음), 금융재산, 자동차의 **'재산가액'**을 각각 구한다.

② 자동차는 기본재산액과 부채를 빼지 않고 일반재산과 금융재산은 기본재산액과 부채를 빼서 각각의 환산할 가액을 구한다.

(일반재산에서 먼저 빼고 나머지가 있으면 금융재산에서 뺀다)

③ 일반재산, 금융재산, 자동차 각각의 **'환산할 가액'**에 **재산종류별 소득환산율을 곱한다.**

④ 소득환산율로 곱한 재산 종류별 소득환산액을 모두 더한다.

 지금은 좀 이해가 되지 않는데… 어쨌든, 재산 종류별로 재산가액을 구하고 각각 소득으로 환산한다는 거지?

 맞아.

 근데, '기본재산액'은 뭐야?

주거를 위해 가지고 있는 최소한의 재산을 말해. 대도시, 중소도시, 농어촌에 따라 금액이 다르지.

그렇구나. 근데, 각각 환산할 가액에 재산 종류별 소득환산율을 곱한다면, 재산의 종류마다 환산율이 다르다는 거야?

응, 현금으로 쉽게 바꿀 수 있는 재산은 소득환산율이 높고 아닌 경우에는 소득환산율이 낮지.

(구체적인 내용은 뒤에서 차근차근 설명할 거야. 여기서는 '재산 종류별로 소득환산율이 다르다.' 정도만 알고 있으면 돼.)

오케이, 여기까지는 알겠어. 여기까지는 상식에 크게 벗어나지 않는데?

실제소득과 마찬가지로 재산의 종류를 보면 조금 다를 거야. 기초생활보장제도에서는 '보험상품'과 '처분/증여한 재산'도 재산으로 산정해.

	재산		
일반재산	**금융재산**	**자동차**	**기타재산**
토지	현금	승용차	
건축물	금융재산 (예금, 주식 등)	승합차	✓ **증여 및 처분한 재산**
주택 등	✓ **보험상품**	화물차 등	

헉! 그러네.

보통 금융재산이라고 하면 입출금 통장에 있는 돈, 장기 저축 정도로 생각하잖아, 그렇지?

그렇지.

근데, 기초생활보장제도에서는 가입 중인 보험의 해약환급금을 조회하여 재산으로 산정해. 가입자 본인도 잘 알지 못하는 해약환급금을 얘기하면 황당해하는 사람이 많지.

보험이 많아서 선정이 안 될 수도 있는 거구나. 다른 것도 아니고 보험 때문에 선정이 안 되면 진짜 당혹스럽겠다.

더구나 보험이라는 게 미래의 위험을 대비해서 가입하는 거잖아?

그렇지. 그래서, '보험 깨고 수급자 신청하냐?' 혹은 '나중에 병 걸리면 국가가 다 책임질 거냐?'라고 얘기하면 담당자도 사실 할 말이 없어.

그러겠다. 그럼 기타재산은? 증여/처분한 재산도 재산이라는 거야?

자, 물어보자. 내가 작년에 판 아파트는 내 재산일까? 내가 작년에 아들에게 증여한 재산은 내 재산일까? 내가 작년에 해지한 적금은 내 재산일까?

당연히 모두 아니지. 일단, 아파트는 소유자가 바뀌었고 만약 아들에게 재산을 증여했다면 세금도 냈을 테고 말이야. 그리고 적금도 이미 해지한 상태잖아.

 그런데, 기초생활보장제도에서는 모두 내 재산이야. 아직은….

엥?

물론, 처분 후 사용처가 확인된 금액은 재산에서 빼. 하지만 그게 아니라면 전액을 재산으로 산정하지.

그러니까, 명의만 변경하는 건 소용이 없는 거구나?

그렇지.

3. 따로 살고 있는 가족의 소득·재산도 조사해?

기초생활보장제도의 총 네 가지 급여(생계급여, 의료급여, 주거급여, 교육급여) 중 생계급여나 의료급여는 따로 살고 있는 가족의 소득과 재산도 조사해.

구체적으로 가족은 누구까지를 말하는 거야?

여기서 말하는 가족은 서로에게 부양의무가 있는 가까운 가족으로 '1촌 이내 직계혈족과 그 배우자'[6]를 말해. 그러니까. 나를(아래) 기준으로 보면 나의 부모, 아들, 딸, 사위, 며느리이지. 이런 가족을 기초생활보장제도에서는 '부양의무자'라고 해.

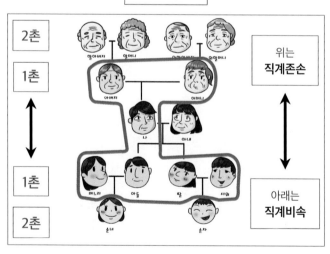

6   부 또는 모가 재혼하였다면 계부모도 부양의무자에 포함돼.

아까, 언급했던 '부양의무자 기준'을 말하는 거구나?

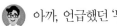 응. 따로 살고 있는 가까운 가족(부양의무자)은 '부양의무자 기준'을 적용하여 소득재산을 확인하고 부양능력을 가지고 있는지를 조사하지. 부양의무자가 부양능력이 있으면 보장을 받을 수 없어.

따로 살고 있는 부양의무자에게 '부양의무자 기준'을 적용한다면 같이 살고 있는 부양의무자는?

기초생활보장은 가구단위로 신청하고 보장하는 제도야. 특별한 경우가 아니라면, 같이 살고 있는 부양의무자는 신청가구에 포함하여 신청가구의 소득·재산 기준을 적용하지.

아, 그렇구나. 근데, 아들, 딸은 그렇다 치고, 따로 살고 있는 사위·며느리까지 조사한다고 하면 좀 난감할 수도 있겠는데?

맞아, 아무래도 난감해 하는 게 보통이지. 특히, 사위는 더 그렇지. 사위는 '백년손님'이라는 말도 있잖아?

그러니까 말이야. 어쨌든, 부양의무자 기준은 생계급여, 의료급여 신청자에 한해서만 적용한다는 거지?

응. 주거급여, 교육급여에 대해서는 부양의무자 기준이 없어.

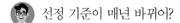

4. 선정 기준이 매년 바뀌어?

🤓 선정 기준이 매년 바뀌어?

🙂 1년에 한 번씩은 기본이고 연중에도 수시로 바뀔 수 있어.

🤓 그래? 그럼, 같은 해이지만 1월의 선정 기준과 6월의 선정 기준이 다를 수도 있다는 거야?

🙂 경우에 따라서는 그럴 수 있지.

🤓 매년 그렇게 개정할 사항이 많아?

🙂 연도마다[7] 다르긴 하지만 적지는 않아. 물론, 선정 기준의 기본 틀이나 구성이 쉽게 변하는 건 아니야. 대부분은 세부적인 내용들이지.

🤓 그럼, 네가 이 책에서 설명하는 선정 기준도 변동될 수 있다는 거네?

🙂 당연히 그렇지. 그래서, 책을 보는 시점에 따라 현재의 세부적인 기준을 확인해야 한다면 최근 법(「국민기초생활보장법」)과 지침(국민기초생활보장 사업안내)을 보는 게 좋아.

🤓 그렇구나.

🙂 전년도와 비교한 개정사항은 '국민기초생활보장 사업안내' 초반부에 정리되어 있어.

---

7 복지부는 매년 『국민기초생활보장 사업안내』라는 지침 책자를 발행해. 세부적인 선정 기준은 여기에 다 있어.

■ 2019년 국민기초생활보장 사업안내 주요 개정사항
제1편 제도개요

구분	2018년	2019년
세부업무처리 절차 (11p)	<신설>	○ 기초생활보장급여와 차상위계층 지원 사업(차상위계층 확인, 차상위 본인 부담 경감, 차상위 자활급여 등)이 상호 연계될 수 있도록 신청서 작성 시 안내(사회보장급여신청서 참조)

출처: 2019년 국민기초생활보장 사업안내

 담당공무원은 꼭 봐야 하겠네?

 실수하지 않으려면 그래야지. 하지만 담당공무원도 제때 확인하지 못할 때가 많아. 간혹 잘못된 안내를 하기도 하지.

5. 기초생활보장제도는 지자체의 재량사항이 많다?

'지자체'라고 하면 지방자치단체, 즉 '시·군·구' 같은 걸 말하는 거잖아? 지역마다 재량사항이 많다면 지역마다 선정 기준이 다르다는 얘기야? 양주시가 다르고, 강남구가 다르고, 수원시가 다르고?

기본적인 선정 기준이 다르다는 얘기는 아니야. 그건 전국 어디나 똑같아. 하지만 모든 가구를 기본적인 선정 기준만으로 조사하고 선정할 수는 없어. 지역별 특성이나 개별가구의 특수성 등을 감안해야할 수도 있으니까.

하긴, 그럴 수도 있겠다.

그래서 기초생활보장제도는 생각보다 많은 부분에서 지자체의 재량적인 판단을 허용하고 있어.

그럼, 경우에 따라서는 그 판단이 다를 수도 있겠네?

그렇지. 동일사례라도 A 지자체의 판단과 B 지자체의 판단은 다를 수 있어.

대체 어느 정도까지 허용하는지 궁금한데?

구체적인 내용은 뒤에서 여러 차례 설명하게 될 거야. 거의 모든 선정 단계마다 지자체의 재량사항이 있으니까.

4장

기초생활보장제도와의
첫 만남

1. 기초생활보장제도, 대략적으로 뭐야?

🧑 기초생활보장제도를 한 문장으로 말하면 뭐야?

🧑 우리나라의 대표적 공공부조로써 '생활이 어려운 사람에게 맞춤형 급여를 제공하고 자립을 지원하는 제도'이지.

🧑 그럼 나도 생활이 어렵다면 신청할 수 있겠네?

🧑 물론이지. 하지만 기초생활보장제도는 가구 단위로 보장하는 제도야. 특별한 경우가 아니라면 개인이 아니라 가구 단위로 신청해야 돼. 쉽게 얘기해서, 한집에 살고 있는 한 가족이 함께 신청해야 되는 거지. 같이 살고 있는 가족이 어떻게 돼?

🧑 나, 부모님, 여동생 이렇게 4명이야.

🧑 그럼, 부모님, 여동생과 함께 4인 가구로 신청해야 되고, 4인 가구 소득인정액 기준으로 선정하고, 4인 가구 급여액을 받는 거야. 사이가 좋지 않은 가족이 있어도 특별한 경우가 아니라면 그 가족을 빼고 신청할 수 없어.

🧑 내가 힘들다고 나만 신청하는 게 아니구나?

🧑 그렇지.

🧑 '맞춤형 급여'를 제공한다는 건 무슨 말이야?

🧑 '맞춤 양복'이라고 하면… 내 몸에 꼭 맞게 만드는 수제양복을 말하잖아? 그것처럼 생활이 어려운 정도에 따라 급여를 제공한다는 얘기야. 생활수준(소득인정액)에 따라 받을 수 있는 급여가 달라져.

어떻게 달라지는데?

 가장 생활이 어려운 가구(소득인정액이 중위소득의 30% 이하)는 생계급
여, 의료급여, 주거급여, 교육급여 네 가지를 모두 받을 수 있고, 그다
음 어려운 가구(소득인정액이 중위소득의 40% 이하)는 의료급여, 주거급
여, 교육급여 세 가지를 받을 수 있고, 그다음 어려운 가구(중위소득의
44% 이하)는 주거급여와 교육급여 두 가지를 받을 수 있고, 그다음(중
위 소득의 50% 이하)은 교육급여 한 가지만 받을 수 있지. 급여 종류별
선정기준은 다음과 같아.

■ **2019년도 급여 종류별 수급자 선정기준**

(단위: 원)

가구 규모 구분	1인 가구	2인 가구	3인 가구	4인 가구	5인 가구	6인 가구	7인 가구
생계급여 수급자 (기준 중위소득 30%)	512,102	871,958	1,128,010	1,384,061	1,640,112	1,896,163	2,152,214
의료급여 수급자 (기준 중위소득 40%)	682,803	1,162,611	1,504,013	1,845,414	2,186,816	2,528,218	2,869,620
주거급여 수급자 (기준 중위소득 44%)	751,084	1,278,872	1,654,414	2,029,956	2,405,498	2,781,039	3,156,580
교육급여 수급자 (기준 중위소득 50%)	853,504	1,453,264	1,880,016	2,306,768	2,733,520	3,160,272	3,587,024

※ 생계급여 수급자 선정기준 기준 중위소득 30%는 동시에 생계급여 지급기준에 해당
※ 8인 이상 가구의 급여별 선정기준:
　1인 증가 시마다 7인 가구 기준과 6인 가구 기준의 차이를 7인 가구 기준에 더하여 산정
　- 8인 가구 주거급여 수급자 선정 기준: 3,532,121원
　= 3,156,580원(7인 기준) + 375,541원(7인 기준 - 6인 기준)

출처: 2019년 국민기초생활보장 사업안내

아, 선정 기준이 낮은 급여의 수급자는 선정 기준이 높은 급여의 수급자도 될 수 있는 거구나?

그렇지.

그럼, 자립을 지원한다는 건 무슨 말이야? 근로할 수 있는 사람도 기초생활보장을 신청할 수 있어?

잘못 알고 있는 사람들이 많은데, 기초생활보장제도는 근로능력이 있어도 지원받을 수 있어. 근로능력을 가지고 있는데 생활이 어려운 사람은 최저생활보장과 함께 자립을 지원받을 수 있지(일자리 제공, 취업, 창업 프로그램 등).

우선 하나 물어볼게. 수급자 신청을 하면 책정까지 얼마나 걸릴 거 같아?

글쎄, 요즘은 컴퓨터 시스템이 워낙 잘 되어 있으니까… 관공서라면, 소득·재산 정도는 바로바로 조회할 수 있지 않을까?

기초생활보장 신청 시 처리기한은 30일이야. 30일에는 토요일, 공휴일이 포함되지 않아. 그러니까 실제로는 30일이 더 걸리지.[8]

30일? 생각보다 오래 걸리는데?

모든 자료를 실시간으로 조회할 수 있다면 좋겠지만 현실은 전혀 그렇지 않아. 소득·재산 자료를 조회하는 것만 해도 일정 정도의 시간이 걸려. 2050년쯤엔 바뀌려나?

8 게다가 특별한 사유가 있으면 30일이 더 연장될 수도 있어. 그런 경우는 60일이 되는 거지.

그렇구나.

기초생활보장제도와 같이 지자체를 통해 시행되는 복지 업무는 상담, 신청부터 급여, 관리까지 모든 절차를 '사회보장정보시스템(행복e음이라고도 하지)'에서 처리해. 신청부터 선정까지 어떤 과정을 거치는지 살펴보자고.

 좋아.

1) 상담 및 신청

 읍·면·동 담당자가 상담을 하고 신청을 등록하면 시·군·구 담당자는 접수처리를 하지. 대략적인 순서는 이래.

---

① 상담 → ② 구비서류 안내 → ③ 신청서와 구비서류 제출 → ④ 행복e음에 신청 등록 →
⑤ 접수처리

 위와 같이 신청 절차는 간단한데 실상은 꼬일 때가 많아.

 왜?

 구비서류가 제대로 준비되지 않은 상태에서 신청서를 제출하는 경우가 많거든. 기초생활보장제도의 구비서류는 상당히 까다로운 편이야. 신청인은 서류 준비하느라, 담당자는 서류 받느라, 둘 다 힘들지. 서류 때문에 실랑이가 벌어지기도 해.

 어르신들 같은 경우는 좀 힘들긴 하겠다. 그럼, 구비서류가 준비 안되면 신청할 수 없는 거야?

그건 아니야. 원칙적으로… 구비서류가 준비되지 않아도 신청서를 제출했다면 담당자는 행복e음에 신청을 등록해야 돼. 다만, 미비된 서류에 대해서는 보완을 요구할 수 있지. (보완기간은 처리기한에 포함되지 않아)

그래도 내지 않는다면?

신청인이 정당한 사유 없이 2회 이상 서류제출을 거부하면 신청 자체를 각하(행정기관에서 취소하는 것)할 수도 있어.

2) 조사

 시·군·구 조사 담당자는 신청건을 접수하고 여러 가지 조사를 실시해.

① 우선, 행복e음을 통하여 수급가구(및 부양의무자 가구)의 기본 공적자료
를 요청하고 주택조사 및 근로능력평가를 의뢰해. 주택조사는 'LH 공사
'에서, 근로능력평가는 '국민연금공단'에서 실시하지.

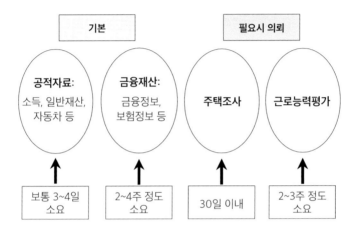

② (신고서류와 공적자료, 금융재산을 토대로) 신청가구의 '소득재산 조사'와 '부
양의무자 조사'를 실시하고 '가정방문 조사'를 실시해.

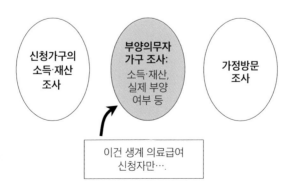

조사 과정에서 추가 서류를 제출할 수도 있어. 컴퓨터로 조회된 소득이나 재산이 사실과 다를 수도 있으니까.

③ 다음으로 **조사자 결정**을 해. 조사 담당자는 '신청가구의 소득재산조사', '부양의무자 조사', '주택조사결과', '근로능력 판정결과'를 종합해서 총 네 가지 급여(생계급여, 의료급여, 주거급여, 교육급여) 중 어떤 급여가 가능한지를 결정해. 이걸, '**조사자 결정**'이라고 해.

3) 보장결정

시·군·구 보장 결정 담당자는 '조사자 결정' 내용을 검토하여 최종결정을 해[단, '교육급여'에 대한 결정통지는 학교(시·도 교육청)에서 함].

선정 기준을 충족하면 '적합'으로 선정 기준을 충족하지 못하면 '대상제외'로 결정하지.

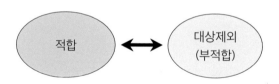

조사 결과는 신청인에게 우편으로 통지해. 다음과 같은 통지서를 보내지.

사회보장급여 [☐ 결정(적합) ☐ 결정(대상제외)] 통지서 ☐ 변 경 · 정 지 · 중 지 · 상 실						

신청인/ 세대주	성 명		생년월일		전화번호	
	주 소				휴대전화	
					전자우편	
	신청내용	신청구분		급여·서비스내용		

비 고	

1. 귀하가 신청한 급여에 대한 조사 결과 **기초생활보장 수급자**로 결정되었음을 알려드립니다.

신청인과의 관계	급여대상자	생년월일	보장구분	보장급여	급여개시일
	개인별 성명 전체 명시				

* 생계 · 의료 · 주거급여 보장결정사항은 시·군·구청장이, 교육급여 보장결정사항은 시·도교육감이 각각 통지

출처: 2019년 국민기초생활보장 사업안내

 30일이라도 그리 여유롭지는 않겠지?

 그러겠네, 근데, 신청, 조사, 결정 단계마다 담당자가 다르네?

 응. 과거에는 읍·면·동에서 상담(및 신청/접수)과 조사를 모두 하고 시·군·구에서 최종결정을 했었는데, 각 시군구에 "통합조사관리팀"이 생기면서 바뀌게 되었지. '통합조사관리팀'은 조사의 전문성을 높이고 선정기준의 편차를 줄이기 위해 신설되었어.

 그렇구나. 조사의 전문성도 그렇지만 단계별로 담당자가 있는 게 보다 객관적이고 투명할 거 같기는 하다. 그렇지?

 그것도 그렇지.

 근데, '가정방문'도 하는 거야?

 좀 의아한 생각이 들지? 맞아. 신청인에게 가정방문을 하겠다고 하면

당혹스러워하는 게 보통이지. 공적자료로 확인하기 어려운 사항은 가정방문을 통해서 확인해.

공적자료로 확인이 어려운 사항? 어떤 경우가 있는데?

소득신고는 안 했는데 실제로는 소득활동을 하고 있는 경우도 있고, 공적자료나 신고서류와는 달리 부유한 생활을 하고 있는 경우도 있지. 때로는 전입신고가 되어 있지 않은 가족이 함께 살고 있는 경우도 있어. 이런 사항들은 공적자료나 신고자료만으로는 알 수가 없지. 간혹, 이런 뉴스가 나오기도 하잖아.

고가 수입차를 모는 기초생활수급자? 이거 말도 안 되는 거지?

당연히 그렇지. 만약 고가의 수입차를 사용하고 있는 사람이 기초수급을 받고 있다면 분명히 그 차의 명의는 다른 사람일 거야.

이런 거 생각하면 가정방문 조사는 반드시 필요한 과정이구나?

그렇지. 하지만 실제 현장에서는 가정방문을 가지 못하는 경우도 꽤 있어. 다른 업무가 겹치거나 처리기한에 쫓기다 보면 못 가기도 하지.

못 가는 거야. 안 가는 거야?

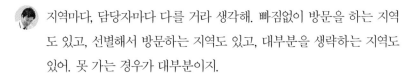 지역마다, 담당자마다 다를 거라 생각해. 빠짐없이 방문을 하는 지역도 있고, 선별해서 방문하는 지역도 있고, 대부분을 생략하는 지역도 있어. 못 가는 경우가 대부분이지.

근데, 못 가는 경우라면 뭔가 대책이 필요하지 않을까?

그렇지. 적절한 대책 없이 법과 지침만을 강제하면 결국 아래 그림처럼 되니까.

아… 옛날에 군대에서처럼?

응.

부대 점검 때면… 몇 년 치 안전 일지를 한꺼번에 작성했었지. (요즘은 안 그러겠지?)

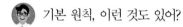 기본 원칙, 이런 것도 있어?

물론이지. 조그만 개인 사업을 해도 나름대로의 원칙이 있잖아? 법을 만들어서 시행하는 제도인데 더 하지. 총 일곱 가지 원칙이 있어.

1) 최저생활보장의 원칙

기초생활보장제도는 크게 넉넉한 수준까지 보장하는 제도는 아니야. 최저생활보장의 원칙에 따라 딱 최저보장 수준까지만 지원하는 제도 이지. 최저보장 수준은 국민의 소득·지출 수준, 물가 상승률 등을 감안하여 국가가 정해.

내가 「국민기초생활보장법」을 보니까 "급여는 건강하고 문화적인 최저 생활을 유지할 수 있는 것이어야 한다."라고 되어 있긴 하던데…. 그럼, 최저보장 수준은 문화적인 생활까지도 가능한 정도야?

'정도'라는 건 사람에 따라 다르겠지. 그래서 국가 정하는 거고… 하지만 현장에서는 급여를 받고 있음에도 어려운 사람들이 많아.

그래?

응. 그래서 정부에서도 지속적으로 불합리란 기준을 폐지하고 보장성을 점전적으로 확대해 나가고 있는 거지. 하지만 한 번에 모든 것을 바꿀 수는 없어. 경제·사회적 여건, 국민 정서, 예산 문제에 이르기까지 많은 것을 고려해야 하니까.

하긴, 그러긴 하겠다.

어쨌든… 현재의 보장은 현재의 최저보장 수준만큼만이야. 최저생활보장의 원칙이 있는 거니까. 그 이상도 이하도 아니지.

2) 보충성의 원칙

'보충급여의 원칙', '타 급여 우선의 원칙', '가족부양 우선의 원칙'은 하나로 묶어서 보면 돼. 세 가지 모두 결국 '보충한다'는 말과 통해.

🧑 그렇구나, 보충급여의 원칙은 뭔데?

🧑‍⚕️ 기초생활보장제도는 최저생활을 보장하는 제도이지만, 생활이 어려운 정도에 따라 부족한 만큼만을 보충하는 제도라는 거야. 즉, 1인 가구의 생활 수준이 30만 원이면… 생계급여는 51만 원(최저보장 수준)이 아니고 19만 원(최저보장 수준-생활이 어려운 정도)을 지급하는 거지.

🧑 아, 그러니까, 최저보장 수준이 되도록?

🧑‍⚕️ 그렇지.

🧑 그럼, 타 급여 우선의 원칙은 뭔데?

🧑‍⚕️ '타 급여 우선의 원칙'은 다른 법령의 공적인 급여가 기초생활보장제도의 급여를 우선한다는 거야. 그래서 다른 법령의 공적인 급여를 받고 있는 사람은 공적이전소득이 산정되고 그 부족한 부분만 보충받게 돼. 1인 가구이고 국민연금을 30만 원 받고 있다면 생계급여는 21만 원이야.

🧑 음… 어쨌든 보충한다는 거구나? 그럼 가족부양 우선의 원칙은?

🧑‍⚕️ 대상자를 선정하여 급여를 주기 전에 가족의 부양을 우선적으로 고려한다는 거지. 즉, 가족의 부양이 충분하다면 급여를 지급하지 않고 가족 부양이 부족하거나 없는 경우에만 급여를 지급하는 거야. 그래서 생계나 의료급여에 대해선 부양의무자 기준을 적용하고 모든 급여에 대해서는 가족의 도움도 소득(사적이전소득)으로 산정하는 거지. 어때? 결국 다 '보충한다'란 말과 통하지?

🧑 응. 그러니까, 생활 수준에 따라 부족분을 보충하되… 가족부양과 다른 법령의 공적급여를 우선적 고려해야 한다?

🧑‍⚕️ 그렇지.

3) 나머지 원칙-보편성의 원칙, 개별성의 원칙, 자립지원의 원칙

우선 '보편성의 원칙'은 너무도 당연한 얘기야. "수급 요건을 충족하면 성별, 직업, 연령 등으로 수급권을 박탈하지 않는다." 이건 설명이 필요 없겠지?

응. 그럼 '개별성의 원칙'은?

급여 수준을 정할 때 수급자의 개별적 특수 상황을 최대한 반영해야 한다는 거야. 이러한 원칙이 있기 때문에 신청가구의 소득, 재산은 물론이고 부양의무자가 얼마나 부양능력을 가지고 있는지, 신청인의 건강은 어떤지, 신청인이 근로능력이 가지고 있는지 또는 가구 특성이 어떤지 등을 면밀히 조사하는 거지.

그렇구나. 그럼 개별적 특수성에 따라 급여의 수준이 달라지는 거야?

그렇지. 기초생활보장의 모든 급여가 그래. 생계급여는 생활수준에 따라 금액이 다르고, 의료급여는 근로능력 여부에 따라 급여수준이 다르고, 주거급여는 임차료, 보증금, 소득인정액이 얼마인지에 따라 급여수준이 다르고, 교육급여도 초등학교, 중학교, 고등학교 학생별로 급여수준이 달라.

그렇구나. 그럼 '자립지원의 원칙'은?

기초생활보장제도의 급여는 자립을 목적으로 지급되어야 한다는 거야. 급여의 목적이 최저생활보장에만 있는 건 아니라는 얘기지. 따라서 일할 수 있는 생계급여 수급자가 근로활동에 종사하지 않는 경우에는 자활사업에 참여할 조건으로 생계급여를 지급해(조건을 부과한다고 해서 조건부 수급자라고 해). 자활사업을 통해서 스스로 자립할 수 있는 방법을 배우게 하는 거지.

🧑 자활사업은 뭔데?

🧑 자활사업은 일할 수 있는 수급자에게 근로 기회를 제공하고 기능습득을 지원하는 사업이야. 보통 자활사업이라고 하면 공공근로와 같이 일시적이고 단순한 일자리 정도로 생각하는데 그렇지는 않아. 정부에서도 자활의 중요성을 인식하고 다양한 자활프로그램을 개발하고 있으니까.

🧑 그렇구나. 그럼 만약 자활사업에 참여하지 않으면 급여를 받을 수 없는 거야?

🧑 응. 조건을 이행하지 않으면 생계급여만큼은 지원받을 수 없어. 자립 지원의 원칙이 있는 거니까. 어쨌든, 자활사업에 참여해야지.

🧑 아, 그럼, 동기부여를 어떻게 할지가 굉장히 중요하겠다. 그렇지?

🧑 맞아. 특히, 여러 가지 사정으로 자활의지가 약해진 사람에게는 더더욱 그렇지.

4. 법과 지침으로 운영되는 '국민기초생활보장제도' 이렇게 설명할게!

다음 장부터는 보장가구의 범위, 소득, 재산, 부양의무자 기준의 세부적인 내용들을 살펴볼 거야. 어떤 방식으로 설명한 건지 얘기해줄게.

좋아.

국민기초생활보장제도는 법과 지침으로 운영되는 제도잖아? 그렇지?

그렇지.

법으로는 「국민기초생활보장법」, 「국민기초생활보장법 시행령」, 「국민기초생활보장법 시행규칙」이 있고, 지침으로는 보건복지부에서 발간하는 『국민기초생활보장 사업안내』가 있어.

지침은 매년 발간한다고 했지?

맞아, 근데 사실, 국민기초생활보장제도와 관련된 법과 지침은 몇 가지가 더 있어.

그래?

응. 우선, 「의료급여법」과 「주거급여법」이 따로 있고 주요 지침만 해도 네 개가 더 있어.

🧑‍🦲 헉! 이걸 언제 다 배우지?

🧑‍⚕️ 기초생활보장제도를 이해하기 위해서 모든 법과 지침을 알 필요는 없어. 기본적인 제도 운용과 선정기준은 『국민기초생활보장 사업안내』에 나와 있으니까. 자활사업, 의료급여, 주거급여, 교육급여의 지침은 필요한 부분만 알면 돼.

🧑‍🦲 좋아. 근데, 『국민기초생활보장 사업안내』를 중심으로 설명한다고 해도 꽤나 내용이 많겠는데? 2019년 지침이 473페이지나 돼.

🧑‍⚕️ 그렇긴 해. 특례나 예외적인 기준이 워낙 많으니까…. 하지만 기본적인 원리만 알면 어려울 것도 없어

🧑‍🦲 그럼, 어떤 방식으로 설명할 건데?

🧑‍⚕️ '기본-특별한 경우-아주 특별한 경우' 이렇게 세 가지로 나눠서 설명하려고 해.

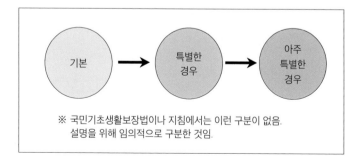

'기본'은 기본적인 원칙이나 기준. **'특별한 경우'**는 '기본'과는 다른, 예외적인 기준이나 각종 특례. **'아주 특별한 경우'**는 '특별한 경우'보다 더 특별한 경우로, 주로 지자체에서 재량적으로 판단할 수 있는 사항을 말해.

예외적인 기준이 많고 지자체의 재량도 많은 기초생활보장제도의 설명으로는 좋은 방식이 될 거라고 생각해.

좋아. 그러니까. 단계마다 '기본-특별한 경우-아주 특별한 경우'가 있다는 거지?

그렇지. 선정 기준을 이해하는 데 도움이 될 거야.

잠깐만!

'장애등급제 폐지', 이거 하나는 알고 넘어가자

🧑 장애등급제가 폐지되었다고?

🧑 1~6급까지, 총 6등급으로 구분하였던 장애등급제는 2019년 7월 1일부로 폐지되었어. 대신, '장애 정도'에 따라 두 가지로 구분해.

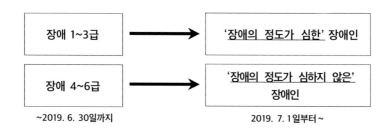

장애 1~3급	→	'장애의 정도가 심한' 장애인
장애 4~6급	→	'장애의 정도가 심하지 않은' 장애인
~2019. 6. 30일까지		2019. 7. 1일부터~

🧑 이에 따라, 기초생활보장제도의 장애등급 관련 기준도 2019년 7월 1일부로 모두 개정되었어. 예를 들어, "'1~3급 장애인'의 장애인 사용 자동차"라는 말은 "'장애의 정도가 심한 장애인'의 장애인 사용 사용차"란 말로 변경되었지.

🧑 장애의 정도가 심한? 좀 생소한데….

🧑 1988년에 도입됐던 장애등급제가 31년 만에 폐지된 거니까 생소할 수밖에 없지.

🧑 그럼, 이 책에서도 장애에 대해선 두 가지 구분으로 설명하겠네?

🧑 물론이지. 2019년 7월에 개정된 최근 기준으로 설명할 거야. 하지만 과도기적 시기임을 감안하여 장애 정도가 언급된 기준에는 각주(이전 등급이나 개정 전 기준)를 붙이도록 할게. 각주를 참고하면 생소하거나 헷갈리지는 않을 거야.

🧑 좋아.

5장

누구를
보장할 것인가?

- 선정 1단계: 보장가구의 범위

사회복지 공무원이 기초생활보장 상담을 한다고 하면 가장 먼저 확인하는 게 상담가구의 가구원이야. 기초생활보장제도는 기본적으로 가구 단위로 신청하고 가구단위로 보장하는 제도이니까. 그럼, 상담가구의 가구원은 모두 같이 신청해야 될까? 꼭 그렇지는 않아. 상담가구의 가구원 중에는 같이 신청해야 하는 가구원도 있고 아닌 가구원도 있어.

그렇구나.

그뿐 아니야. 경우에 따라서는 따로 살고 있는 가족이 같이 신청해야 될 수도 있어.

그래?

'가구 단위로 신청하고 가구 단위로 보장한다'는 말은 맞는 말이지만 여기서 말하는 "가구"는 보통 생각하는 '가구'와는 좀 달라. 기초생활보장제도에서는 '보장가구'라고 하지. 보장가구를 정하는 기준은 따로 있어.

그럼, 가구원 수는 신청인이 생각하는 것과 다를 수도 있겠네?

맞아. 혼자 살고 있는 A라는 사람이 상담받으러 주민센터에 왔다고 하자. 생계급여기준이 궁금하다면 당연히 1인 가구 기준을 물어보겠지?

그렇지.

근데, 경우에 따라서는 1인이 아니고 2인이 될 수도 있어.

왜?

만약, A와 따로 살고 있는 30세 미만의 미혼 자녀가 일정 정도의 소득활동을 하고 있지 않으면 A는 1인 가구로 신청하지 못해. 미혼 자녀 1명을 포함하여 2인 가구로 신청해야 돼.

진짜 좀 틀리네. 근데 신청자 입장에서는 가구원 수가 많아지는 게 더 좋은 거 아니야?

기본적으로는 그렇지. 가구원 수에 비례하여 소득인정액 기준액과 급여액이 높아지는 거니까. 부양가족이 많은 가구는 모든 면에서 유리해.

하지만 모든 상황에서 그런 건 아니야. 우선, 보장가구에 포함되는 가구원이 신청을 거부할 수도 있어. 만약 A의 따로 살고 있는 미혼

자녀가 신청을 거부하면 기본적으로는 A도 신청하지 못해.

그렇구나.

그리고 보장가구에 추가되는 가구원이 소득이나 재산을 가지고 있으면 보장이 변경될 수도 있어. 경우에 따라서는 중지가 될 수도 있지.

소득인정액이 0원인 독거 어르신 집에 80만 원 소득을 가지고 있는 아들이 같이 살게 되었다고 해보자. 그럼 보장가구는 1인 가구에서 2인 가구로 변경되고 소득인정액은 0원에서 80만 원으로 바뀌게 돼. 어르신 혼자 51만 원 정도 받았던 생계급여는 7만 원 정도로 줄어들게 되지. 아들이 생활비를 보태준다면 괜찮겠지만 그게 아니라면 어르신은 이전보다 더 힘들어져.

아, 그렇겠다.

이런 점 때문에 현장에서는 보장가구에 대한 문의가 많아.

굉장히 예민한 문제일 수 있겠구나?

그렇지. 가구원 변동에 따라 보장(급여)이 줄어들 수도 있으니까.

1. 기본

기초생활보장은 보장가구 단위로 신청하고, 보장가구 가구원 수에 따라 소득인정액이 다르고, 보장가구에 속해 있는 모든 가구원의 소득재산을 조사하며, 보장가구의 가구원 수에 따라 급여 수준이 달라. 그래서 급여는 기본적으로 가구단위로 지급해. 개인별로 지급하는 게 아니야. 도박중독인 남편이 생계급여를 다 썼다고 해도 나머지 가구원은 남편이랑 분리해서 보장받을 수 없어.

그렇구나.

복지담당자는 총 3단계를 거쳐서 보장가구의 범위를 정해.

1단계	'동일 주민등록상 가족'을 보장가구에 포함한다.
2단계	'별도 주민등록상 가까운 가족'을 보장가구에 추가한다.
3단계	보장가구에서 '실제 없는 가족'을 뺀다.

이 세 단계를 알아야 보장가구가 무엇인지 알 수 있어.

1) 1단계: '동일 주민등록상 가족'을 보장가구에 포함한다

 여기서 말하는 '가족'은 아래와 같은 가족을 말해.

> **'가족'** = 배우자(사실혼 포함), 직계혈족 및 형제자매, 직계혈족의 배우자, 배우자의 직계혈족,
> 배우자의 형제자매

 '직계혈족'은 나를 기준으로 곧바로 이어지는 관계를 말하는 거지?

 그렇지. 위로는 '직계존속(부모, 조부모 등)'이라고 하고 아래로는 직계
비속(자녀, 손자 등)이라고 하지.

 오케이.

 너하고 같이 살고 있는 가족은 어떻게 돼? 너를 기준으로 '1단계 보장
가구'를 살펴볼까?

 좋아. 우리 집의 주민등록은 이렇게 되어 있어.

홍길동네 주민등록등본

세대주 성명	홍길산	세대구성 사유 및 일자	××××××××××	
현주소	××××××××××××××			
번호	세대주와의 관계	성명/주민등록번호	전입일/등록일 등록상태	변동사유
1	본인	홍길산		
2	처	이말자		
3	자	홍길동		
4	자	홍순녀		
5	동거인(5촌조카)	이순신		
6	동거인	원균		
7	동거인	원균 마누라		

🧑 대가족이구나. (5촌) 조카도 있고 동거인도 있네?

👨 응. 순신이는 고등학생인데, 당분간 우리 집에서 학교에 다니고 있어. 순신이 아버지는 일 때문에 지방에 내려가셨지. 원균 아저씨는 아버지의 먼 친척쯤 돼. 사업 부도 이후 우리 집에서 살고 있어.

🧑 자 그럼 여기서 '가족'을 가려내 볼까? 음… 처음에 봤던 가족의 범위로 따져보면, 너희 집엔 총 세 가족이 있어. 홍길동 가족(4인 가구), 이순신(1인 가구), 원균 가족(2인 가구)…. 그렇지?

👨 그러네, 그럼 1단계에서는 내 가족이 하나의 보장가구, 이순신이 하나의 보장가구, 원균 아저씨네 가족이 하나의 보장가구라는 거야?

🧑 그렇지, 1단계까지는 그래.

2) 2단계: '별도 주민등록상 가까운 가족'을 보장가구에 추가한다

🧑 1단계에서 보장가구를 정했지? 하지만 그걸로는 충분하지 않아. 주민등록은 다르지만 꼭 추가해야 할 가까운 가족이 있으니까.

👨 그럼, 가까운 가족은 누구는 말하는데?

🧑 이런 가족들을 말해. 이런 가까운 가족이 있다면 1단계 보장가구에 추가해야 돼. 1단계 보장가구원 각각의 가까운 가족을 확인해야 되지.

① 배우자
(사실혼 포함)

② 30세 미만
미혼 자녀

③ 생계나 주거를
같이하는 생계를
책임지는 부양의무자

④ 일정 자격을 갖춘
외국인 가족

🧑 보장가구원 각각이라면 아버지의 가까운 가족, 어머니의 가까운 가족, 나의 가까운 가족, 동생의 가까운 가족을 다 확인해야 한다는 거야?

🧑 맞아. 우선 ① 배우자는 가까운 가족이 확실하지?

🧑 그렇지.

🧑 이혼하면 남이겠지만 그게 아니라면 제일 가까운 가족이지. 배우자는 주민등록을 달리해도 보장가구에 추가해야 돼. 혼인신고를 하지 않은 사실혼 관계의 배우자도 마찬가지야.

🧑 ② 30세 미만 미혼 자녀는?

🧑 30세 미만의 미혼 자녀 모두를 보장가구에 추가하는 건 아니야. 30세 미만의 미혼 자녀가 부모로부터 독립하지 않은 경우에만 추가해.

🧑 독립했다는 거는 어떤 기준으로 확인하는데?

🧑 실제 거주를 다른 곳에서 하고 중위소득 50% 이상의 소득활동을 하고 있는 경우에는 독립했다고 간주해. 그게 아니면 보장가구에 추가해야 돼.

🧑 잠깐…. 그럼 내 첫째 동생도 보장가구에 추가해야 되겠는데? 첫째 동생은 대학생인데, 현재 타 지역에서 사촌이랑 같이 살고 있어. 주민등록은 사촌의 집으로 되어 있지만 중위소득 50% 이상의 소득활동을 하고 있지는 않지.

🧑 그렇다면 보장가구에 추가해야 돼. 그럼, 너의 가족이 신청을 한다고 하면 4인이 아니라 5인으로 신청해야 돼.

🧑 그렇구나. 그럼, ③ 생계나 주거를 같이하는 생계를 책임지는 부양의무자는? 부양의무자는 나를 기준으로 보면, 나의 부모, 아들, 딸, 사위, 며느리잖아?

그렇지.

그럼, '생계나 주거를 같이한다'는 의미는 뭐야?

'생계를 같이한다'는 것은 소득을 공유한다는 얘기야. 따라서 자녀가 교육관계로 타 지역에 기숙(하숙)하거나 가구원이 병원에 입원하고 있는 경우는 모두 '생계를 같이한다'에 포함돼. '주거를 같이한다'는 말 그대로야. 사실상 동일한 집에서 거주하는 것을 말해.

그럼, 이 경우에 해당되는 사례는 뭐가 있어?

자주 접하게 되는 사례를 얘기해 줄게. 고모 집에 거주하는 아동이 수급신청을 한다고 하자. 아동은 고모랑 같이 신청해야 될까? 아니야. 고모는 아동의 가족이 아니니까. 우선 아동은 1인 가구야. 그럼 이제 아동의 가까운 가족을 확인해야 돼. 아동의 어머니는 재혼하여 따로 살고 있고 아동의 아버지는 일 때문에 지방에 내려가 있는 상태야. 아버지는 아동에게 생활비를 보내주고 있지. 여기서 '생계나 주거를 같이하는 부양의무자'는 누굴까? 맞아, 아버지야. 아버지는 생계를 같이하고(소득을 공유하고) 아동의 부양의무자니까. 아동은 아버지랑 2인 가구로 신청해야 돼.

아, 알겠다. 그러고 보니, 우리 집에서 살고 있는 아버지의 5촌 조카 순신이가 딱 그 케이스인데?

그렇다면 이순신의 보장가구는 2인이 되는 거야.

오케이, 알겠다. 그럼, ④ 일정한 자격을 갖춘 외국인 가족은 누구를 말하는 거야?

기초생활보장제도는 기본적으로 외국인을 지원하지 않아. 불법이든 합법이든 외국인은 실질적인 가족이라고 해도 보장가구원으로 추가하지 않아.

그렇구나.

근데, 일정한 자격을 갖춘 외국인이라면 보장가구원으로 추가할 수 있어. '외국인에 대한 특례'라고 해.

일정한 자격은 뭔데?

다음과 같은 경우, 등록 외국인은 보장가구원으로 추가할 수 있어.

---

① 한국 사람과 혼인한 외국인으로 보장가구원과 생계나 주거를 같이하면서 외국인 본인 또는 배우자가 임신 중 이거나, 한국 국적의 미성년 자녀를 양육하거나 배우자의 한국 국적 직계 존속과 생계나 주거를 같이 하는 경우

② 한국 사람과 이혼하거나 사별한 외국인이 한국 국적 미성년 자녀를 양육하거나 사망한 배우자의 태아를 임신하고 있는 경우

③ 난민으로 인정되어 국내에서 체류하고 있는 경우

아, 그러니까 난민을 제외하고는 무언가 우리나라에 기여(자녀 양육, 부모 부양)하고 있는 경우에만 보장하는 거구나?

그렇게 생각할 수 있지. 2단계도 알겠지?

3) 3단계: 보장가구에서 '실제 없는 사람'을 뺀다

자 3단계는 간단해. 1단계와 2단계를 거쳐 보장가구의 범위를 정했잖아? 그럼 이제 보장가구원 중 실제 없는 사람을 빼면 돼.

실제 없는 사람?

응. 이런 가구원을 보장가구에서 빼.

① 현역 군 복무
② 6개월간 90일을 초과하여 외국에 체류 중인 사람
③ 재외국민
④ 교도소, 소년원 등에 수용 중인 사람
⑤ 보장시설 수급자(요양원, 장애인 시설 등에 입소 중인 기초수급자)
⑥ 가출, 행방불명, 실종선고 절차 진행 중인 사람
⑦ 동일 주민등록상 가족인데 생계와 주거를 달리하는 경우

음… 진짜, 다 집에 없는 사람이네. ⑦ **동일 주민등록상 가족인데 생계와 주거를 달리하는 경우**는 주소만 두고 있는 가족을 말하는 거야?

그렇지. 시·군·구에서 확인한 경우에만 뺄 수 있어.[9]

그렇구나. 그리고, 장기적으로 해외에 있는 사람도 보장가구에서 빼는 거네?

응.

근데, 재외국민은 교민을 말하는 거야? 재외동포, 교민, 재외국민… 관련된 용어들이 많아서 헷갈려.

'재외 동포'는 '재외국민'과 '외국국적 동포'를 통칭하는 말이야. '재외국민'은 외국의 영주권을 취득한 국민이나 영주할 목적으로 외국에 거주하는 국민을 말하고 '외국국적 동포'는 대한민국 국민이었는데 외국국적을 취득한 사람을 말해.

아, 그렇구나. 근데, 해외의 영주권을 가지고 있어도 일정 기간 한국에 거주하는 경우도 있잖아? 그런 경우에도 보장가구에 포함할 수 없는 거야?

국내에 30일 이상 거주할 목적으로 주민등록을 재등록했거나 아예

---

9 보통은 실제 거주지로 전입신고할 것을 안내하지.

한국의 주민등록이 말소되어 있지 않는 '재외국민거주자'는 예외적으로 보장할 수 있어. 하지만, 그게 아니라면 재외국민은 보장가구에 포함하지 않아.

🧑 그렇구나. 자, 그럼 보장가구의 범위를 정하는 1, 2, 3단계는 다 끝난 거지? 추가하기도 하고 빼기도 하고 '기본'은 알게 된 거지?

🧑 그렇지. 너의 가족으로 보면, 1단계까지는 보장가구원이 4명이었고 2단계에서는 동생 한 명을 추가해서 5명으로 늘어났지. 3단계에서 해당되는 사항이 없다면 최종 보장가구원은 5명이야. 5인 가구원 모두의 소득과 재산을 조사하고 5인 가구로 급여를 받는 거지.

🧑 오케이, 알겠다.

🧑 아! 맞아, 근데 한 가지 더 보충할 게 있어.

🧑 뭔데?

🧑 3단계의 '실제 없는 가구원'들은 보장가구에서는 제외하지만 재산만큼은 함께 조사해.

🧑 왜?

🧑 보장가구에서 제외된 가구원의 재산을 보장가구원이 사용(수익)할 수 있으니까. 사용(수익)한다면 보장가구원의 재산으로 산정해.[10] 자동차를 소유하고 있는 아들이 군대에 갔는데, 같이 살고 있는 엄마가 아들 차를 사용한다면 자동차는 엄마의 재산으로 산정해.

🧑 그렇구나. 꽤나 꼼꼼하네.

---

10 단, 예금을 사용(수익)했을 경우에는 사적이전소득으로 반영해.

2. 특별한 경우

🧑‍⚕️ '기본'에서는 보장가구의 범위를 정하는 1-2-3단계를 배웠어. 1-2-3단계를 거친 보장가구원은 전부 같이 신청해야 돼.

👨 그렇지. 내 가족으로 보면 5인이었지.

🧑‍⚕️ 근데 말이야. '특별한 경우'라면 보장가구원 전부가 아닌 **일부 혹은 개인만 신청하고 보장할 수도 있어.**

👨 그래? 이거 좀 복잡해지려고 하는데? 그러니까. 기본은 전부가 신청하는 건데 특별한 경우가 있다?

🧑‍⚕️ 응. 일부만 보장하는 경우를 '**별도가구 보장**'이라고 하고 개인만 보장하는 경우를 '**개인단위 보장**'이라고 해.

1) 별도가구 보장

🧑‍⚕️ 한집에 사별한 할머니, 부모님, 그리고 미혼인 내가 살고 있다고 하면 기본적으로는 4인 가구로 신청하고 4인 가구로 보장해야 되는 거지?

👨 그렇지.

🧑‍⚕️ 근데 특별한 경우에는 할머니를 빼고 나와 부모님만 3인 가구로 신청하거나 보장할 수도 있어.

그럼 할머니가 재산이 많을 때는 할머니를 빼고 신청하면 되겠네?

물론, 모든 상황에서 적용할 수 있는 건 아니야. 아래 세 가지 특별한 경우에만 그럴 수 있어.[11]

① 급여위탁 별도가구 보장   ② 가정해체 방지 별도가구 보장   ③ 자립지원 별도가구 보장

① 급여 위탁 별도가구 보장은 어떤 내용이야?

급여위탁 별도가구 보장은 보장시설 입소자나 가정위탁보호 아동에게 적용하는 별도가구 보장이야.

우선, 보장시설 입소자부터 설명할게. 예를 들어, 노인부부가구가 있다고 하자. 생활이 어렵다면 2인으로 신청하고 2인으로 보장하겠지? 부부니까.

그렇지.

근데, 만약 신청하려는 부부 중 남편이 보장시설에 입소 중이라고 하면 좀 달라. 2인 보장가구로 신청하고 2인 소득인정액 기준으로 조사하는 것은 마찬가지인데 수급자로 결정 후에는 시설 입소 중인 남편은 보장시설 수급자로 별도 보장해.

그럼 아내는?

아내는 1인 일반수급자로 보장하지.

---

11 이 책의 '별도가구 보장' 내용들은 생계급여·의료급여까지 신청했을 때를 기준으로 설명한 거야. 일부급여(주거급여 등)만 단독으로 신청했을 때는 세부적인 조건이 달라질 수 있어. 예를 들어, 주거급여만 신청했을 경우, (가족관계 해체 방지를 위한) 별도가구의 조건은 '의료급여 선정 기준 초과'가 아니라 '주거급여 선정 기준 초과'야.

아, 보장가구에 당연히 포함해야 하는 부부관계라도 특별한 경우니까 따로따로 보장하는 거구나?

그렇지.

그럼, 가정위탁보호 아동은? 아니다, 가정위탁보호가 뭐야? 소년소녀가장 같은 건가? 그거부터 알아야 될 거 같아.

우선, '소년소녀가장'은 '소년소녀가정'으로 명칭이 바뀌었어.

그렇구나.

그리고 현재 우리나라는 소년소녀가정의 신규 대상자 지정을 금지하고 있어. 소년소녀가정에 대한 지원 제도도 앞으로 폐지될 예정이야.

엥? 그게 무슨 말이야? 가장 보호가 필요한 아이들의 지원을 금지하고 폐지한다니?

신규 대상자 지정을 금지하고 지원 제도를 폐지한다는 것은 사회적인 보호를 하지 않겠다는 말이 아니야. 아동이 가정을 이끌어 가는 것 자체가 위험한 일이므로 더 적절한 보호를 하겠다는 말이지. 보호가 필요한 아동이라면 '가정위탁보호'나 '시설보호'를 해야 돼.

아, 난 또 무슨 말인가 했네.

오해했지?

응.

그래서 요즘은 '소년소녀가정'이 드물어. 내가 근무하는 지역도 그렇지. 지역의 후원자도 의아하게 생각할 때가 많아.

하긴, 나도 조금 전까지 그랬었잖아. 어쨌든, 가정위탁은 소년소녀가정이랑 다른 거구나?

응. '가정위탁보호'는 보호가 필요한 아동[12]을 친인척이나 일반 가정에 위탁하여 보호하는 것을 말해.

그렇구나. 그럼 이런 가정위탁보호 아동은 보장시설 입소자와 마찬가지로 아동만 별도로 보장하는 거야?

응. 가정위탁보호 아동은 원가족(친부모 등)과는 분리되어 있다고 생각하면 돼. 원가족과는 관계없이 아동만 별도로 신청하고 보장할 수 있지. 친부모와 같이 기초생활보장을 받던 아동도 마찬가지야. 부모의 사정상 아동이 다른 가정에 위탁되었다면 부모는 부모대로 따로 보장받고, 아동은 아동대로 따로 보장받는 거야.

알겠다. 무슨 말인지. 그럼 ② 가정해체 방지 별도가구 보장은 무슨 내용이야?

---

12 보호자의 학대, 방임, 이혼, 질병 등으로 보호가 필요한 아동을 말해.

말 그대로 가정이 해체되는 것을 방지하기 위한 조치야. 예를 들어 설명해 볼게.

좋아.

김말자 어르신이라고 하자. 김말자 어르신은 배우자와 사별 후 오랜 기간 혼자 살았었어. 자녀들은 총 4명이 있는데 일찌감치 결혼해서 타 지역에 살고 있었지. 근데, 혼자 살았던 어르신이 연로해져서 둘째 아들(배우자, 자녀 2명) 집에 살게 된 거야. 둘째 아들도 그리 넉넉한 편은 아니었지만(4인 가구 전체 소득 250만 원) 그게 도리라고 생각한 거지.

근데 현실적으로는 문제가 좀 있었어. 둘째 아들도 넉넉한 편이 아닌 데다가 어르신도 노후자금을 가지고 있었던 건 아니었으니까. 그래서, 고민 끝에 기초생활보장 상담을 받았어. 그럼, 복지담당자는 어떻게 신청하라고 할까?

둘째 아들 가구와 함께 5인 가구로 신청해야 한다고 하겠지? 아들은 가족이니까.

그렇지? 그럼. 5인 가구로 신청하면 어떻게 될까? 전체 가구로는 교육급여만 받을 수 있어. 둘째 아들의 소득(250만 원)이 5인 가구 주거급여 기준을 초과하니까.

아, 그렇겠구나.

이런 경우에 어르신의 자녀들은 어떤 고민을 할까?

🧑 대부분 이런 고민을 하지 않을까?

🧑 그러겠다. 자녀들이 부양할 능력을 충분히 가지고 있으면 어머니를 모시면 되겠지만 그럴만한 상황도 아닌 거잖아. 그리고, 어르신도 많이 불편해할 거 같아. 넉넉지 않은 자녀 집에 얹어 사는데 정부지원도 받을 수 없으니까. 가시방석에 있는 것 같겠지. 이럴 바엔 다시 혼자 사는 게 낫겠다고 생각할 거 같은데?

🧑 맞아. 바로 이런 경우에 적용할 수 있는 게 '가정해체 방지 별도가구 보장'이야.

🧑 아, 어르신만 1인 가구로?

🧑 그렇지. 둘째 아들 집에 살고 있더라도 혼자 사는 것처럼 1인 가구로 보장하는 거야.

🧑 물론, 자녀 집에 살고 있는 모든 사람에게 적용하는 기준은 아니야.

김말자 어르신의 사례처럼 가구 전체로는 의료급여[13] 선정이 불가능한 경우에만 적용할 수 있어.

그럼, 일단 전체 가구로 신청해 봐야겠네? 의료급여 선정 여부에 따라 다르니까.

기본적으로는 그렇지.

그럼, 전체 가구로 신청했을 때 의료급여기준을 초과하지 않으면?

전체 가구로 해당되는 급여(의료급여까지)를 받는 거야. 즉, 생계급여는 받을 수 없지.

아, 이제 진짜 알겠다.

김말자 어르신의 사례는 대표적인 사례 중 하나야. 별도가구 보장을 적용할 수 있는 '특별한 경우'는 다양해.

■ 가족해체 방지 별도가구 보장

부양의무 미성립 별도가구 보장
결혼한 자녀 집에 거주하는 부모
이혼한 자녀 집에 거주하는 부모
부모 집에서 거주하는 한부모가족
형제/자매 집에 거주하는 한부모가족
형제/자매 집에 거주하는 '장애의 정도가 심한 등록장애인'[14]
   (장애의 정도가 심하지 않은 등록 장애인 중 근로능력이 없는 경우에는 포함)
형제/자매 집에 거주하는 임산부
형제/자매 집에 거주하는 65세 이상 노인
손자녀 집에 거주하는 65세 이상의 조부모
조부모 집에 거주하는 18세 미만의 손자녀 등.

---

13 일부 급여(주거급여, 교육급여)만 신청하는 경우에는 의료급여 선정 여부가 아니라 해당 급여의 선정 여부로 판단해.

14 2019년 7월 1일 장애등급제 폐지로 개정되었어(이전 기준: 1~4급 장애인).

🙂 많기도 해라.

🙂 많기는 해도 기본적인 조건은 똑같아. 전체 가구가 의료급여[15] 선정 기준을 초과할 때만 적용할 수 있어. 대표적인 경우 중 몇 가지만 더 설명해 볼게.

🙂 좋아.

🙂 '부양의무 미성립 별도가구 보장'이라는 것도 있어. 이건 부양의무자 기준과 관련이 있는 거야. 일부 가구원의 부양의무자 때문에 전체 가구가 의료급여 선정 기준을 초과할 경우에 적용할 수 있지. 부양의무자가 있는 가구원은 빼고 나머지 가구원만 별도로 보장하는 거야.
예를 들어, 할아버지와 고등학생 손자가 한 보장가구야. 근데 할아버지의 부양의무자 때문에 손자까지도 의료급여 선정이 어려워. 그렇다면 할아버지는 빼고 손자만 별도로 보장할 수 있어.

🙂 하긴, 할아버지 자녀와 조카는 부양의무 관계도 아니잖아.

🙂 그렇지. 그리고 또 하나 소개해 볼게. '부모 집에서 거주하는 한부모가족'이야.

---

15 일부 급여(주거급여, 교육급여)만 신청하는 경우에는 의료급여 선정 여부가 아니라 해당 급여의 선정 여부로 판단해(단, 부양의무자 기준과 관련된 '부양의무 미성립 보장'은 제외).

이제부터는 자세히 설명하지 않아도 알 거야. 4인 가구(부모+딸 가족)로 의료급여 선정 기준을 초과하면 한부모가족(2인)만 별도 보장할 수 있어. 그렇지?

오케이, 내가 '가정해체 별도가구 보장'에 관한 설명을 쭉 들어보니까 여러모로 필요한 기준이라는 생각이 든다. 부모 집에 거주하는 한부모가족만 해도 그래. 만약 별도가구 보장이라는 기준이 없어서 결국 딸 가족이 따로 살게 되었다고 해 봐. 일단, 주거비 두 배로 들어가고, 인터넷 비용 등 공동으로 사용하는 생활비도 두 배로 들어가고, 갖가지 살림살이도 두 배로 들어갈 거 아니야? 경우에 따라서는 딸의 소득활동에도 지장이 생길 수 있고 말이야.

개인의 입장에서도 그렇지만 국가적으로도 마찬가지야. 가족이 해체되면서 발생하는 문제나 위험을 생각해 봐. 김말자 어르신 사례에서 김말자 어르신이 고민 끝에 따로 살게 되었다고 해보자. 따로 산다고 해도 자녀의 물질적인 부양은 똑같겠지. 하지만 자녀와 같이 살면서 받았던 비물질적인 부양은 달라져. 그럼 그 부족한 부양은 어떻게 해결할까? 많은 예산을 써서 다양한 복지사업을 만들면 다 해결할 수 있을까? 그렇지도 않아. '독거노인의 외로움'이란 문제 하나만 생각해 봐도 그래. 말벗 서비스, 1대 1 결연사업, 정기 방문 사업 등 다양한 영역에서 수많은 서비스가 있지만 가족이 함께 있는 것과는 비교가 안 돼. 단순히 추가 예산이 들어가니까 별도가구로 보장해야 된다. 이런 얘기를 하는 게 아니야. 많은 예산을 투입하고 아무리 좋은 정책과 서비스가 있어도 한계가 있다는 거지.

그러네. 가족해체 방지를 위한 별도가구 보장이 필요한 이유는 충분히 알겠어. 근데, 좀 우려되는 점이 있기는 해. 예를 들어, 부자 아들 집에서 사는 어르신이 별도가구 보장으로 신청을 하면 어떡해? 그런 경우도 지원받을 수 있는 거야?

그거는 걱정하지 않아도 돼. 왜냐면 같이 살고 있는 아들이 어르신을 충분히 부양할 수 있다면 어차피 어르신은 보장받을 수 없어. 별도가구로 보장한다는 것은 같이 살고 있지만 따로 살고 있는 것처럼 보장한다는 의미야. 따로 사는 부양의무자 아들은 부양의무자 기준을 적용해.

게다가 (상식 깨기에서도 설명했듯이) 기초생활보장제도에는 사적이전소득이라는 게 있어. 어르신이 아들 집에서 충분히 부양을 받고 있다면 도움을 받는 만큼 소득이 산정돼. 기초생활보장 대상자로는 선정되기 힘들지.

아, 그렇지. 설명을 다 듣고 나니까 이해가 된다. 설명을 들으면서도 의문점이 생기더라고.

맞아, 그런 의문과 오해가 복지현장에서도 흔히 있어. 아래와 같은 질문을 많이 하지.

어떤 후원자는 지원 가정이 부모의 아파트에서 거주한다는 사실만으로 후원을 철회하기도 해.

어렵지 않다고 보는 거겠지?

그렇지. 하지만 별도가구로 보장받는 가구도 법적인 자격을 충족했기 때문에 지원받는 거야. 부모 집에서 거주하는 한부모가족, 그렇지 않은 한부모가족… 물론 차이는 있겠지만 아예 후원 대상에서 제외될 정도는 아니야.

위에서처럼 차근차근 설명하지 않으면 오해하기 딱 좋을 거 같아.

맞아.

좋아, 그럼 가족해체 별도가구 보장은 이제 알겠고, ③ **자립지원 별도가구 보장**은 어떤 내용이야?

'자립지원 별도가구 보장'은 빈곤의 대물림을 방지하는 측면에서 중요해. 보통은 수급받고 있는 대상(수급자) 가구에게 자주 적용하지만 수급권자(신청인)에게도 적용할 수 있어.

예를 들어 설명할 게, 4인 가구(부모, 아들 1명, 딸 1명)가 있다고 하자. 이 가구의 소득인정액은 40만 원이었고 생계, 의료, 주거, 교육 급여 모두 받고 있었어. 근데, 변동이 생기게 된 거야. 아들이 대학교 졸업 후 운 좋게 바로 취업을 했고, 아들에게 소득(200만 원)이 생기게 된 거지. 아들이 24세 이하면 '근로소득 공제'가 적용돼. 가구의 소득인정액은 기존 40만 원에서 152만 원으로 변경되지. 자 그럼, 이 가구의 급여는 어떻게 될까? 의료급여, 주거급여, 교육급여는 받을 수 있지만 생계급여는 더 이상 받지 못해. 2019년 생계급여 선정 기준은 138만 원이니까. 그럼, 취업한 청년은 어떤 생각이 들까? 아마도 이런 생각이 들 거야.

아, 좀 문제가 있다. 요즘 안 그래도 젊은 사람들이 많이 힘들어하잖아? 'N포 세대'[16]라는 말도 있고 말이야. 더구나 위 그림 속 청년처럼 가족들 생활비까지 보태야 하는 사항이라면 결혼이 뭐야, 돈 모아서 독립하는 것도 여의치 않을 거 같아. 진짜, 빈곤의 대물림이다.

그렇지? 그래서 '자립지원 별도가구 보장'이란 게 있는 거야.

그럼, 어떻게 보장할 수 있다는 건데?

취업한 청년은 아예 보장가구원에서 제외하고 나머지 가구원만 별도가구로 보장하는 거야.

나머지 가구원과 같이 살고 있어도?

응. 같이 살고 있어도 따로 살고 있는 것처럼, 물론 적용할 수 있는 조건과 기간이 정해져 있기는 해. 자립지원 별도가구 보장은 만 18세

---

16 N포 세대: 물가, 취업난, 집값 등으로 인하여 삶의 여러 가지를 포기하고 있는 젊은 세대를 말해. 연애, 결혼, 출산 세 가지를 포기한 젊은 세대는 '삼포세대'라고 하지.

이상 만 34세 이하의 취업/창업 가구원이 있는 가구에게만 적용할 수 있어. 그것도 최대 7년 범위 내에서만 적용할 수 있지. 고등학교 졸업 후 취업을 했다면 졸업한 다음 달부터 7년까지, 대학교 졸업 후 취업을 했다면 졸업한 다음 달부터 5년까지만 적용해.[17]

아, 그러니까 만 18세 이상 만 34세 이하의 기간 중 최대 7년?

응. 만약, 3년째 적용 중인데, 취업/창업 가구원이 만 35세라면 적용기간이 남아도 더 이상 적용할 수 없어.

오케이, 알겠다. 그럼, 아까 그림에서의 청년가구는 청년이 대학 졸업 후 5년 동안만 적용하는 거네? 5년 동안 만 34세 이하라고 가정하면 말이야.

그렇지, 만 23세에 대학교 졸업했다면, 만 28세까지는 부모와 같이 산다고 해도 별도가구로 보장받을 수 있지.

잠깐, 근데 남자는 군대가 있잖아?

그 정도는 준비되어 있지. 만약 적용시점 이후에 군 복무를 했다면 그 기간은 적용기간에 포함하지 않아.

그렇구나.

자, 이제 별도가구 보장은 뭔지 알겠지?

예외적으로 적용하는 거지만 꼭 필요하다고 생각되네.

맞아.

---

17 단, 2019년 8월 1일부터는 적용기간이 변경될 예정이야. (개정될 사항 : 5년, 7년 등 기한 없이 만 34세 이하까지 적용 가능)

2) 개인단위 보장

 개인단위 보장은 '의료급여 특례'와 '자활급여 특례' 두 가지가 있어. 전체 가구원으로 보장이 어려울 경우에 적용하는 특례이지. 이것도 사례를 봐야 이해가 돼. 자, 그럼 '의료급여 특례'부터 설명할게. 4인 가구(세대주, 배우자, 자녀 2명)이고 아들의 의료비 부담 때문에 기초생활보장을 신청했다고 하자. 세대주의 실제소득은 300만 원, 아픈 아들의 의료비 지출은 매월 120만 원, 재산은 없다고 가정하자. 그럼 이 가구의 소득평가액은 이렇게 계산돼.

> 실제소득 300만 원 - 병원비 공제 120만 원[18] = 소득평가액 180만 원

 재산은 없다고 가정했으니까 소득인정액은 180만 원이야. 의료급여부터 주거급여 그리고 교육급여까지 선정할 수 있지(4인 가구 의료급여 선정 기준 184만 원).

 그렇지.

 하지만 선정하고 나서 또 할 게 있어. 소득평가액을 다시 산정해야 돼.

 왜?

 의료급여 수급자가 되면 의료비 부담이 적어지니까.

 그러니까, 실제소득에서 뺐던 의료비가 달라진다는 거지?

 그렇지. 그래서, 선정된 다음 달부터는 소득평가액을 다시 계산해. 책정 전 의료비가 매달 120만 원, 책정 후 의료비가 매달 40만 원이라고

---

18 "상식 깨기"에서 '가구특성에 따른 지출요인'이라는 게 있었잖아? 지속적으로 지출되는 의료비도 그중 하나야.

한다면 소득평가액은 180만 원에서 260만 원으로 변경되지.

> 실제소득(300만 원) - 40만 원 = 소득평가액 260만 원

잠깐, 그렇게 되면 이 가구는 의료급여 선정 기준(184만 원), 주거급여 선정 기준(202만 원), 교육급여 선정 기준(230만 원)이 다 초과되는데? 선정되기 전으로 적용하면 보장이 가능하고 선정된 후로 적용하면 보장이 불가능하고… 그렇다면 신청과 중지를 반복해야 되는 거야?

그건 말이 안 되지. 이때 적용할 수 있는 게 '의료급여 특례'야. 특정급여(의료급여)가 필요한 개인(사례에서는 아들)만 보장하는 거지.

아들만?

응. 아들 빼고 나머지 가구원은 모든 급여를 중지하고 아들은 주거급여와 교육급여를 중지하되 의료급여만큼은 계속 보장하는 거야.

처음부터 개인 단위로 신청하고 보장하는 건 아니구나?

그렇지. 책정 후 조정되는 거야. 알겠지?

오케이, 이건 알겠다.

그럼, **자활급여 특례**도 설명해 볼게.

좋아.

앞에서 설명했듯이, 기초생활보장제도는 근로능력이 있어도 지원할 수 있는 제도야. 그렇지?

그렇지.

다만, 근로능력이 있는 사람이 생계급여를 신청했는데, 소득활동을 하지 않으면 조건이 부과되는 거지. 자활사업에 참여해야 한다는 조

건 기억나지?

응. 조건이 있다고 해서 조건부 수급자라고 했잖아?

그래. '자활급여 특례'는 자활사업과 관련이 있는 내용이야. 자활사업을 참여하여 얻은 소득으로 인하여 보장이 어려울 경우에 적용할 수 있는 특례이지. 예를 들어 3인가구(세대주 45세, 배우자 40세, 고등학생 자녀 1명)가 수급자를 신청했다고 하자. 배우자는 만성질환으로 인하여 근로능력이 없고 세대주는 근로능력이 있지만 일자리가 없는 상태야. 소득평가액은 0원, 재산의 소득환산액은 80만 원이라면 이 가구는 생계급여, 의료급여, 주거급여, 교육급여를 모두 받을 수 있어. 그렇지?

그렇지, 소득인정액이 80만 원이니까.

하지만 세대주는 자활사업에 참여해야 돼. 근로능력이 있으니까 말이야. 그리고 자활사업에 참여하면 소득이 생겨. 자활근로사업의 인건비나 자활프로그램의 수당은 자활근로소득에 포함되지.

그럼, 또 소득인정액이 변경되겠네? .

그렇지. 위 사례의 세대주에게 120만 원 정도의 자활소득이 생겼다면 어떻게 될까? 3인 가구 소득인정액이 200만 원이니까 모든 급여의 선정 기준을 초과하게 돼[생계급여(3인 가구/112만 원), 의료급여(3인 가구/150만 원), 주거급여(3인 가구/165만 원), 교육급여(3인 가구/188만 원)].

어, 이거 의료급여 특례랑 비슷한 상황이 되는 거 같은데? 자활사업에 참여하기 전에는 보장이 가능하고, 참여하면 불가능해지고?

물론, 자활소득이 얼마인지에 따라 틀리겠지만 위와 같은 사례라면 그렇지.

자활사업에 참여 중이라면 아직 완전히 자립하지 못한 상황이잖아.

소득이 좀 늘어났다고 바로 모든 보장을 중지하면 어려움이 있을 거 같은데?

맞아. 모든 보장이 중지되면 배우자의 병원비도(의료급여 중지) 자녀의 교육 비용도(교육급여 중지) 모두 예전처럼 부담해야 되니까. 게다가 기초생활보장 수급자로는 자활사업에 참여할 수 없어.

이런 조건이라면… 아무도 자활사업에 참여하지 않을 거 같은데?

그렇지. 그래서 이런 경우에 적용하는 게 '자활급여 특례'야.

언제, 어떻게 적용하는 건데?

우선, (자활소득으로) '3개월 평균 소득인정액'이 의료급여 선정 기준을 초과했을 때부터 적용할 수 있어. 자활이 필요한 개인(앞의 사례에서는 세대주)은 자활특례자로 지정하여 계속 참여할 수 있도록 하고, 전체 가구원은 급여(의료급여와 교육급여 등)를 계속 지원하여 최저 생활을 유지할 수 있도록 하지.

언제까지 그럴 수 있는 건데?

의료급여 선정 기준을 초과한 그다음 달부터 5년간 적용할 수 있어.

그렇구나. 이 정도면 그래도 괜찮겠다. 의료급여특례랑 비슷하구나. 근데, 자활급여특례도 신청할 때부터 적용할 수 있는 건 아닌 거지?

그렇지. 책정 후 조정되는 거지. 그것도, 소득인정액이 의료급여를 초과했을 때만.

오케이, 이제 개인단위 보장도 뭔지 알겠다.

3) 그 외 특례들

 그 외 특례들? 별도가구 보장, 개인단위 보장 말고도 또 있어?

 기초생활보장제도는 원래 특례가 많아. 보장가구 범위에 대한 특례도 있고, 재산에 대한 특례도 있고, 부양의무자에 대한 특례도 있고, 급여에 대한 특례도 있지. 국민기초생활보장 사업안내 지침 52페이지를 보면 아래와 같은 특례들의 내용이 요약되어 있어.

Ⅲ 수급권자 범위의 특례 [법 제14조의2]

▌각종 특례 요약

특례구분	제도 내용	보장종류
(가) 수급(권)자 가구구성 등 인적사항에 대한 특례		
○ 외국인에 대한 특례(34쪽)	대한민국 국적의 미성년 자녀를 양육하는 외국인 배우자, 난민 등 예외적인 경우 보장가구원 포함	맞춤형 급여체계
○ 북한이탈주민에 대한 특례 (58쪽)	5년 또는 3년간 정착금 재산산정 제외, 부양의무자 기준 미적용, 근로무능력가구(+1명기준)	
○ 일본군위안부 피해자에 대한 특례(61쪽)	생활안정지원금 소득제외, 재산미반영, 부양의무자 미적용	
○ 영주귀국사할린한인 수급(권)자 특례(61쪽)	특별생계비 소득제외, 재산미반영, 부양의무자 미적용	
○ 한센인 정착촌 거주자 및 국립소록도병원 입원자인 수급자 특례(62쪽)	보상금, 배상금 재산 제외, 부양의무자 특례	
○ 인간면역결핍바이러스 감염자인 수급(권)자 특례(63쪽)	부양의무자 조사유예, 자동차기준 완화	
○ 농어민가구인 수급(권)자 특례(64쪽)	농업소득 직접지불금, 보육시설이용료(15만원), 대출금 상환액 추가 지출요인 인정, 재산 500만원 추가 차감	
○ 정부해외인턴사업 등 참가자가 있는 가구에 대한 수급자 선정 기준 특례(65쪽)	해외인턴 참가자를 가구원에 포함시 의료급여 선정 기준 이하면 의료급여 지원	의료급여 수급자
○ 군입대자가 있는 가구에 대한 수급자 선정기준 특례(68쪽)	군입대자를 가구원에 포함시 의료급여 선정기준 이하면 의료급여 지원	의료급여 수급자
○ 군 전역(예정) 수급권자 보장 특례(70쪽)	전역예정일 2개월 이전 신청가능	맞춤형 급여체계
○ 가구원 출생시 조사 특례(72쪽)	금융재산 조회 결과 도래전 보장결정 가능	맞춤형 급여체계

특례구분	제도 내용	보장종류
(나) 재산기준에 대한 특례		
◦ 수급권자 재산범위 특례 (164쪽)	근로무능력자로 구성된 가구, 재산처분이 곤란한 가구의 완화된 기본재산 적용 재산가액 인상시 3년간 추가 보장	맞춤형 급여체계
◦ 부양의무자 재산범위 특례 (189쪽)	근로무능력자로만 구성되거나, 재산이 주택에 한정되는 경우 완화된 재산기준 적용(A+B)*50% 재산가액 인상시 계속 보장	
◦ 보장시설수급자의 부양의무자 재산범위 특례(303쪽)	완화된 재산기준 적용(A+B)*50% ※ 일반수급자(A+B)*18%	보장시설 수급자
(다) 수급(권)자 선정 및 급여기준에 대한 특례		
◦ 의료급여 특례(54쪽)	− 희귀난치성질환 및 중증질환 등으로 6개월이상 지속적으로 발생하는 의료비를 공제하면 의료급여 선정기준 이하인 경우 의료비 지출이 발생하는 가구원 개인에 대한 특례지원	의료급여 수급자
◦ 자활급여 특례(55쪽)	− 자활소득으로 3개월 평균 소득인정액이 의료급여 선정기준 초과하는 경우 5년간 보장	의료, 교육 급여 수급자
◦ 기초연금 인상 특례(72쪽)	− 기초연금 인상(5만원)으로 인해 생계급여를 제외한 의료급여이하의 급여 탈락자에 대한 2년간 추가 보장	의료, 주거, 교육급여 수급자

※ 세부내용은 해당 특례편 참조

출처: 2019년 국민기초생활보장 사업안내[19]

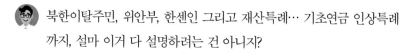

북한이탈주민, 위안부, 한센인 그리고 재산특례… 기초연금 인상특례까지, 설마 이거 다 설명하려는 건 아니지?

보장가구 범위와 직접적으로 관련이 있는 네 가지 특례만 간단하게 소개할 거야. 나머지 특례에 대해서는 각 파트별로 필요한 경우에 설명할게.

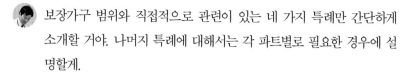

좋아. 근데 표에는 외국인에 대한 특례, 의료급여 특례, 자활급여 특례도 있네?

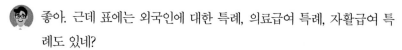

응. 그것도 특례니까. 하지만 의료급여 특례, 자활급여 특례는 '개인

19 북한이탈주민 특례 중 '5년 또는 3년간'은 2019년 9월 3일부터 '5년간'으로 변경될 예정이야.

단위 보장'에서, 그리고 외국인에 대한 특례는 '기본'에서 이미 설명했
어. 그거 빼고 네 가지라는 거야.

 오케이.

우선 '북한이탈주민에 대한 특례'가 있어. 북한이탈주민 가구의 가구원
이 모두 근로 능력이 없으면 실제 가구원 수에 1인을 추가해(최초 거주
지 전입일부터 5년까지). 그러니까, 2인 가구(엄마, 미성년 자녀 1명)가 탈북
해서 한국에 왔는데 둘 다 근로능력이 없으면 소득·재산 조사도 3인
가구로, 급여를 받을 때도 3인 가구로 받지.

2인 가구인데 3인처럼? 한국 생활에 잘 적응하라고 특별하게 보장해
주는 거구나?

그렇지. 다음은, 일본군 위안부 피해자에 대한 특례야. 일본군 위안부
피해자는 생계나 주거를 같이하는 가족이 있어도 별도가구로 신청하
고 보장해. 부양의무자 기준도 적용하지 않지.

이 정도는 해 드려야지.

마지막으로는, 정부 해외 인턴 사업 등 참가자가 있는 수급자 가구에 대한
특례와 군 입대자가 있는 수급자 가구에 대한 특례야. 이건, 수급권자(신
청하려는 사람) 가구까지 적용할 수 있는 특례는 아니고, 수급자(기존 수
급자) 가구에만 적용하는 특례야. 그리고 의료급여에 한해서 적용하
는 특례지.

어떤 내용인데?

원래 기본적으로 (장기간) 해외체류자나 군 입대자는 보장가구에서
제외하잖아?

그렇지. 그게 기본이지.

그래서 4인 가구가 보장받던 중 1명이 군대 가면 3인 가구로 보장받는 거잖아? 가구원 수가 줄어들어 선정 기준액을 초과하면 중지될 수도 있고 말이야.

그렇지. 가구원 수가 줄어들면 선정 기준액이 낮아지니까.

근데, 가구원 수가 줄어든 사유가 정부 해외 인턴사업이나 군 입대라면 의료급여에 한해서는 좀 다르게 적용할 수 있어.

어떻게?

소득과 재산은 그대로인데, 가구원이 정부 해외 인턴 사업에 참가하거나 군 입대해서(즉, 가구원 수가 줄어서) 의료급여를 받지 못하게 되었다면 의료급여만큼은 가구원 수를 뺀 소득인정액 기준을 적용하지 않아.

의료급여만?

응. 그러니까 4인 가구 중 1명이 군 입대하면 실제는 3인 가구인데 소득인정액 기준은 4인으로 적용하는 거지.

아, 알겠다. 참 촘촘한 특례가 많구나.

그렇지. 기초생활보장제도가 촘촘한 제도야. 별도가구 보장과 개인단위 보장을 빼고 보장가구와 관련 있는 특례는 이렇게 네 가지야.

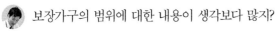

3. 아주 특별한 경우

보장가구의 범위에 대한 내용이 생각보다 많지?

응.

맞아. 보장가구는 단순히 같은 집에서 살고 있는 사람을 말하는 게 아니야. 가구원을 추가해야 되는 경우도 있고 반대로 빼야 되는 경우도 있고, 경우에 따라서는 별도가구 보장, 개인단위 보장, 기타 특례까지 검토해야 하지. 하지만 이렇게 구성된 보장 가구원 중에서도 특별한 사정상 제외할 사람이 있을 수도 있어. 특별한 경우보다 더 특별한 경우지.

그렇게 많은 특례가 있음에도?

응. 시장, 군수, 구청장(시청, 군청, 구청이라고 이해하면 돼)이 꼭 필요하다고 인정하는 경우에 한해서 일부 가구원을 제외할 수 있어. 하지만 반드시 지방생활보장위원회의 심의·의결을 거쳐야 돼.

'지방생활보장위원회'? 그건 또 뭐야?

'지방생활보장위원회'는 기초생활보장사업의 기획·조사·실시 등에 관한 사항을 심의·의결하기 위한 기구야. 특별시·광역시·도와 각 시·군·구마다 있다. 수급자 선정이나 보호에 관한 사항은 각 시·군·구에 있는 지방생활보장위원회에서 다뤄.

그렇구나.

기초생활보장제도에는 지차체의 재량사항이 꽤 많다고 했잖아? 지자체의 재량사항은 대부분 해당 시·군·구의 생활보장위원회에서 결정해. 그러니까 각 파트별 '아주 특별한 경우'는 지방생활보장위원회와 관계가 있다고 생각하면 돼.

위원회는 어떤 사람들로 구성되어 있는데?

지방생활보장위원회는 위원장(시·군·구청장), 부위원장을 포함하여 15인 이내의 위원으로 구성하게 되어 있어. 관계 행정기관 공무원, 공익을 대표하는 사람 또는 사회보장에 학식과 경험이 있는 사람이 생활보장위원회 위원으로 참여할 수 있지.

아, 그러니까 기본적인 기준과 갖가지 특례와는 달리, 지자체의 재량적인 판단이 요구되는 사항은 생활보장위원회라는 별도 기구에서 결정하는 거구나?

물론 재량사항에 대한 1차적인 판단은 시·군·구청에서 해. 시·군·구청장이 필요하다고 인정하는 경우에만 안건을 올리니까. 안건을 올리는 건 시·군·구청의 공무원들이야. 하지만 어쨌든, 최종적인 결정은 지방생활보장위원회에서 해.

그럼 심의 안건을 올렸는데 부결될 수도 있는 거네?

원안대로 가결되는 게 대부분이지만 간혹 아닌 경우도 있지. 재적위원 과반수 출석, 출석위원의 과반수 찬성이 있어야 의결할 수 있어.

근데 이렇게 생활보장위원회까지 거쳐서 제외할 가구원은 누가 있어?

가장 대표적인 예가 '사실상 이혼 상태에 있는 배우자'야.

배우자? 배우자는 주민등록이 같이 되어 있든 아니든 보장가구에 포함해야 되잖아?

맞아. 그게 원칙이지. 하지만 이런 원칙에도 불구하고 사실상 이혼이라고 확인한 경우에는 생활보장위원회를 거쳐 제외할 수 있어. 물론 아주 예외적인 사항이지. 충분한 사유가 있어야 돼.

예를 들면?

배우자의 폭력, 학대로 인하여 도피해 있는 경우도 있고 오랜 기간 사실상 이혼 상태임에도 부당하게 이혼을 거부하고 있는 경우도 있어.

아, 설명을 들어보니까 충분히 있을 수 있는 사항이네.

그렇지?

근데, 경우에 따라서는 이런 재량을 나쁘게 이용하는 사람도 있겠는데?

배제할 수는 없겠지. 어디나 속이려는 사람은 있으니까. 그래서 신청인의 진술이나 주장이 타당한지 또는 보장을 해야 하는 특별한 사유가 무엇인지를 면밀히 확인해야 돼. 기본원칙과 다르게 적용하는 거니까 쉽게 결정할 사항은 아니지. 재량적인 판단이 국민 정서에 반하거나 기존 수급자와의 형평성을 해치는 정도면 곤란해.

그럼, '사실상 이혼 상태의 배우자' 말고 또 다른 예는? 사실상 이혼 말고 다른 이유로는 보장가구원을 제외할 수 없어?

물론, 생활보장위원회가 모든 상황에 쓸 수 있는 '조커'는 아니야. 하지만 그렇다고 어느 한 가지 경우에만 적용할 수 있는 것도 아니지. 기초 지침만 봐도 그래.

---

(8) 아래와 같은 사유 등으로 보장가구 구성원에서 제외가 필요하다고 시장·군수·구청장이 확인(인정)하여 지방생활보장위원회에 부의한 사항

(가) 가정법원에 이혼 심판을 제기하거나 이혼 전 숙려기간 중인 상태인 경우
(나) 이혼 소송 전이나 배우자의 폭력, 학대로 인하여 도피하여 있는 경우
(다) 기타 가구특성이나 생활실태 등에 대한 사실조사 결과 배우자와 사실상 이혼상태에 있다고 판단한 경우

출처: 2019년 국민기초생활보장 사업안내

'사실상 이혼'에 대한 내용만 있는 것처럼 보이지만 자세히 보면 "~등"과 같은 표현이 있다는 걸 알 수 있어

어, 그러네?

따라서 '사실상 이혼'에 준하는 사항이라면 검토해 볼 수 있어. 지자체마다 좀 다를 순 있겠지만 말이야.

좀 애매한 구석이 있구나?

그런 편이지. 생활보장위원회를 통한 보호는 보장가구에만 있지 않아. 앞으로 파트별로 많이 접하게 될 거야.

오케이.

6장

매우 특별한 재산…
자동차

- 선정 2단계: 자동차 기준

자, 보장가구의 범위에 대해서는 알겠지? '선정 1단계'는 누구를 조사하고, 누구를 보장하는지 정하는 단계였어.

근데, 선정 2단계가 왜 자동차 기준이야? 소득도 중요할 테고 다른 재산도 있을 텐데?

맞아, 순서대로라면 소득을 먼저 설명해야지.

그게 순서인 거 같은데….

그럼에도 불구하고 자동차 기준을 먼저 설명하는 이유는 자동차 기준이 꽤나 엄격하기 때문이야. 복지담당자가 상담할 때도 보장가구원 다음으로 물어보는 게 자동차야.

근데 그렇게 엄격해?

일단 비장애인이 10년 미만의 출퇴근용 차를 가지고 있으면 선정 가능성은 아주 낮아져.

음… 생각해보면 이해가 안 되는 건 아니다. 자동차를 타고 있는 기초생활보장수급자라…. 내 관점에서는 좀 상상하기 힘들어. 기초생활보장제도는 생활이 어려운 가구를 지원하는 제도잖아. 생계유지도 힘든데 자동차를 소유하고 유지비를 부담한다? 말이 안 되는 거 같아. 정규직으로 직장 생활을 해도 대중교통 이용하는 사람이 얼마나 많은데. 차가 사치품은 아니지만 그렇다고 필수품은 아니잖아. 기름값도 비싼 우리나라에서….

그렇긴 하지. 하지만 너와 다른 생각을 가지고 있는 사람도 많아. 이렇게 말하는 사람도 있지.

이해가 안 되는 건 아니지만, 그래도 버스는 다니지 않나?

복지 현장에서도 자동차 기준에 대한 의견은 엇갈릴 때가 많아. 어떤 주민은 장애를 가지고 있는 기초수급자에 대해서도 "어떻게 자동차를 끌고 다니는 사람이 혜택을 받을 수 있냐?"라고 말하는 반면, 어떤 주민은 반대로 자동차 기준이 지나치게 엄격하다고 말하지.

근데, 기준이 바뀔 수도 있는 거잖아?

물론, 개정이 될 수도 있겠지. 하지만, 아직까지 큰 폭으로 개정된 적은 없어. 일부 불합리한 기준이 완화되거나 새로운 기준이 추가된 정도이지. 사회적 여건 등이 어떻게 변화하는지에 따라 달라질 수는 있겠지.

그럼, 이런 기준은 나라마다 다르겠다. 그렇지?

그렇지, 만약, 미국의 공공부조 제도에 우리나라 기초생활보장 자동차 기준을 적용한다면 어떨까? 고등학생도 차를 타고 다니는 미국에서는 말도 안 된다고 할 거야.

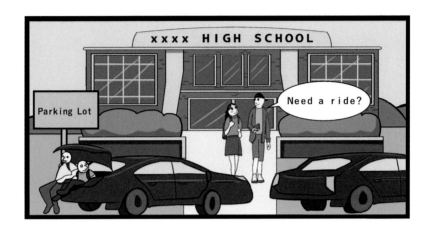

미국 사회에서의 자동차와 한국 사회에서의 자동차는 좀 다르니까.

음… 그렇겠네.

자, 그럼 본격적인 얘기로 들어가 볼까?

우선, 자동차의 종류부터 보자. 익숙하지 않은 사람도 있을 거야. 자동차는 총 다섯 가지 종류가 있어.

① 승용자동차　② 승합자동차　③ 화물자동차　④ 특수자동차　⑤ 이륜자동차

 이륜자동차는 오토바이?

 맞아. 좀 더 구체적으로 설명해 볼게. ① 승용자동차는 이렇게 구분해.

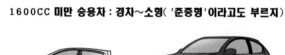

1600CC 미만 승용차 : 경차～소형('준중형'이라고도 부르지)

(대략, 이런 앙증맞은 사이즈부터 크지도 작지도 않은 차까지)

1600CC 이상～2000CC 미만 승용차(중형승용차)

(딱 4인 가구가 사용할 만한... 제일 흔한 사이즈)

2000CC 이상 승용차(대형승용차)

(약간~사장님 사모님 느낌)

 아, 배기량에 따라 구분하는 거구나?

 그렇지. 다음으로, ② 승합자동차는 이런 거야.

 승합차와 승용차는 승차 인원으로 구분해. 10인 이하는 승용차로, 11인 이상은 승합차로 구분하지. 같은 차종이라도 9인승이면 승용차 세금을 내고 11인승이면 승합차 세금을 내. 단, (캠핑카 혹은 경형 자동차인데) 승차 인원이 10인 이하인 전방조정자동차는 승합차로 분류해.

 '전방조정자동차'는 뭔데?

 보닛이 없거나, 거의 없는 차를 말해. 보닛은 자동차 엔진 부분의 덮개야.

 이런 차가 전방조정자동차야.

 아, 다×스?

 응. 그×이스, 봉×, 베×타, 타×너, 라× 등도 전방조정자동차야.

 좋아, 그럼 화물자동차는?

 ③ 화물자동차는 소형 트럭부터 12톤 이상의 덤프트럭까지 다양해. 1톤 화물차는 이런 걸 말해. 가장 흔히 볼 수 있는 화물차지.

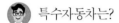 특수자동차는?

④ 특수자동차는 건인, 혹은 구난작업 등으로 특수 제작된 차를 말해.

이륜자동차는 오토바이라고 했지?

응. ⑤ 이륜자동차도 소형 오토바이부터 대형 오토바이까지 종류가 다양해. 대형 오토바이 중에는 웬만한 자동차 가격을 훌쩍 넘는 비싼 오토바이도 많아.

그럼, 자동차를 가지고 있으면 어떻게 소득으로 환산돼?

자동차는 기본재산액이나 부채를 빼지 않고 소득으로 환산해. 소득환산율이 100%지.

빼는 거는 없고, 환산율이 100%?

응. '3장 상식 깨기'에서 소득환산액 공식과 계산순서를 봤었잖아? 계산순서 ②번을 봐봐. 기본재산액과 부채는 일반재산과 금융재산에 서만 빼.

■ 기본공식

재산의 소득환산액 = (재산의 종류별 가액 - 기본재산액 - 부채) × 재산의 종류별 소득환산율

■ 계산순서

① 일반재산(주거용재산 포함/이하 같음), 금융재산, 자동차의 '재산가액'을 각각 구한다.

② 자동차는 기본재산액과 부채를 빼지 않고, 일반재산과 금융재산은 기본재산액과 부채 를 빼서 각각의 환산할 가액을 구한다(일반재산에서 먼저 빼고 나머지가 있으면 금융재산에서 뺀다).

③ 일반재산, 금융재산, 자동차 각각의 '환산할 가액'에 재산종류별 소득환산율을 곱한다.

④ 소득환산율로 곱한 재산 종류별 소득환산액을 모두 더한다.

 결국, 자동차의 소득환산액은 이렇게 계산하는 거지. 간단해, 차량가 액 전액이 소득으로 환산되는 거야.

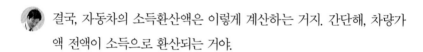

(차량가액 - ~~기본재산액 - 부채~~) × 소득환산율(100%)
차량가액이 300만 원이면
300만 원 × 100% = 소득환산액 300만 원

 소득환산액이 300만 원? 4인 가구라면 생계급여, 의료급여, 주거급 여, 교육급여 기준을 모두 초과하네?

 맞아.

 음… 막상 소득환산 기준을 보니까 좀 다른 느낌이 드네. 근데 불가

피하게 소유하는 자동차도 있잖아?

 '특별한 경우'의 자동차는 좀 다르게 적용해. 다음을 봐봐. 이제 시작
이야.

2. 특별한 경우

'특별한 경우'의 자동차는 그 사유에 따라 크게 두 가지 방법으로 적용해.

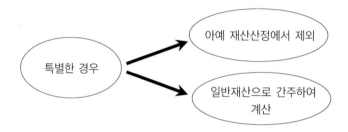

일반재산으로 계산한다는 거는 기본재산액이나 부채도 뺄 수 있다는 거야?

그렇지, 그리고 일반재산으로 간주하는 거니까 소득환산율도 달라. 자동차 소득환산율(100%)이 아닌 일반재산 소득환산율(4.17%)을 적용하지. 100% vs 4.17%, 엄청난 차이겠지?

1) 재산산정에서 제외하는 자동차

① 실제로는 소유 및 사용에 제한이 있는 차는 재산산정에서 제외해. 아예 재산으로 보질 않는 거지. 분실, 도난 등으로 자동차 말소 등록중

을 제출한 경우나 명의도용, 명의대여, 대포자동차가 이에 속해. 단, 수사기관, 법원 등의 공적인 증빙서류가 반드시 있어야 돼.

🧑 그러니까, 그냥 '대포차'라고 주장만 하는 경우에는 적용할 수 없는 거구나?

🧑 그렇지. 다음으로는, ② (법인(단체)의 대표자인 수급(권)자 명의의 자동차 중 수급(권)자가 실제로 사용 및 수익하지 않는 차야. 이런 경우의 자동차도 재산산정에서 제외해.

🧑 단군이라… 이런 경우는 어떻게 확인해?

🧑 이 경우도 본인이 주장한다고 인정되는 건 아니야. 자동차 유지비(자동차 구입비, 운영비, 각종 세금)가 법인(단체) 회계에서 지출되었는지 등을 꼼꼼히 확인해.

🧑 그렇구나.

다음은 마지막이야. ③ ('장애의 정도가 심한 등록장애'[20] 혹은 상이 등급 1~3급) '장애인사용자동차' 중 2,000cc 미만 승용차는 재산산정에서 제외해.

그러니까, 정도가 심한 장애인(및 1~3급 상이자)이면서 2,000cc 미만의 승용차?

응. 단, 해당 자동차가 장애인의 직접적인 이동수단으로 사용되고 있는 경우에만 적용할 수 있어. 위에서 말한 '장애인사용자동차'라는 게 그런 의미야. 즉, 세금 혜택 등의 이유로 명의만 장애인으로 되어 있는 차량은 '장애인 명의의 자동차'이지 기초생활보장제도에서 인정하는 '장애인사용자동차'는 아니야. 그러므로 명의만 장애인인 자동차는 기본 자동차 소득환산율(100%)을 적용해.

아, 알겠다. 그럼, 차량을 가진 장애인이 수급자 신청을 했다면 차량 용도에 대해서도 확인해 봐야겠네?

그렇지.

2) 일반재산으로 계산하는 자동차

일반재산으로 계산하는 자동차도 크게 세 가지로 분류할 수 있어. 잘 들어봐.

좋아.

우선, ① 다음과 같은 '장애인사용자동차'는 일반재산으로 계산해.

---

20 2019년 7월 1일 장애등급제 폐지로 개정되었어(이전 기준: 1~3급 장애).

(가) 2,000cc 미만 승용차
(나) 11인승 이상 15인승 이하의 승합자동차
(다) 10인승 이하의 승합자동차세를 납부하는 전방조정자동차
(라) 1톤 이하의 화물자동차
(마) 장애의 정도가 심한 장애인[21]인 수급(권)자, 본인의 직접적인 이동수단으로 활용하고 있는 배기량 2,500cc 미만 자동차(스타렉스, 그랜드카니발 등).

그러니까, 2,000cc 미만의 장애인사용자동차 중 승용차라면 '장애의 정도가 심한 장애인'은 재산으로 산정하지 않고, '장애의 정도가 심하지 않은 장애인'은 일반재산으로 산정하는 거구나?

그렇지. 그리고 두 번째, ② **아래와 같은 생업용 차량**은 일반재산으로 계산해.

(가) 1,600cc 미만 승용차
(나) 11인승 이상의 승합자동차(and 10인승 이하면서 승합차로 인정되는 차량)
(다) 화물 자동차, 덤프트럭, 콘크리트 믹서 트럭
(라) 견인, 구난용 등 특수 자동차

'생업용 자동차'는 소득 활동 때문에 사용하는 자동차를 말하는 거지?

응. 하지만, 꽤나 엄격하게 판단해. 자동차가 없으면 소득활동이 곤란한 경우에만 '생업용자동차'로 인정해. 과일 장사가 대표적이지.

---

21 2019년 7월 1일 장애인등급제 폐지로 개정되었어(이전 기준: 1~3급 장애인).

그럼, 보험설계사 같은 경우는 어때? 여러 지역을 다녀야 하는 직업 특성상 대중교통 이용은 좀 힘들잖아?

지금까지 경험으로 봐서는 케이스마다 달랐어. 이런 경우에는 근무 지역, 대중교통 접근성, 자동차를 이용하지 않을 경우의 수익문제 등을 종합적으로 고려해 봐야 돼. 만약, 생업용 판단이 어렵다면, 지방 생활보장위원회의 심의를 거쳐 결정할 수도 있어.

그렇구나. 근데, 그렇게 엄격한 기준을 적용한 '생업용자동차'라면⋯ 다른 일반재산 차량과는 좀 차별성을 두어야 하지 않을까? 먹고살기 위해 어쩔 수 없이 사용하는 자동차잖아.

'장애의 정도가 심한 장애인'의 자동차(2,000cc 미만의 승용차)처럼 재산에서 제외하는 정도는 아니지만 조금의 차별성은 있어. 생업용자동차로 인정되면 차량가액의 50%만 일반재산으로 산정해.

2천만 원 자동차라면 1천만 원만?

그렇지.

좋아. 그럼 세 번째는?

 세 번째는 장애인사용자동차와 생업용자동차를 제외한 '그 외 나머지'라고 생각하면 돼. ③ 아래와 같은 **자동차**는 일반재산으로 계산해.

㈎ 차령이 10년 이상인 1,600cc 미만의 승용차
㈏ 질병/부상으로 소유가 불가피한 1,600cc 미만의 승용차
㈐ 차령이 10년 이상인 1,000cc 미만의 승합차와 화물차
㈑ 260cc 이하의 이륜자동차
㈒ 압류 등으로 폐차·매매·운행이 모두 불가능한 자동차
㈓ '자동차 멸실 사실 인정서'가 발급된 자동차
㈔ 소유자의 요청·동의에 의한 불법 명의 자동차
㈕ 2개월 이내에 처분 예정이거나 생업용으로 전환할 자동차

 무지 많구나….

 일단 ㈎와 ㈐처럼 너무 오래되어(10년) 재산가치가 별로 없는 차는 일반재산으로 산정해.[22]

---

22 꼭 10년이 넘지 않아도 차량 가액이 150만 원 미만이면 동일하게 적용해.

(라) 260cc 이하의 이륜자동차도 일반재산으로 계산하네?

맞아. 이륜자동차는 50~100cc까지는 소형, 100~260cc까지는 중형, 260cc를 초과하면 대형으로 구분해. 그러니까. 중소형 오토바이까지는 일반재산으로 계산하는 거지.

하긴, 대형 오토바이가 아니라면 유지비도 적게 들고 차량가액 자체도 크지 않잖아.

그렇지. 그리고, 장애인용이나 생업용은 아니지만 (내)처럼 '질병, 부상 때문에 불가피하게 소유하고 있는 자동차'도 있어. 물론, 반드시 거동이 곤란한 가구원의 병원치료 목적이어야 하고 대중교통 이용이 어려운 경우에만 적용할 수 있어.

대중교통까지 이용하지 못할 정도면, 아주 심각한 상태를 말하는 거구나?

그렇지. 그리고 (마) '압류 등으로 폐차·매매·운행이 모두가 불가능한 자동차', (바) '자동차 멸실 사실 인정서가 발급된 자동차', (사) '불법 명의 자동차'도 일반재산으로 계산해. 단, 사유를 확인할 수 있는 공적인 서류가 있고 시청·군청·구청이 최종적으로 인정한 경우에만 적용할 수 있어.

이런 경우는 당연히 불인정 X

홋! 자~알 나가는 내차도 범칙금과 세금으로 압류차량이지~

아주 자랑이다. 자랑~

아, 그러니까 (마) 같은 경우는, 압류되었다는 사실이 중요한 게 아니라 실제 운행(매매, 폐차)이 가능한지가 중요한 거구나?

그렇지. 저렇게 잘 타고 다닌다면 압류가 되어 있더라도 소득환산율 100%를 적용해.

그렇구나. 그럼, (애) '2개월 이내에 처분 예정이거나, 생업용으로 전환할 자동차'는?

아, 이거는 보통 신규 신청자에게 많이 적용해. 100% 환산 자동차를 가지고 있는데, 처분할 예정이거나 생업용으로 전환할 예정이라면 2개월까지는 일반재산으로 계산해 주는 거야.

만약 2개월 이내에 처분하거나 전환하지 않으면?

급여를 받았다면 받았던 급여는 다시 돌려줘야 돼. 약속을 지키지 않은 거니까.

그렇구나.

좋아. 여기까지가 일반재산으로 산정하는 '특별한 경우'야. 뭐 궁금한 건 없어?

아, 있어. 재산산정을 제외하거나, 일반재산으로 간주하는 차량의 대수 제한은 없어? 무한대로 인정하진 않을 거 아니야?

물론 대수 제한이 있어.

장애인가구	총 2대까지 인정 장애인사용 자동차 1대 그 외 일반재산 산정 자동차 1대
일반가구	총 2대까지 인정 생업용 자동차 1대 그 외 일반재산 산정 자동차 1대

아, 알겠다. 그러니까 장애인사용자동차는 1대만 인정?

 그렇지.

 하긴 '장애인사용자동차가 2대나 필요하진 않겠지?

 그렇지. 그건 생업용도 마찬가지야. 자, 그럼 자동차를 일반재산으로 산정하면 어떻게 계산하는지 볼까?

■ 4인 가구(세대주, 배우자, 자녀 2명)/중소도시 거주

○ 가구 소득: 부 일용직 소득 70만 원

○ 가구 재산: 자가주택 7,200만 원, 부채 4,000만 원 / 10년 이상 된 승용차 1대
  (1,600cc / 가액: 400만 원)

○ 소득평가액: 70만 원

○ 소득환산액: 83,400원

○ 소득환산액 계산 과정

재산종류		재산가액	공제(-)	환산할 가액	소득환산율	소득환산액
일반 재산	주거용	6,800만 원	기본재산액 3,400만 원 + 부채 4,000만 원	0원	(×) 1.04%	0원
	그 외	400만 원 + 차량가액 400만 원	- 나머지 공제액 600만 원	200만 원	(×) 4.17%	**83,400원**
금융재산		-	-	-	(×) 6.26%	-
자동차		-	-	-	(×) 100%	-

위에서 뺀 나머지는 아래로 내려가

환산할 가액이 (-)라면 0원으로 처리

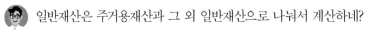 일반재산은 주거용재산과 그 외 일반재산으로 나눠서 계산하네?

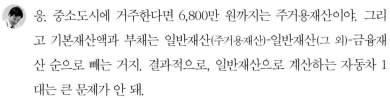 응. 중소도시에 거주한다면 6,800만 원까지는 주거용재산이야. 그리고 기본재산액과 부채는 일반재산(주거용재산)-일반재산(그 외)-금융재산 순으로 빼는 거지. 결과적으로, 일반재산으로 계산하는 자동차 1대는 큰 문제가 안 돼.

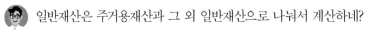 그러네, 만약 10년 미만의 자동차라면 소득환산액이 400만 원일 텐데…. 진짜, 4.17%과 100%는 엄청난 차이다.

3. 아주 특별한 경우

 자동차 기준의 '기본'과 '특별한 경우'를 요약하면 이렇지?

○ 자동차의 기본 소득환산율은 100%다.
○ 하지만, '특별한 경우'의 자동차는 재산산정을 제외하거나 일반재산으로 계산한다.
○ 단, 아무리 '특별한 경우'라고 해도 차량대수 제한은 있다.

응. 그러니까 '특별한 경우'의 차는 장애인 가구든 일반 가구든 총 2대까지만 인정하는 거지.

좋아. 근데, 이러한 기준에도 불구하고 '아주 특별한 경우'에는 좀 다르게 적용할 수 있어. 다만, 반드시 지방생활보장위원회의 심의·의결을 거쳐야 돼.

자동차 기준에서도 지방생활보장위원회가 나오는구나?

응. 지방생활보장위원회를 통하여 다음과 같은 결정을 할 수 있어.

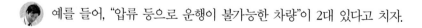

① 차량대수 제한을 적용하지 않을 수 있어.

② 보장이 곤란한 가구의 자동차를 일반재산으로 반영할 수 있어.

예를 들어, "압류 등으로 운행이 불가능한 차량"이 2대 있다고 치자.

이런 경우 기본 원칙을 적용하면 1대까지만 일반재산으로 계산해. 그렇지?

🧑 그렇지.

🧑 하지만 지방생활보장위원회 심의를 받으면 2대의 차량 모두 일반재산으로 산정할 수 있어.

🧑 그럼, 심의를 거치면 장애인사용자동차와 생업용자동차도 2대씩 인정할 수 있는 거야?

🧑 그건 아니야. 장애인사용자동차, 생업용자동차, 차령이 10년 이상 된 자동차, 질병으로 인하여 불가피하게 소유한 자동차는 심의 대상이 아니야. 나머지 일반재산으로 계산하는 자동차만 심의 대상이야. 그러니까. 차령이 10년 이상 된 자동차를 2대 소유하고 있다면 1대는 일반재산, 1대는 그냥 자동차로 계산해야 하는 거지. 지방생활보장위원회의 심의를 받아도 변경할 수 없어.

🧑 그렇구나. 그럼, 2대를 소유하고 있는데, 1대는 장애인사용자동차, 1대는 10년 이상 된 자동차라면?

🧑 그건, 둘 다 일반재산으로 산정이 가능하지. 장애인 가구의 차량 대수 제한이 장애인사용자동차 1대, 그 외 일반재산 산정 자동차 1대니까.

🧑 아, 알겠다. 좋아, 그럼 두 번째, '보장이 곤란한 가구의 자동차를 일반재산으로 반영한다'? 이건 어떤 경우에 적용할 수 있는 거야?

🧑 예를 들어 설명해볼게. 큰 교통사고로 중환자실에 입원 중인 A라는 사람이 병원의 도움으로 기초생활보장 수급을 신청했다고 하자. 소득·재산 조사 결과, 다른 건 다 문제가 없는데 A의 대형 승용차(그랜저/가액 500만 원) 1대가 조회된 거야. 대형 승용차라면 배기량이 2,000cc 이상이잖아? 재산에서 제외하거나 일반재산으로 산정할 수

있을까? 아니야. 100% 소득환산율을 적용해야 돼.

🧑‍⚕️ 2개월 이내에 처분하면 되지 않을까?

🧑‍⚕️ 그렇지, 근데, A는 의식불명이고 처분할 주변인이나 가족도 없어. 그럼, 처분도 힘들겠지?

🧑‍⚕️ 그러네.

🧑‍⚕️ 그렇다고 개인 재산을 공무원이 맘대로 처분할 수 있을까?

🧑‍⚕️ 그건 안 되겠지… 아, 방법이 없네. 보장은 꼭 필요할 텐데 말이야.

🧑‍⚕️ 바로 이런 경우에 생활보장위원회 심의를 거쳐 해당 자동차를 일반재산으로 산정할 수 있어.

🧑‍⚕️ 아, 그러니까 굉장히 예외적인 사항에 적용하는 거구나?

🧑‍⚕️ 그렇지, 그것도 일정 기간만이야. A가 의식을 되찾았다면 승용차를 처분해야 돼.

🧑‍⚕️ 하긴, 그때는 가능할 테니까… 생활보장위원회의 심의는 최후의 보

루 같은 역할을 하는 거구나?

 맞아. 기본적인 선정 기준에서는 벗어나지만 꼭 보장이 필요한 경우라면 생활보장위원회를 통해서 보호할 수 있어.

7장

일할 수 있는 사람도
신청할 수 있어?

– 선정 3단계: 근로능력판정, 자활사업

자, 이제 선정 3단계야.

선정 2단계는 자동차, 3단계는 근로능력판정이네?

이 책의 설명 순서는 복지담당자가 상담하는 순서와 같아. 상담할 때도 자동차 다음으로 물어보는 게 근로능력 여부야. 생계급여까지 신청했다면 근로능력 여부에 따라 조건이 부과되니까 먼저 물어보고 확인하는 거지.

그렇구나.

이 장에서 얘기할 '근로능력판정'과 '자활사업(조건부 수급자)'은 '국민기초생활보장 사업안내'와 '자활사업안내' 지침에 나와 있어. 우선, 지난 장에서 설명했던 내용을 복습해 볼까?

좋아.

기초생활보장제도는 최저생활보장과 자립을 지원하는 제도야. 그래서 근로능력이 있는 사람도 지원을 받을 수 있지. 다만, 네 가지 급여 중 생계급여에 대해서는 조건을 부과해. 근로능력이 있는 사람은 기본적으로, 조건을 이행해야만 생계급여를 받을 수 있어.

아, 기억난다.

좋아.

그럼, 생계급여를 제외한 의료급여, 주거급여, 교육급여는 조건 없이 받는 거야?

생계급여처럼 조건이 붙지는 않지만 의료급여의 경우는 좀 차이가 있긴 하지. 의료급여는 1종과 2종 대상자로 구분하는데, 근로능력 가구라면 1종으로, 근로무능력 가구라면 2종으로 구분해. 근로능력에 따라 차등적인 지원을 하는 거지. 보장가구원 중 근로능력자가 1명이라도 있으면 근로능력 가구야.

그렇구나.

근로능력 유무와 조건부과(자활사업)는 연결된 기준이라고 보면 돼. 기본적으로, 근로능력 있는 보장가구원은 조건부과의 대상이야.

그럼, 근로능력 여부를 따지는 게 가장 처음에 할 일이네?

그렇지. 그래서 이 장의 '기본'에서는 근로능력이 있는 사람이 누구인지, 근로능력이 없는 사람이 누군인지를 설명할 거야.

그럼, '특별한 경우'와 '아주 특별한 경우'에서는 어떤 내용을 설명할 거야?

'조건부과유예'와 '조건제시유예'를 설명할 거야.

그건 뭔데?

일정 기간 조건을 미루는 것을 말해. 근로능력이 있는 사람에게 조건을 부과하는 것은 기본이지만 그걸로는 부족해. 근로능력이 있다고 해도 자활사업에 참여하지 못할 여러 가지 사정이 있을 수 있으니까. '특별한 경우'에서는 '조건부과유예'에 대한 기준을 '아주 특별한 경우'에서는 '조건제시유예'에 대한 기준을 살펴볼 거야.

근로능력은 있지만 조건을 미뤄야 할 사정이라… 좋아. 차근차근 배워 보자고.

1. 기본

 근로능력에 대해서는 근로능력이 없는 사람만 설명하면 돼. 나머지는 다 근로능력이 있는 사람이니까.

■ **근로능력이 없는 사람**

㉮ 18세 미만/65세 이상인 사람

㉯ 장애의 정도가 심한 장애인[23]

㉰ 질병 등으로 근로능력이 없다고 판정을 받은 사람

㉱ 20세 미만의 중·고등학교 학생

㉲ 3급 이상의 상이등급자

㉳ 장기요양 1~5등급 판정자

㉴ 희귀난치성 질환 및 중증질환 등록(암 환자, 중증 화상환자)자

생각했던 대로 명확하구나. 연령이나 장애는 알겠고… 그럼, '정도가 심하지 않은 장애인'이나 비장애인이 질병 때문에 근로하지 못한다면, 진단서로 근로능력 여부를 확인하는 거야?

일반진단서는 아니고 '근로능력평가용 진단서'가 따로 있어. 이런 거야.

---

23 2019년 7월 1일 장애등급제 폐지로 개정되었어(이전 기준: 1~4급까지의 장애인).

[서식15호] 근로능력평가용 진단서

근로능력평가용 진단서

진 단 대상자	성 명		성 별		생년월일	
	주 소				전화번호	

평가대상 질환유형

① 근골격계 (상·하지) ●   ② 근골격계 (척추) ●   ③ 신경기능계 ●   ④ 정신신경계
⑤ 감각기능계 (청각)   ⑥ 감각기능계 (평형)   ⑦ 감각기능계 (시각)   ⑧ 심혈관계
⑨ 호흡기계   ⑩ 소화기계 (간질환)   ⑪ 소화기계 (위장질환)   ⑫ 비뇨생식계
⑬ 내분비계   ⑭ 혈액 및 종양질환계   ⑮ 피부질환계 (피부질환)   ⑯ 피부질환계 (외모·결손질환)

※ 상기 질환유형 중 근로수행에 영향을 미칠만한 가장 중한 질환 2개까지 기재 가능하며, 동일 질환유형으로는 중복 불가
※ 상기 질환유형에 속하지 아니하더라도 가장 근접한 평가대상 질환유형을 선택하여 기재
※ ●표시는 한의사도 진단서 발급이 가능한 질환유형을 의미

구분	질환유형 (1)	질환유형 (2)
질환유형 (①~⑪중 선택)		
상세 질병명		
KCD 분류번호		
발생일/ 진단일 (당해기관의 진료기간)	. . . / (. . . ~ . . .)	. . . / (. . . ~ . . .)
주요 증상 및 검사소견		
치료·투약내용		

(진 단 질환명)

출처: 2019년 국민기초생활보장 사업안내

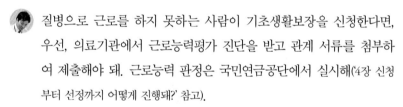

질병으로 근로를 하지 못하는 사람이 기초생활보장을 신청한다면, 우선, 의료기관에서 근로능력평가 진단을 받고 관계 서류를 첨부하여 제출해야 돼. 근로능력 판정은 국민연금공단에서 실시해('4장 신청부터 선정까지 어떻게 진행돼?' 참고).

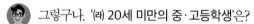

그렇구나. '(라) 20세 미만의 중·고등학생'은?

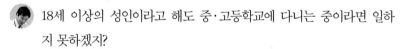

18세 이상의 성인이라고 해도 중·고등학교에 다니는 중이라면 일하지 못하겠지?

아, 그러네. 그럼 '(마) 3급 이상의 상이등급자'는? 상이등급은 국가유공
자가 받는 등급으로 알고 있는데… 폐지되기 전 장애등급처럼 1급부
터 6급까지 있는 거야?

신체검사 대상자의 상이등급은 1급부터 7급까지 있어. 폐지되기 전
장애등급과 마찬가지로 숫자가 작아질수록 최고 등급이지. 즉 '3급
이상'이라고 하면 1급부터 3급까지의 상이등급을 말해.

'(바) 장기요양 1~5등급 판정자'는? 장기요양 등급은 노인들이 받는 등급
아니야? 노인(65세 이상)이라면 이미 근로능력이 없는 거잖아?

맞아. 여기서 말하는 장기요양 등급 판정자는 65세 미만의 등급자를
말해. 65세 미만이어도 노인성 질환을 가지고 있다면 등급을 받을 수
있어.

그렇구나. 그럼, '(사) 희귀난치성 질환 및 중증질환 등록자'는? 희귀난치
성 질환은 어떤 게 있어?

보건복지부에서 고시하는 '희귀난치성 질환 상병목록'이 있는데 '만성
신부전'부터 엄청 희귀한 질환까지 종류가 꽤 많아.

Ⅶ 희귀난치성질환상병 목록

○ 보건복지부 고시 「의료급여수가의 기준 및 일반기준」(제2018-261호, 2018.12.10.)
○ 시행일 : 2019. 1. 1. 부터
 - [별표 2] 의료급여 희귀난치성 질환 목록

구 분	대 상
1	만성신부전증의 경우
	가. 혈액투석을 실시하는 사람
	나. 복막투석을 실시하는 사람
	다. 신장이식을 받은 사람
2	혈우병(D68.4)
3	장기이식의 경우
	가. 간이식을 받은 사람
	나. 췌장이식을 받은 사람
	다. 심장이식을 받은 사람
	라. 신장이식을 받은 사람
	마. 폐이식을 받은 사람
	바. 소장이식을 받은 사람
4	아래 상병의 경우
	"건강보험의 본인일부부담금 산정특례에 관한 기준 [별표4] 희귀질환자 산정특례대상의 구분1, 구분2 및 [별표4의2], 중증난치질환자 산정특례대상의 구분5."의 상병
5	제17조의2제5항에 따라 등록된 극희귀질환자
6	구분 4에 해당되지 않는 희귀질환으로 제17조의2제5항에 따라 등록된 상세불명 희귀질환자
7	제17조의2제1항에 따라 등록된 기타염색체이상 질환자

○ 보건복지부 고시 「본인일부부담금 산정특례에 관한 기준」(제2018-224호, 2018.10.12.)
○ 시행일 : 2018. 11. 1. 부터
 - [별표 4] 희귀난치성질환자 산정특례대상의 '구분 5'의 상병

구분	대 상	특정기호
5	아래의 상병을 갖고 있는 환자가 해당 상병 관련 진료를 받은 당일 외래진료 또는 입원진료	
	가. 결핵	
	- 항결핵제 내성 (U84.3)	V206
	- 결핵(A15~A19)	V246
	나. 중추신경계통의 비정형바이러스감염 (A81)	V102
	다. 인체면역결핍바이러스병 (B20 - B24)	V103
	라. 거대세포바이러스병 (B25)	V104
	마. 크립토콕쿠스증 (B45)	V105
	바. 뇌하수체의 양성 신생물 (D35.2)	V162
	사. 효소장애에 의한 빈혈	-
	- 포도당-6-인산탈수소효소결핍에 의한 빈혈 (D55.0)	V163
	- 해당효소의 장애에 의한 빈혈 (D55.2)	V164
	아. 지중해빈혈(D56)	V232
	자. 용혈-요독증후군 (D59.3)	V219
	차. 발작성 야간헤모글로빈뇨 (D59.5)	V187
	카. 후천성 순수적혈구무형성[적모구감소] (D60), 기타 무형성빈혈 (D61)	V023
	타. 선천성 적혈구조혈이상빈혈 (D64.4)	V220
	파. 항인지질증후군 (D68.6)	V253
	하. 혈소판 관련 질환	
	- 정성적 혈소판결손 (D69.1)	V106
	- 에반스증후군 (D69.30)	V188
	- 상세불명의 혈소판감소증 (D69.6)	V107
	거. 무과립구증 (D70)	V108

구분	대상	특정기호
	너. 다형핵호중구의 기능장애 (D71)	V109
	더. 림프세망 및 세망조직구 조직의 참여를 동반한 기타 명시된 질환 (D76.1, D76.2, D76.3)	V110
	러. 면역결립증 및 사르코이드증 (D80~D84, D86)	V111
	머. 내분비병의 장애	
	- 말단비대증 및 뇌하수체거인증 (E22.0)	V112
	- 고프로락틴혈증 (E22.1)	V113
	- 콜만증후군, 쉬한증후군 (E23.0)	V165
	- 쿠싱증후군 (E24)	V114
	- 부신생식기장애 (E25)	V115
	- 바터증후군 (E26.8)	V254
	- 부신의 기타 장애 (E27.1, E27.2, E27.4)	V116
	- 기타 명시된 내분비장애 (E34.8)	V166
	버. 활동성 구루병 (E55.0)	V207
	서. 대사장애	
	- 대사장애 (E70~E77)	V117
	- 레쉬-니한증후군 (E79.1)	V221
	- 기타 포르피린증 (E80.2)	V118
	- 구리대사장애 (윌슨병 등 : E83.0)	V119
	- 혈색소증 (E83.1)	V255
	- 인대사 및 인산분해효소 장애 (E83.3)	V189
	- 낭성 섬유증 (E84)	V120
	- 아밀로이드증 (E85)	V121
	어. 뇌전증에 동반된 후천성 실어증[란다우-클레프너] (F80.3)	V256
	저. 레트증후군 (F84.2)	V122
	처. 일차적으로 중추신경계통에 영향을 주는 계통성 위축 (G10~G13)	V123
	커. 파킨슨병 (G20)	V124

구분	대상	특정기호
	터. 할러포르덴-스파츠병 (G23.0)	V257
	퍼. 진행성 핵상안근마비 [스틸-리차드슨-올스제위스키] (G23.1)	V190
	허. 아급성 괴사성 뇌병증[리이] (G31.81)	V208
	고. 다발경화증 (G35)	V022
	노. 시신경 척수염(데빅병) (G36.0)	V276
	도. 중증 약물난치성 뇌전증	
	- 난치성 뇌전증을 동반한 국소발병의 발작을 동반한 국소화-관련 (초절성)(부분적) 특발성 뇌전증 및 뇌전증증후군 (G40.01)	
	- 난치성 뇌전증을 동반한 복합부분발작을 동반한 국소화-관련 (초절성)(부분적) 증상성 뇌전증 및 뇌전증증후군 (G40.21)	V279
	- 난치성 뇌전증을 동반한 전신성 특발성 뇌전증 및 뇌전증증후군 (G40.31)	
	로. 레녹스-가스토증후군, 웨스트증후군 (G40.4)	V233
	모. 뇌전증지속상태 (G41)	V125
	보. 발작수면 및 허탈발작 (G47.4)	V234
	소. 밸커슨증후군 (밸케르손-로쟁탈증후군 : G51.2)	V167
	오. 판의 복합부위통증증후군 II형 (G56.4), 다리의 복합부위통증증후군 II형 (G57.80)	V168
	조. 다발신경병증	
	- 유전성 운동 및 감각 신경병증 (샤르코-마리-치아질환 등 : G60.0)	V169
	- 염증성 다발신경병증 (G61)	V126
	- 달리 분류된 감염성 및 기생충성 질환에서의 다발신경병증 (G63.0)	V170
	초. 중증근무력증 및 기타 근신경장애 (G70), 근육의 원발성 장애 (G71)	V012
	코. 주기마비(가족성) 저칼륨혈성 (G72.3)	V258
	토. 람베르트-이튼증후군 (G73.1)	V259
	포. 자율신경계통의 기타 장애 (G90.8)	V171
	호. 척수공동증 및 연수공동증 (G95.0)	V172
	구. 기타 망막장애	
	- 코츠(H35.01)	V260

구분	대　　　　　상	특정기호
－ 노년성 황반변성(삼출성) (H35.31)		V201
－ 색소망막염(H35.51), 스타르가르트병 (H35.58) 레베르 선천성 흑암시 (H35.59)		V209
누. 컨스－세이어증후군 (H49.8)		V261
두. 원발성 폐동맥고혈압 (I27.0)		V202
무. 심근병증 (I42.0~I42.5)		V127
무. 모야모야병 (I67.5).		V128
부. 폐색혈전혈관염[버거병] (I73.1)		V129
수. 랑쉬-오슬러-웨버병 (I78.0)		V235
우. 버드-키아리증후군 (I82.0)		V173
주. 폐포단백질증 (J84.0)		V222
추. 특발성 폐섬유증 (J84.18)		V236
쿠. 크론병[국소성 장염] (K50)		V130
투. 궤양성 대장염 (K51)		V131
푸. 원발성 담즙성 경변증 (K74.3)		V174
후. 자가면역성 간염 (K75.4)		V175
그. 원발성·경화성 담관염 (K83.0)		V262
느. 수포성 장애		－
－ 보통천포창 (L10.0)		V132
－ 낙엽천포창 (L10.2)		V210
－ 수포성 유사천포창 (L12.0)		V211
－ 흉터유사천포창 (L12.1)		V212
드. 후천성 수포성 표피박리증 (L12.3)		V176
르. 중증보통건선(L40.00)		V280
므. 혈청검사양성 류머티스관절염 (M05)		V223
브. 건선성 및 장병성 관절병증 (M07.1~M07.3)		V237

구분	대　　　　　상	특정기호
스. 연소성 관절염 (M08.0~M08.3)		V133
으. 전신결합조직장애		
－ 결절성 다발동맥염 및 관련 병태 (M30.0~M30.2)		V134
－ 기타 괴사성 혈관병증 (M31.0~M31.4)		V135
－ 현미경적 다발동맥염 (M31.7)		V238
－ 전신홍반루프스 (M32)		V136
－ 피부다발근염 (M33)		V137
－ 전신경화증 (M34)		V138
－ 결합조직의 기타 전신침습 (M35.0~M35.7)		V139
즈. 강직척추염 (M45)		V140
츠. 진행성 골화섬유형성이상 (M61.1)		V224
크. 가족샘종(선종)폴립증(M8220/0, D12.6)		V281
트. 뼈의 파젯병[변형성 골염] (M88)		V213
프. 복합부위통증증후군 1형 (M89.0)		V177
흐. 재발성 다발연골염 (M94.1)		V178
기. 선천성 신증후군 (N04)		V263
니. 신장성 요붕증 (N25.1)		V141
디. 신생아의 호흡곤란 (P22)		V142
리. 신경계통의 선천기형		
－ 댄디-워커증후군 (Q03.1)		V239
－ 무뇌이랑증, 큰뇌이랑증(경뇌회증) (Q04.3)		V214
－ 분열뇌증 (Q04.6)		V240
－ 이분척추 (Q05)		V179
－ 척수이개증 (Q06.2)		V180
－ 아놀드-키아리증후군 (Q07.0)		V143
미. 순환계통의 선천기형		

구분	대 상	특정기호
	- 심장 방실 및 연결의 선천기형 (Q20.0~Q20.3, Q20.5)	V144
	- 단일심실 (Q20.4)	V225
	- 방실중격결손(Q21.2), 팔로네징후(Q21.3), 대동맥폐동맥중격결손(Q21.4)	V269
	- 아이젠멩거복합, 아이젠멩거증후군 (I27.8), 아이젠멩거결손 (Q21.8)	V226
	- 폐동맥판폐쇄 (Q22.0)	V145
	- 삼첨판폐쇄(Q22.4), 에브스타인이상(Q22.5), 형성저하성 우심증후군(Q22.6)	V146
	- 대동맥판 및 승모판의 선천기형 (Q23)	V147
	- 선천성 대동맥협착 (Q24.4)	V270
	- 관상동맥혈관의 기형 (Q24.5)	V148
	- 선천성 심장차단 (Q24.6)	V271
	- 대동맥의 축착 (Q25.1), 대동맥의 폐쇄 (Q25.2), 대동맥의 협착 (Q25.3)	V272
	- 폐동맥의 폐쇄 (Q25.5)	V149
	- 대정맥혈관의 선천기형 (Q26.0~Q26.6)	V150
비. 부설증 (Q38.3)		V241
시. 담관의 폐쇄 (Q44.2)		V181
이. 다낭성 신장, 보통염색체열성 (Q61.1)		V264
지. 방광외반 (Q64.1)		V227
치. 근골격계통의 선천기형 및 변형		-
	- 두개골유합 (Q75.0)	V265
	- 두개안면골이골증 (크루존병 : Q75.1)	V151
	- 하악안면골이골증 (Q75.4)	V182
	- 관상골 및 척추의 성장결손을 동반한 골연골형성이상 (Q77)	V228
	- 불완전골형성 (Q78.0)	V183
	- 다골성 섬유성 형성이상 (Q78.1)	V154
	- 골화석증 (Q78.2)	V229
	- 카무라티-엥겔만증후군 (Q78.3)	V266

구분	대 상	특정기호
	- 내연골종증 (Q78.4)	V230
	- 쇄래증후군 (Q78.5)	V215
	- 다발선천외골증 (Q78.6)	V242
	- 달리 분류되지 않은 근골격계통의 선천기형 (Q79)	V155
키. 치사성 수포성 표피박리증 (Q81.1), 디스트로피성 수포성 표피박리증 (Q81.2)		V184
티. 선천기형		-
	- 신경섬유종증(비악성 : 폰렉클링하우젠병) (Q85.0)	V156
	- 결절성 경화증 (부르느뷰병 등 : Q85.1)	V204
	- 포이츠-제거스 증후군, 스터지-베버(-디미트리) 증후군, 폰 히펠-린다우 증후군 (Q85.8)	V216
	- (이상형태성) 태아알콜증후군 (Q86.0)	V157
	- 주로 얼굴형태에 영향을 주는 선천기형 증후군 (골덴하 증후군 등) (Q87.0)	V185
	- 주로 단신과 관련된 선천기형증후군 (프라더-윌리 증후군 등 : Q87.1)	V158
	- 루번스타인-테이비 증후군, 홀트-오람 증후군, 클리펠-트레노웨이-베버 증후군, 손발톱무릎뼈 증후군, 바테르 증후군 (Q87.2)	V243
	- 소토스 증후군, 위버 증후군(Q87.3)	V244
	- 마르팡증후군 (Q87.4)	V186
	- 알포트 증후군, 로렌스-문(-바르데)-비들 증후군, 챌케거 증후군, 좌지 증후군(Q87.8)	V267
피. 염색체이상		
	- 다운증후군 (Q90)	V159
	- 에드워즈증후군 및 파타우증후군 (Q91)	V160
	- 5번 염색체 단완의 결손 (Q93.4)	V205
	- 캐취22증후군, 엔젤만 증후군, 스미스 마제니스 증후군, 윌리엄스 증후군 (Q93.5)	V217
	- 터너증후군 (Q96)	V021
	- 클라인펠터증후군 (Q98.0, Q98.1, Q98.2, Q98.4)	V218
	- 취약X증후군 (Q99.2)	V245

출처: 2019년 국민기초생활보장 사업안내

헉, 이렇게 많아? 그럼, 이런 경우에도 근로능력평가를 받아야 돼?

그건 아니야. 희귀난치성 질환자와 암 환자는 5년간, 중증 화상환자는 1년간 근로능력평가를 유예해.

아, 그렇구나.

자, 그럼 이제 근로능력 없는 사람은 알겠지? '기본'에서 설명할 내용은 이게 전부야.

응. 알겠어. 그럼 근로능력이 없는 사람을 뺀 보장가구원은 우선 조건 부과의 대상이 되는 거지?

우선은 그렇지. 생계급여까지 신청했다면….

2. 특별한 경우

말했듯이, '특별한 경우'는 '조건부과유예'에 대한 얘기야. '기본'에서는 명확하게 근로능력 여부를 구분했지? 하지만 근로능력자 모두에게 조건을 부과할 순 없어. 여러 가지 사정이 있을 수 있으니까.

어떤 사정이 있을까?

생각보다 많아. 거동을 못 하는 가구원을 간병하는 경우도 있고, 공익근무요원처럼 군 복무를 대체하여 근무하고 있기 때문에 조건부과를 할 수 없는 경우도 있지. 또, 이미 일정 정도의 소득활동을 하고 있는 경우도 있어. 이미 직업을 가지고 있다면 조건을 부과할 필요는 없겠지?

아! 그럼, 이런 경우에는 아예 조건을 부과하지 않는 거야?

그렇지, 부과하지 않기 때문에 조건부 수급자도 아니야. 일반수급자로 분류하지

그렇구나.

그럼 좀 더 구체적으로 살펴볼까?

좋아.

아래와 같은 사람은 조건부과를 유예할 수 있어.

■ **조건부과 유예 대상자**

㈎ 미취학 자녀 또는 질병 부상자를 양육/간병하는 사람

㈏ 대학생

㈐ 장애인 중 직업재활 실시기관/한국장애인고용촉진공단이 실시하는 사업에 참가하고 있는 사람

㈑ 임산부

㈒ 공익근무요원, 상근예비역

㈓ 근로나 사업을 해서 월 90만 원을 초과하는 소득이 있는 사람

㈔ 환경 변화로 적응 기간이 필요한 사람

㈕ 알코올중독, 약물중독으로 치료 과정에 있는 사람

꽤 많구나. 몇 가지는 보충설명이 필요할 거 같다. 우선… ㈎는 미취학 자녀만 있으면 조건부과를 유예할 수 있는 거야?

미취학 자녀의 양육자 모두를 유예할 수 있는 건 아니야. 양육도 그렇고 간병도 그렇고 종일 동안 양육과 보호가 필요한 경우에만 제한적으로 인정할 수 있어.

아, 그럼 미취학 자녀가 유치원에 다니고 있다면 적용할 수 없겠네?

그렇지. 아이를 보육기관에 맡길 수 있는 경우나 아이 돌봄 관련 서비스를 받고 있다면 보호자는 자활사업에 참여해야 돼.

가구원의 간병도 마찬가지야. 만약 질병으로 거동하지 못하는 노인이 장기요양 서비스를 받고 있다면 그 보호자는 자활사업에 참여해야 돼. 즉, 국가의 도움을 받을 수 없고 '종일 동안' 양육(간병)이 필요한 경우에만 적용할 수 있는 거지.

🧑 그렇구나.

🧑 '(나) 대학생, (다) 장애인 중 직업재활실시기관/한국장애인고용촉진공단에에서 실시하는 사업에 참가하고 있는 사람. (마) 공익근무요원, 상근예비역'은 설명하지 않아도 되겠지?

🧑 잠깐, 대학생? 보통 아르바이트 정도는 하잖아?

🧑 아르바이트야 할 수 있겠지만 자활사업에는 참여할 수 없지. 아르바이트를 한다면 소득으로 산정하면 그만이야.

단, 휴학생, 사이버 대학생 그리고 대학원생은 조건 부과 대상이야.

 그렇구나.

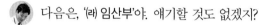 다음은, '(라) 임산부'야. 얘기할 것도 없겠지?

분만 후에도 6개월이 지나야 조건을 부과할 수 있어.

그럼 '(바) 근로나 사업을 해서 월 90만 원을 초과하는 소득이 있는 사람' 은? 그러니까 90만 원 이하의 소득자는 자활사업에 참여해야 돼?

응. (주 3일 이상 근로하여) 90만 원을 초과하는 소득자라면 조건 부과 를 유예하고 부족분만큼의 생계급여를 지급해. 하지만 90만 원 이하 의 소득자는 자활사업에 참여해야 돼.

그럼, 80만 원 정도의 소득자가 생계급여까지 신청했다면 기존에 하 던 일을 포기하고 자활사업에 참여해야 되는 거야? 현재 일까지 포기 해야 한다면 좀 말이 안 되는 거 같은데?

80만 원 소득자라면 현재 일을 포기하지 않아도 돼. 90만 원 이하의 소득자 중 60만 원 초과 90만 원 이하의 소득자는 현재 하는 일과 병 행할 수 있는 조건을 부과해. '맞춤형 취업능력 향상 프로그램' 대상자로 분기 1회 교육만 받으면 되지.

아, 그렇구나. 그 정도라면 일을 하면서도 조건을 이행할 수 있겠다, 그렇지?

그렇지. 게다가, 교육참여의 조건도 기본이 그렇다는 거야. '60만 원 초과 90만 원 이하'의 소득자 모두에게 부과하는 건 아니야. 60만 원 초과 90만 원 이하의 소득자가 일정 조건을 충족하면[24] 교육참여 조건도 부과하지 않아. 즉, 90만 원 초과 소득자와 똑같이 적용하는 거지.

아, 조금 복잡하게 되어 있네?

좀 그렇지.

어쨌든, 60만 원부터 90만 원까지의 소득자는 조건은 부과하되… 좀 특별한 조건을 부과하는 거구나?

맞아. 그렇게 생각하면 돼.

그럼, 60만 원 이하의 소득자는 기존에 하던 일을 포기하고 자활사업에 참여해야 되는 거야?

참여하는 자활사업의 종류에 따라 다르겠지만, 1일 8시간 주 5일로 근무하는 자활근로사업 같은 경우는 기존에 하던 일을 그만두고 참여해야 돼.

그렇구나. 좋아, 그럼, '(사) 환경 변화로 적응 기간이 필요한 사람'은 어떤 사람을 말하는 거야?

군 전역자, 교도소 출소자, 시설 퇴소자, 고등학교/대학교 졸업자, 수

---

[24] 1개월 이상 지속적으로 주당 평균 3일 이상 혹은 4일 이상 기간 동안 22시간 이상 근로해야 돼.

술이나 부상 때문에 2개월 이상 치료를 받고 회복 중인 자를 말해.
이런 사람들은 기본적으로 3개월 동안 조건부과를 유예해.

🧑 어때? 근로능력이 있다고 해도 적응 기간이 좀 필요하겠지?

🧓 그러겠네.

🧑 자, 그럼 마지막이야. '(애) 알코올중독, 약물중독으로 치료 과정에 있는 사람'이야. 해당기관에 사실 여부를 확인해서 조건부과를 유예해.

🧓 일단, 치료는 받고 조건을 부과한다?

🧑 그렇지.

3. 아주 특별한 경우

'아주 특별한 경우'에서는 '조건제시유예' 기준을 살펴볼 거야. 조건부 수급자를 선정하기 위해서는 우선, 근로능력 유무를 확인하고 그다음으로는 조건을 부과할 수 있는 상황인지를 확인해. 조건을 부과하지 못하는 '특별한 경우'라면 조건부과를 유예하지. 그렇지?

그렇지.

하지만 '조건부과유예'만으로는 부족할 수 있어. 조건부과유예 대상이 아니라서 조건은 부과했지만, 불가피한 사정으로 조건을 이행하지 못할 수도 있거든.

그러니까, '조건부과유예'보다 더 예외적인 상황?

그렇지. 그렇게 생각하면 돼. 한 가지 예를 들어 볼게. 90만 원 초과 소득자에 대한 '조건부과유예' 기준이 있었잖아? 그 기준에 의하면 월 60만 원 이하 소득자는 하던 일을 그만둬서라도 자활사업에 참여해야 돼. 근데, 경우에 따라서는 이 기준이 적절하지 않을 때가 있어. 다음과 같은 사례를 봐봐.

현재 만 64세(1년 있으면 근로 무능력자)

상가를 임대하여 조그만 절을 운영하는 스님, 소득은 40만 원이고 성직자로 절은 그만둘 수 없다고 함. 상담 결과, 나이보다 연로해서 자활사업 참여도 힘든 상태.

어떻게 생각해?

글쎄, 절을 그만두지 못한다는 것은 둘째 치고 나이보다 연로하다면 좀 생각해 봐야 되지 않을까?

내 생각도 그래.

그럼, 이런 경우에 적용할 수 있는 게 '조건제시유예'야?

응. 물론, 불가피한 경우에만 적용해. 60만 원 이하의 소득자라도 연령, 가구(지역) 여건 등을 고려할 때 현재의 소득활동을 유지하는 게 적절하다면 조건제시를 유예할 수 있어. 조건은 부과했으므로 '조건부 수급자'이지만 조건을 이행하는 '조건부 수급자'는 아닌 거지. '조건제시 유예자'라고 해.

'조건부과유예' 기준이랑 대치되는 면이 있는 거네?

그렇지. 자동차 기준에서도 '특별한 경우(장애인사용자동차, 일반재산 산정기준)'와 '아주 특별한 경우(생활보장위원회 심의)'가 그랬잖아? '특별한 경우'에서는 차량 대수를 제한했고 '아주 특별한 경우'에서는 제한하지 않았어. 조건부과유예와 조건제시유예도 마찬가지야. 조건제시유예는 조건부과유예의 예외적인 조치라고 생각하면 돼.

그럼, 조건제시유예도 생활보장위원회 심의가 필요한 거야?

그건, 아니야. 지자체(시·군·구청)에서 인정하는 경우라면 심의 없이도 적용할 수 있어.

그렇구나. 좋아. 그럼 조건제시를 유예할 수 있는 다른 경우는 어떤 게 있어?

아까 사례를 포함하여 총 열두 가지야.

■ **조건제시 유예 대상자**

㈎ 도서벽지 거주 수급자
㈏ 북한이탈주민
㈐ 영주귀국 사할린 한인
㈑ 12월 이하 영아의 양육을 위하여 근로가 곤란한 수급자
㈒ 사회봉사명령 이행 중인 자
㈓ 외국인 수급자
㈔ 질병·부상 등의 사유로 자활사업 참여가 곤란한 사람
㈕ 시험준비생
㈖ 실업급여 수급자
㈗ 20세 이상 초·중·고등학교 재학생, 초·중·고등학교, 대학교 휴학생
㈘ 원격대학, 학점은행제 대학생
㈙ 소득활동 유지가 필요한 사람

우선, '(개) 도서벽지 거주 수급자'는 일정 기간 조건 제시를 유예할 수 있어.

 물론, 도서벽지에 거주하는 수급자 모두에게 적용할 수 있는 건 아니야. 자활사업 수행 기관이 없거나 관공서까지의 거리가 너무 먼 경우에만 한시적으로 적용할 수 있어.

 그리고, 여건이 개선된다면 조건을 이행해야 돼.

이건, 수급자 본인의 불가피한 사정은 아니네?

 그렇지. 그다음으로는 '(내) 북한이탈주민, (대) 영주귀국 사할린 한인, (배) 외국인 수급자'가 있어. 모두 조건부 수급자이지만 그 특성을 감안하여 조건 이행을 일정 기간 유예할 수 있어. 북한이탈주민은 최초 거주지 전입 후 6개월, 사할린 한인은 귀국 후 3년간, 외국인은 입국일부터 6개월까지 조건을 유예할 수 있지. 한국말도 모르고 문화도 익숙하지 않다면 아무래도 시간이 필요하겠지?

그러네, 다음은?

다음으로는 '(라) 12월 이하 영아의 양육을 위하여 근로가 곤란한 수급자'야.

1년 이하라면, 갓난아기네?

그렇지.

그럼, 만약에 보육기관에 아이를 맡긴다면?

보육료 지원을 받고 있거나 양육할 수 있는 다른 가구원이 있으면 적용 대상이 아니야. 이런 경우에는 자활사업에 참여해야 돼.

그렇구나.

그리고 '(마) 사회봉사명령 이행 중인 자'도 봉사시간이 자활사업과 중복된다면 조건제시를 유예할 수 있어.

교도소 대신에 봉사활동하는 거?

응. 봉사 기간에만 잠깐 미루는 거야. 봉사 명령이 끝나면 바로 조건을 이행해야 돼.

좋아. 다음은?

다음은 '(ᄊ) 질병·부상 등의 사유로 자활사업 참여가 곤란한 사람'이야.

잠깐, '조건부과유예' 대상에도 비슷한 거 있지 않았나?

조건부과유예 대상은 "질병·부상으로 치료를 받은 후 회복 중인 사람"이야. 여기서는 '치료를 받아야 하는 사람'을 말해.

질병 때문에 자활사업에 참여하지 못한다면 근로능력평가를 받으면 되는 거 아니야?

그렇지. 하지만 모든 질병자에게 근로능력판정을 적용할 순 없어. 근로능력판정을 받을 만한 정도는 아니지만 단기간 집중적인 치료가 필요한 경우도 있으니까.

아, 이런 경우가 있을 수도 있겠다.

그리고, 알코올중독 등으로 아예 진료나 치료를 거부하는 경우도 있어.

하긴, 병원을 가야지 진단을 받지.

그렇지. 알코올중독의 경우, 일단 치료 중이라면 근로능력평가 진단을 받거나 "알코올중독 등으로 치료 과정에 있는 자"로 조건부과를 유예하면 돼. 하지만 진료 자체를 거부하는 게 보통이지. 그래서 이런 경우엔 전문의 또는 정신보건전문요원의 의견서를 받아서 조건제시를 유예해.

조건제시 유예도 그렇지만 치료가 시급할 거 같은데?

맞아. 치료가 급선무이지. 하지만 알코올중독에 대해서는 장기간 동안 다각적인 접근이 필요해. 일단 병원 가는 것부터 시작해서, 치료, 가족관계회복, 자활, 사후관리 등까지 종합적인 서비스가 연결되어야 하지. 쉽게 해결될 수 있는 사항은 아니야. 어느 정도 치료가 되었다 싶으면 다시금 재발하는 게 알코올중독이니까.

더 세심한 지원이 필요하겠다. 그렇지?

맞아. '질병·부상 등의 사유로 자활사업 참여가 곤란한 경우'는 언제 적용하는지 알겠지?

😎 응. 근데, 조건제시유예에는 종류가 참 많다.

😊 맞아. '조건제시유예'는 '조건부과유예' 보다 더 세세하지.

😎 그러고 보니, '시험 준비생' 같이 학교와 관련된 것도 몇 개 있네?

😊 응. 학교 관련된 조건제시유예 대상은 '㈜ 시험준비생, ㈜ 20세 이상 초·중·고 재학생, 초·중·고등학교, 대학교의 휴학생, ㈜ 원격대학, 학점은 행제 대학생'이야.

😎 그렇구나, 근데 대학생이라면 조건부과 유예에서도 있었잖아?

😊 맞아. 하지만, 조건부과유예는 주·야간 대학생이나 졸업생만을 대상으로 했어. 조건제시유예 대상은 그보다 더 예외적인 경우지.

😎 그럼, 시험 준비생에서 시험은 어떤 시험을 말하는 거야?

😊 대학수학능력시험을 말해. 만 20세 미만이고 수능시험을 준비 중이라면 적용할 수 있어.

😎 20세 이상 초·중·고 재학생과 초·중·고등학교, 대학교의 휴학생은?

😊 '기본'에서 설명했듯이 20세 미만의 초·중·고등학생은 근로 무능력자야. 하지만 20세 이상이면 좀 다르지. 일단, 조건은 부과하고 자활사업 참여가 곤란한 사람에 대해서만 조건제시를 유예해.

😎 그럼, 휴학생은?

😊 휴학생은 환경적응 기간으로 휴학한 달부터 딱 3개월만 조건제시를 유예할 수 있어. 하지만, 이것도 모든 휴학생에게 적용하는 건 아니야. 자활사업 참여가 곤란한 경우에만 적용할 수 있어.

😎 오케이. 그리고 원격대학과 학점은행제 대학생은? 방송통신대학 같은 걸 말하는 거지? 근데, 그런 학교는 소득활동하면서도 충분히 공부할 수 있지 않나?

맞아. 그래서 조건부과 유예 대상은 아니었지. 하지만 원격대학 및 학점은행제 대학생 중에는 학교에 직접 출석하여 수강하는 학생도 있어. 주 3일, 18시간 이상 출석하여 수강하고 있다면 조건제시를 유예할 수 있어.

오케이. 이제 거의 다 끝난 거 같은데?

응. '㈜ 소득활동 유지가 필요한 사람'은 처음에 얘기했던 사례의 스님이야. 추가 설명은 하지 않을게.

좋아.

그리고 마지막으로 ㈜ 실업급여 수급자야.

엥? 실업급여는 실직상태일 때 받는 거 아니야? 소득활동도 할 수 있고 자활사업도 참여할 수 있잖아?

그렇기는 한데, 실업급여는 아무런 조건 없이 받는 급여가 아니야. 재취업 활동을 했을 때만 받을 수 있는 급여지.

아, 그러니까 실업급여 수급자는 이미 자활사업에 준하는 구직활동을 한다는 거구나?

그렇지, 대신, 실업급여를 받는 동안만 유예할 수 있어.

좋아, 이렇게 총 열두 가지야. 어때?

'근로능력자에게 조건을 부과한다'는 말을 단순하게만 생각했는데 그게 아니구나. 우선, 근로능력 유무(기본)를 확인하고, 조건부과유예(특별한 경우) 대상인지를 확인하고, 조건을 부과하고도 조건제시유예(아주 특별한 경우) 대상인지를 확인하니까.

그렇지. 설명한 보람이 있는데?

그럼, 조건부 수급자로 자활사업에 참여한다고 하면 대체 무슨 일을 하는 거야?

오케이, 설명해 볼게. 조건부 수급자로 결정되면 자활고용담당이 대상자와 상담을 해. 그리고 '자활역량 평가'를 해서 자활지원계획을 수립하지. 물론 조건제시유예 사유가 있다면 일정 기간 자활사업 참여를 유예해. 하지만 그게 아니라면 자활역량 평가에 따라 적합한 자활사업을 연계하지. '자활역량 평가'는 이런 거야.

평가항목	등급	점수	세부 기준
연령 (10)	18~35세	10	18-35세(실질적으로 취업가능한 연령)
	36~49세	8	36-49세(취업 및 자활능력유지가 가능한 연령)
	50~55세	6	50-55세(취업 및 자활능력유지가 약화된 연령)
	56세 이상	4	56세 이상(취업가능성이 약화된 연령)
건강상태 (20)	양호	20	건강상태가 양호한 사람
	보통	10	신체적 경질환은 있으나 정신건강상태가 양호하며, 근로활동에 지장이 없는 사람
	보통이하	5	5-6급 장애인, 비등록장애인, 중증 정신질환 이력자 등
직업이력 (20)	상	20	- 최근 3년내 6월 이상 지속적으로 취업 또는 자영업 경험이 있는 사람 (공공근로 또는 단순근로형 정부일자리사업 제외) - 최근 1년 이내 시장진입형·인턴도우미형 자활사업에 3년 이상 참여자 - 최근 3년 이내 취득한 자격증(국가기술자격법상)을 소지하고 있는 사람 ※ 실제 종사하는 직종과 직접 관련이 있는 경우이어야 함.
	중	10	- 최근 4~5년내 6월이상 지속적으로 노동시장 취업 또는 자영업 운영 경험이 있는 사람(공공근로·취로사업제외) - 자격증을 소지하고 있으나 실제 종사하는 직종과 직접 관련이 없는 경우 - 문해력 중(글을 읽고, 쓰고 이해하는 수준)
	하	5	- 기타 위 기준에 해당하지 않는 사람 - 문해력 하(글을 읽고, 쓰고 이해하는 수준)
구직 욕구 (20)	상	20	- 취업 의사가 높고 적극적으로 구직활동을 하려는 사람 ※ (예시) 노는 것보다 일하는 것이 낫다고 생각하고, 일자리를 구하기 위해 전력을 다하고 있다고 말하는 사람
	중	10	- 취업의사가 있으나 구체적인 취업계획이 없는 사람
	하	5	- 취업 의사가 낮거나 없고 구직활동을 하지 않으려는 사람
가구 여건 (20)	상	20	- 취업장애요인 없어 근로가 용이한 사람 - 1일 8시간 전일제 근로가 가능한 자 ※ (취업장애요인) 가구원의 질병·부생, 양육·부양 등으로 보육·돌봄 서비스가 필요한 경우, 채무 과다·신용불량, 근로활동과 치료·통원의 병행이 필요한 경우 등
	중	10	- 취업장애요인이 1가지 이상으로 가구여건 개선이 필요한 사람 - 1일 8시간 이하 근로가 가능한 자
	하	5	- 취업장애요인이 3가지 이상으로 근로가 곤란한 사람
재량점수		10	- 향정신성 약물이나 알콜 중독 등 정신질환 보유·치료 이력, 우울증·감정조절장애·편집증 등 정신적 장애요소, 범죄전과 등 근로활동에 영향을 미칠 수 있는 정도를 종합적으로 고려하여 10점내에서 부여

출처: 2019년 자활사업 안내

연령, 건강상태, 직업이력, 구직욕구, 가구여건 등을 점수화하는 거구나?

그렇지. 형식적인 면이 없지는 않지만 어쨌든 단순히, 연령이나 건강상태로만 판단하는 건 아니야. 점수가 높다면 그만큼 자활역량이 높은 거지. **80점 이상**이면 **'집중취업지원 대상자'**, 80점 미만이면 **'근로능력강화 대상자'**, 45점 미만이면 **'근로의욕증진 대상자'**로 구분해.

그럼, 자활사업의 종류에는 어떤 게 있는데?

자활사업은 **고용노동부 자활사업**과 **보건복지부 자활사업**이 있어. (일반노동시장에서 취업이 가능한) **'집중취업지원 대상자'**는 고용노동부 자활사업에 참여하고 (일반노동시장으로 접근이 힘든) **'근로능력강화 대상자'**와 **'근로의욕증진 대상자'**는 보건복지부 자활사업에 참여하지.

'고용노동부 자활사업'은 어떤 건데?

'취업성공패키지'라는 게 있어. '취업성공패키지'는 근로 빈곤층이 보다 안정적인 일자리를 찾을 수 있도록 도와주는 맞춤형 취업지원 프로그램이야. 개인별 취업지원계획을 수립해 주고 **전문상담-직업훈련/창업지원-취업알선-사후관리 등 단계별 취업지원 서비스**를 제공하지.

일을 하면서 인건비를 받는 건 아니구나?

근로를 통해서 급여를 받는 건 아니지만 지급요건을 충족한다면 각종 수당을 받을 수 있어. 취업지원은 총 3단계로 진행되는데, 1단계에선 **'참여수당'**, 2단계에서는 **'훈련참여지원수당'**, 3단계에서는 **'구직촉진수당'**이 있지. 그리고 취업에 성공할 경우에는 최대 150만 원 이내의 **'취업성공수당'**도 받을 수 있어. 자활사업을 통해서 얻게 되는 소득은 실제소득으로 산정하지만 취업성공패키지의 실비지원적 수당은 실제소득으로 산정하지 않아.

그럼 취업성공패키지 참여 기간에도 생계급여를 지급하는 거야?

그렇지 조건 이행 중이니까. 가구의 소득인정액에 따라 틀리겠지만 부족분이 있다면 생계급여를 지급하지.

그렇구나. 그럼 '보건복지부 자활사업'은?

복지부 자활사업으로는 **'자활근로사업'**과 **'자활기업 지원사업'**이 있어. 그중 기본이 되는 사업이 '자활근로사업'이지. 복지부 자활사업은 보통 '지역자활센터'라는 곳에서 실시해.

지역자활센터?

지역자활센터는 저소득 주민의 자립을 돕는 사회복지시설이야. 보건복지부가 지정하지. 몇 개 지역을 제외하고는 거의 모든 시·군·구에 1개소 이상 설치되어 있어.

그렇구나. 자활근로사업에 참여한다는 거는 일을 한다는 거지?

그렇지, 하지만 바로 일을 하는 건 아니야. 우선, 2~3개월 정도의 **'Gateway 과정'**을 거쳐야 돼. '게이트웨이 과정'은 자활사업 참여 전에 개인별 자활지원계획을 수립하고 경로를 설정하는 준비단계야. 자활사업 참여자는 이 기간 동안 **상담**과 **기초교육**을 받고 **현장실습**을 하지.

게이트웨이 과정을 참여하는 것도 조건을 이행하는 것으로 인정해.

그렇구나, 근데, 이 기간 동안에는 인건비를 받지는 않겠네?

지역자활센터에 출석한 날짜에 한해서는 자활근로에 준하는 인건비를 받아.

그럼, 생계급여도 받는 거고?

인건비는 자활소득으로 산정하지만 부족분은 생계급여로 지급하지.

게이트웨이 과정이 끝나면 어떻게 돼?

지역자활센터 자활근로사업단에서 운영하는 '자활근로사업'에 참여하지. 자활 능력과 사업유형에 따라 총 네 가지 사업으로 구분해.

자활역량평가 45점 미만의 조건부 수급자는 노동강도가 낮은 **'근로유지형 자활 근로사업'**에 참여해. 1일 5시간, 주 5일 정도만 근로하는 게 원칙이지. 대표적으로는 지역환경정비, 공공시설물 관리 보조사업 등이 있는데 지역마다 사업내용이 달라.

그럼, 자활역량이 그보다 높은 사람은?

자활역량평가 45점 이상 85점 미만으로 자활욕구가 높고, 직업경험이 있는 조건부 수급자는 **'사회서비스형, 인턴도우미형, 시장진입형**과 같은 **업그레이드형**

자활근로사업'에 참여해. 1일 8시간, 주 5일 근무가 원칙이지. 청소, 간병도우미, 택배, 주택개보수, 폐자원 재활용 사업, 친환경 농산물 판매 등 다양한데, 이것도 지역마다 달라.

택배사업(사회서비스형) 서로좋은가게(사회서비스형) 환경개선사업(시장진입형)

🙂 자활근로사업은 단순한 일자리 사업 아니야. 취업(창업)할 수 있는 능력을 키워 주는 사업이지. 그래서, 참여 기간은 최대 60개월 제한해. 자활근로사업에 안주 하는 것을 방지하기 위한 거지(근로유지형은 제한 없음).

😀 급여는 얼마 받아?

🙂 근로유지형인지, 업그레이드형인지에 따라 달라.

■ 2019년 자활근로인건비 지급 기준(원/인·일)

구분	시장진입형/기술·자격자	사회서비스형/기술·자격자	근로유지형
지급액계	53,440/57,440	46,790/50,790	27,970
급역단가	49,440/53,440	42,790/46,790	23,970
실비	4,000	4,000	4,000
표준소득액(월)	1,285,440	1,112,540	623,220
비고	1일 8시간, 주 5일		1일 5시간, 주 5일

※ 복지·자활도우미인턴형 급여는 시장진입형, 사회복지시설도우미는 사회서비스형 단가 적용
※ 단, 동절기(11~2월)에는 1일 7시간 근무 가능(근로유지형 제외)

출처: 2019년 국민기초생활보장 사업 안내

🙂 이거 외에 각종 수당(초과근무수당, 휴일근무수당, 주차·월차수당)도 있어.

이런 인건비는 자활소득으로 산정된다고?

응, 실비 지원적 금액은 제외하고 나머지는 자활소득으로 산정해.

부족분이 있다면 생계급여를 받는 거고?

그렇지, 그리고, 자활근로와 같은 자활사업 참여자에게는 한 가지 혜택이 더 있어. **자활장려금**이야. 근로유지형 사업을 제외한 자활근로사업 참여자는 자활장려금을 추가적으로 받을 수 있어.

자활장려금?

응. 소득이 높아질수록 급여가 낮아지니까 근로의욕이 감퇴될 수 있잖아? 자활장려금을 지급하여 예방하자는 거지.

얼마 정도를 받는데?

지급받는 생계급여액에 따라 틀려. **최대로 받았을 경우, 자활근로소득의 30%를 장려금으로 지급받을 수 있어.** 자활근로소득이 100만 원이면 30만 원이지. 단, 자활소득을 합한 소득인정액이 생계급여 선정 기준을 완전히 초과한 가구는 지급대상이 아니야.

자활근로사업 참여자에게는 꽤 도움이 되겠는데?

그렇지.

좋아. 자활근로사업에 대해선 이제 좀 알겠어. 그냥 공공근로사업 정도로 생각했었는데… 진행되는 절차도, 받게 되는 지원도 꼼꼼하네.

'일하는 복지'가 강조되면서 매년 다듬어지고 보충되고 있지. 앞으로도 그럴 거야.

그렇구나, 아! 맞다. 복지부 자활사업에는 **'자활기업 지원사업'**도 있었잖아? 그건 뭐야?

복지부 자활사업의 기본은 '자활근로사업'이지만 '자활기업 지원사업'이란 것도 있지. '자활기업'에 취업하거나 '자활기업'을 창업하는 것을 말해.

'자활기업 지원사업'도 어쨌든 일을 하는 거구나? 근데, '자활기업'이 뭐야?

'자활기업'은 자활근로사업을 통해 습득된 기술을 바탕으로 2인 이상의 수급자(또는 차상위자)가 자립을 목적으로 운영하는 공동 사업체야.

자활기업 '○○건축'
' 주거복지 건축사업
및 실내 인테리어 '

🧑 자활근로사업이 일반 노동시장 진출을 위한 기초능력배양 단계였다면 자활기업은 본격적으로 일반 노동시장에 진출하는 최종단계이지. 자활기업의 지정은 보장기관인 시청, 구청, 군청에서 해.

🧑 자활기업으로 인정되었다면 어떤 지원을 받을 수 있는 거야?

🧑 사업안정을 위하여 여러 가지 지원을 받을 수 있어. **창업자금**을 지원받기도 하고 한시적으로 참여자의 인건비를 지원받기도 해. 자활기업에 조건부 수급자가 근로한다면 최대 5년간 인건비를 지원받을 수 있지. (50~100%) 그 외에도, **사업자금의 융자 지원, 국·공유지 우선 임대, 국가사업의 우선위탁, 생산품 우선구매** 등 다양한 혜택이 있어.

🧑 자활기업 참여자의 소득도 자활소득으로 산정되겠네?

🧑 그렇지. 자활근로사업과 마찬가지야. 부족분이 있다면 생계급여도 받을 수 있고 자활장려금도 받을 수 있어.

🧑 근데, 자활장려금은 자활소득을 합한 소득인정액이 생계급여 선정 기준 미만일 때만 받을 수 있잖아. 생계급여 선정 기준을 초과한 가구도 일정 정도의 도움이 필요하지 않을까?

🧑 물론, 그런 가구는 자활장려금을 지원하진 않아. 하지만 앞서 보장가구의 범위에서 설명했던 **'자활급여특례'**가 있잖아. 자활급여 특례는 자활근로사업, 자활기업 참여자, 취업성공패키지 참여자 모두에게 적용할 수 있어.

🧑 아, 자활급여 특례가 있었지? 그러고 보니 자활에 대해서는 참 여러 가지 지원과 혜택이 있다, 그렇지?

🧑 맞아. 하지만 그럼에도 불구하고 **'자활'은 쉬운 일이 아니야.** 그냥, 좋은 자활프로그램 혹은 지원금만으로 해결될 게 아니지. 그래서 최근 중점을 두고 있는 것이 자활 전 과정에 대한 **사례관리**야.

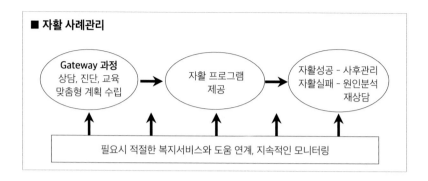

■ 자활 사례관리

Gateway 과정
상담, 진단, 교육
맞춤형 계획 수립

→

자활 프로그램
제공

→

자활성공 - 사후관리
자활실패 - 원인분석
재상담

필요시 적절한 복지서비스와 도움 연계, 지속적인 모니터링

참여자에 대한 맞춤형 자립지원계획부터 적절한 교육과 자활프로그램 연계, 그리고 지역사회 유관기관과의 협력과 지속적인 모니터링까지… 자활 사례관리의 중요성은 나날이 커져 가고 있어.

자활사업, 이거 만만히 볼 게 아니네?

그렇지. 기초생활보장 제도의 두 가지 큰 목적 중 하나가 자립지원이니까.

8장

소득평가액 구하기

- 선정 4단계: 소득 기준

지금까지 설명했던 선정 단계를 보자… 1단계에서는 누구를 조사하고, 누구를 보장할 건지를 확인했고(보장가구의 범위) 2단계에서는 매우 특별한 재산인 자동차를 확인했고(자동차 기준), 3단계에서는 보장가구원의 근로능력 유무와 조건부과 여부를 확인했지(근로능력판정, 자활사업).

좋아. 그럼, 드디어 소득과 재산을 확인해 볼 차례야?

그렇지. 소득은 **소득평가액**, 재산은 **소득환산액**. 이 중에서 소득평가액이 어떻게 계산되는지 설명하도록 할게.

오케이.

일단, 복습부터 해보자.

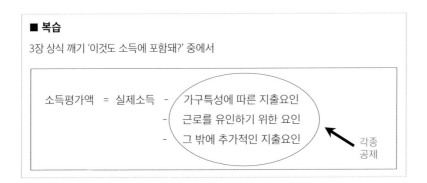

■ **복습**

3장 상식 깨기 '이것도 소득에 포함돼?' 중에서

음, 그러니까 실제소득을 먼저 구하고 각종 공제를 빼면 되겠네?

그렇지, 하지만 그전에 알아야 할 게 있어. **'실제소득 산정에서 제외하는 금품'**이야.

그런 게 있어?

응. 정기적으로 얻는 거의 모든 금품은 실제소득으로 산정하지만 아래의 금품만은 실제소득에서 제외해.

■ 실제소득에서 제외하는 금품

○ 비정기적인 금품 (퇴직금, 현상금, 보상금, 근로장려금, 자녀장려금 등)

○ 「영유아보육법」에 의한 아동보육료

○ 「유아교육법」에 의한 유치원 교육비

○ 중·고·대학생 장학금

○ 「자동차손해배상보장법 시행령」에 의한 유자녀 장학금

○ 타인 혹은 국가, 지자체, 민간기업이 보육, 교육 등의 목적으로 지원하는 일부 금품(입학 금, 수업료, 월 30만 원 이내 교육 부대비용을 보육·교육기관 등에 직접 지급하는 경우에 한함)

○ 「영유아보육법」에 의한 양육수당

○ 농어업인의 영유아 보육비

○ 가정위탁 양육보조금

○ 「아동수당법」에 의한 아동수당

○ 시설 퇴소 및 가정위탁 보호종료 아동 자립수당

○ 조례에 따라 지자체가 저소득층에게 지급하는 금품

🤓 관련법이 있는 거 보니까 대부분 국가에서 지원하는 금품인 거 같네?

😊 맞아, 대부분 공적이전소득과 관련이 있지.

🤓 국민연금은 공적이전소득으로 산정한다고 했잖아? 왜 똑같이 국가에 서 지원받는 보육료, 양육수당 등은 실제소득에서 제외하는 거야?

😊 그 부분은 공적이전소득에서 추가적으로 설명하도록 할게. 우선 염 두에 두고 있어.

🤓 오케이. 그럼, 이젠 실제소득과 각종 공제만 보면 되는 거지?

😊 응. '실제소득산정에서 제외하는 금품'을 확인했다면 **실제소득과 각종 공제**, 이 두 가지만 알면 돼. 소득평가액에 대해서는 '기본-특별한 경

우-아주 특별한 경우'로 설명하지 않고 '실제소득 구하기'와 '각종 공제 확인하기'로 설명하도록 할게.

 좋아.

1. 실제소득 구하기

실제소득에 포함되는 소득은 크게 네 가지야.

3장 '상식 깨기'에서도 설명했듯이 소득의 종류는 많아. 근로소득도 있고, 임대소득과 같은 '재산소득'도 있고, 공적연금과 같은 '이전소득'도 있지. 그뿐인가? 자녀들이 매월 주는 용돈도 사적이전소득으로 '이전소득'에 포함되고, 심지어는 따로 살고 있는 부양의무자의 부양능력에 따라 '부양비'라는 것도 소득으로 산정되지.

아, 기억난다.

좋아. 근로소득-사업소득-재산소득-이전소득 순으로 살펴보자고.

1) 근로소득

근로소득은 4대 보험이 가입되어 있는 정규직 월급만을 말하는 게 아니야. 정규직 월급뿐만 아니라 국세청 등에 신고된 일용직 소득, 그리고 어떤 공적인 기관에도 신고되어 있지 않은 아르바이트 소득까지… 즉, 근로를 통해 버는 돈은 모두 근로소득이야.

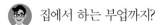 집에서 하는 부업까지?

응. 하지만 기본적으로 「소득세법」에 따라 비과세 되는 소득은 근로소득으로 산정하지 않아(단, 비과세 소득 중 연장근로, 야간근로, 휴일근로, 국외소득은 근로소득으로 산정). 비과세 소득에 대해서는 「소득세법」 제 12조에 나와 있어. 월 10만 원 이하의 식대 같은 게 비과세 소득이지.

그러니까 월급 100만 원, 야근수당 30만 원, 식대 10만 원이면 130만 원이 근로소득이네?

그렇지. 근로소득은 총 네 가지로 구분해.

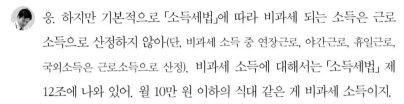

① 상시근로소득
② 일용근로소득
③ 자활근로소득
④ 공공일자리 소득

우선, ① 상시근로소득은 '3개월 이상 계속적으로 고용되어 월 정액 급여를 지급받는 자의 근로소득'이야. 연간 소득액을 기준으로 월평균 금액을 반영하는 게 원칙이지. '상시근로자'라고 하면 보통 4대 보험 (건강보험, 산재보험, 고용보험, 국민연금)이 가입되어 있어.

기초생활보장을 신청하면 소득, 일반재산, 자동차 등의 공적자료를 조회한다고 했잖아? 상시근로소득은 아래와 같은 공적자료를 확인해서 산정해. 동일한 근로에 대해서 여러 가지 자료가 있다면 건강보험 자료부터 순서대로 반영하는 게 원칙이지.

| 국민건강보험 (직장가입자 보수월액) | 산재보험, 고용보험 (직장가입자 월 평균보수) | 국민연금 (직장가입자의 기준소득월액) | 한국장애인 고용공단 자료 | 국세청 (종합소득 중 근로소득) |

4대 보험이 가입되어 있다면 건강보험 직장가입자의 보수월액이 소득으로 산정되겠네?

응. '건강보험의 보수월액'은 근로제공 대가로 얻은 봉급, 임금 등의 소득으로, 비과세 소득을 제외한 금액이야. 연간 총 보수총액을 근무월수로 나눈 금액이 보수월액이지. 보수월액은 실수령액하고는 달라. 세금 등을 빼기 전의 소득이니까.

그렇구나. 그럼, 고용주가 실제보다 소득을 높게 신고했다면? 간혹 그런 경우가 있잖아.

모든 소득·재산조사는 공적자료가 우선이야. 만약, 공적자료와 실제 소득이 다르다면 공적자료 제공기관의 잘못된 자료를 수정하고 확인 서류를 제출해야 돼.

그럼 반대로, 공적자료 소득 외에 추가소득이 있다면? 여행가이드 같은 경우에는 신고된 소득 외에 추가적인 소득이 있을 수 있잖아?

공적자료 자체가 과소 파악된 경우라면 '지출실태 조사표에 의한 소득 조사'를 실시해.

지출실태조사표에 의한 조사?

'지출실태조사표에 의한 소득조사'는 추가수입이 있다고 판단될 때 할 수 있는 조사야. 다른 소득에서도 등장하므로 맨 뒤에서 설명하 도록 할게.

좋아. 그럼 일용 근로소득은?

② 일용근로소득은 3개월(건설공사 종사자는 1년) 이상 계속 고용되지 않 은 자의 근로소득이야. 최근 3개월간 평균소득을 반영하는 게 원칙 이지.

일용근로자의 소득은 어떻게 파악해?

일용근로자라면 보통 다음 서류 중 하나를 제출하도록 하고 국세청 자료를 조회해.

고용·임금확인서

피고용자	성 명		생년월일	
	주 소			
	고 용 성 격 (피고용자하는일 구체적으로기재)			
고 용 기 간		년 월 일부터 년 월 일까지		
근 로 시 간		일시간 오전 : ~ : (시간)		
		일시간 오후 : ~ : (시간)		
		주 당 근로일수 : 일		
		주 근로시간 : 총 시간		

임금지급형태	일급제	1 일 임 금 : 원			
		월평균 고용일수 : 일			
	월급제		월분	월분	월분
		기 본 급			
		각 종 수 당			
		기 타 금 액 (여비, 차량유지비 등)			
		합 계 금 액			

국민건강보험 가입여부	□ 가 입 □ 미 가 입

상기와 같이 피고용인이 본 사업장에 고용되어 있음을 확인합니다.

년 월 일

사 업 장 명 :
사 업 장 주 소 :
사업자등록번호 :
(영업허가번호)   전화번호 :
사 업 주 명 :   (서명 또는 날인)

※ 국민기초생활보장법 제49조
속임수나 그 밖의 부정한 방법에 의하여 급여를 받거나 또는 타인으로 하여금 급여를 받게 한 자는 1년
이하의 징역, 500만원이하의 벌금·구류 또는 과료에 처한다.

사업주가 작성하는
'고용·임금확인서'

근로활동 및 소득신고서

수급(권)자	성 명		생년월일	
	주 소			

취업상태	유 형	□ 상시근로자 □ 임시·일용직(파출부, 일일잡부 등) □ 자영업(노점·행상, 농어업 등) □ 기타
	직장(사업장)명	
	직장(사업장)주소	(전화:)

소 득	일 당 제	1일임금 원	
		월평균 근로일수 : 일	
	근로시간	일시간 오전 : ~ : (시간)	
		일시간 오후 : ~ : (시간)	
		주 당 근로일수 : 일	
		주 근로시간 : 총 시간	
	월 급 제	월 평균 총급여 : 원	
	자 영 업	월 평균 총소득 : 원	
	기 타	월 평균 총소득 : 원 (이전소득일 경우 지원하는곳 :)	

본인은 상기와 같이 소득이 있음을 신고합니다.

20 년 월 일

신고자 : (인)

특별자치시장·특별자치도지사·시장·군수·구청장 귀하

※ 취업상태나 소득을 허위로 신고하는 경우는 '국민기초생활보장법 제49조(벌칙)'에 의거하여 1년 이하의
징역, 500만원 이하의 벌금·구류 또는 과료에 처할 수 있습니다.

신청자 본인이 작성하는
'근로활동 및 소득신고서'

출처: 2019년 국민기초생활보장 사업안내

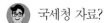 국세청 자료?

응. 일용근로자를 고용한 고용주는 분기별로 '일용근로소득 지급명세서'라는 걸 국세청에 제출해야 돼. 일용직 근로자의 소득은 기본적으로 '일용근로소득 지급명세서' 자료를 조회해서 반영해.

근데, 고용주들이 다 신고하지는 않잖아?

국세청에 신고하지 않으면 일단, 사업주는 납부세액이 늘어나. 사업소득 필요경비에서 인건비를 공제받지 못하니까. 그리고 근로자도 손해지. 근로장려금 같은 혜택을 받을 수 없으니까. 그래서, 요즘은 근로자들이 신고를 요구할 때가 많아.

하지만 그럼에도 불구하고 미신고 일용근로자는 아직 많아.

그런 경우에는 어떻게 소득을 산정해?

보통은 신청할 때 제출했던 '고용·임금확인서'나 '근로활동 및 소득신고서'를 확인해. 하지만 부족한 경우에는 '지출실태 조사표에 의한 소득조사'를 해야 되지.

그렇구나, 좋아. 그럼 자활근로소득은?

③ **자활근로소득**은 자활사업을 통해서 얻는 소득이야. 자활사업은 크게 고용노동부 자활사업과 복지부 자활사업이 있다고 했지? 취업성공 패키지의 수당, 자활근로사업의 인건비 등이 자활근로소득이야.

아, 기억난다.

하지만 실비[25] 지원적 성격의 지원금은 소득산정에서 제외해. 자활근로사업의 실비(1일/4,000원)라든가, 취업성공패키지의 1단계 취업상담 참여수당(25만 원/월), 3단계 청년구직 활동수당(30만 원/월) 등은 소득으로 산정하지 않아.

그럼 ④ **공공일자리소득**은? 자활근로사업도 일종의 공공일자리 사업 아닌가?

자활사업과는 달라. 노인 일자리사업이나 공공근로사업을 말하는 거야.

'공공근로'라면, 공공기관에서 근로하거나 도로변 꽃밭을 가꾸는 일 같은 거?

그렇지. 하지만 건강보험(직장가입자) 등에 가입된 공공일자리 소득은 상시 근로소득으로 구분해. 건강보험에서 보수월액이 조회되니까. 여기서 말하는 공공일자리 소득은 건강보험 등에 가입되지 않은 소득을 말해(비상근 근로자나 1개월간 소정 근로시간이 60시간 미만의 단기근로자는 건강보험 직장가입을 할 수 없음).

---

25 근로를 하기 위해서 근로자 본인이 치른 비용을 말해(차비, 식비 등).

2) 사업소득

 사업소득은 네 가지로 구분하지.

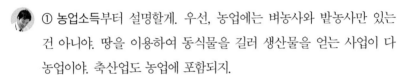

① 농업소득
② 임업소득
③ 어업소득
④ 기타 사업소득

 ① **농업소득**부터 설명할게. 우선, 농업에는 벼농사와 밭농사만 있는 건 아니야. 땅을 이용하여 동식물을 길러 생산물을 얻는 사업이 다 농업이야. 축산업도 농업에 포함되지.

 그렇구나.

 사업소득이 있다고 하면 일용근로자와 마찬가지로 '근로 활동 및 소득신고서'를 제출하도록 하고 공적자료를 조회해. 농업소득을 파악하기 위한 공적자료는 국세청 종합소득(사업소득) 자료, 농지원부, 농업소득보전 직접지불금 자료 등이 있어.

 농지원부?

 '농지원부'는 농지를 효율적으로 관리하기 위한 장부야. 농사를 짓는 사람이 작성하는 것으로, 농업인에게는 필수적인 서류이지. 농지원부를 등록해야 농업인으로 인정이 되고, 비료 등의 지원을 받을 수 있어. 농지원부로 확인할 수 있는 사항은 농지소유, 면적, 재배작물 등이야.

 농업소득은 이러한 공적자료와 신고자료 등을 확인하여 **경작면적에 작물별 단가를 곱하여 산정해**(축산업의 경우는 신고자료(가축 종류/수)를 통하여 산정). 그리고 근로소득과 마찬가지로 소득이 과소 파악되었다면 '지출실태조사표에 의한 조사'를 실시해.

🧑 ② 임업소득은?

🧑 임업은 임산물로 경제적 이득을 취하는 사업이야. 목재 생산부터 버섯 재배와 야생조수 사육업까지 다양하지. 임업소득을 파악하기 위한 공적자료는 국세청 종합소득(사업소득) 자료, 입목[26] 재산자료 등이 있어.

🧑 그렇구나. 소득산정은 어떻게 해?

🧑 임업소득은 본인 신고자료, 공적자료 그리고 해당 지역 임산물 유통기관의 판매기록 등을 확인하여 산정해. 임업소득도 마찬가지로 과소 파악되었다면 추가조사를 해야 되지.

🧑 좋아, ③ 어업소득은?

🧑 어업소득을 산정하기 위한 공적자료는 국세청 종합소득(사업소득) 자료와 어업권, 선박보유 자료가 있어. 어업소득은 신고자료, 공적자료 그리고 수협의 어가별 위판기록, 어촌계 자료 등 확인하여 산정하지.

🧑 마지막 ④ 기타 사업소득은?

🧑 기타 사업은 농업, 어업, 임업을 뺀 나머지 모든 사업을 말해. 사업자 등록이 되어 있지 않은 행상, 노점상 등도 모두 포함되지.

🧑 소득 산정하는 방법은?

🧑 기타 사업소득을 파악하기 위한 공적자료는 국세청 종합소득(사업소득) 자료, 사업자 등록증, 수급자 소유 사업장의 피고용인 수 자료가 있어. 국세청 사업소득이 있는 경우에는 등록된 소득을 반영하고 그

---

26 토지에 있는 살아있는 나무와 열매 등을 말해. 소유자가 입목등기를 하면 토지와는 별도로 소유권을 인정받을 수 있어.

게 아니라면 기타 공적자료와 신고자료(근로활동 및 소득신고서 등)를 확인하여 소득을 산정하지. 물론, 공적자료로 파악이 곤란하거나 과소 파악된 경우에는 '지출실태조사표에 의한 소득조사'를 실시해.

🙂 다른 사업소득과 크게 다르지는 않네?

🙂 그렇지. 하지만 기타 사업에는 좀 특별한 사업자가 있어. **'인적용역제공 사업자'**야.

🙂 인적용역?

🙂 '인적용역제공 사업자'는 독립된 자격으로 용역(서비스)을 공급하고 대가를 받는 사업자야. 우리 주변에서 흔히 볼 수 있는 직업으로는 학습지 교사, 정수기 방문판매원, 보험설계사 등이 있지. IMF 이후로 크게 증가했어.

🙂 맞아. 언제부터 인가 많아졌어.

🙂 보통 본인 이름으로 사업자 등록이 되어 있지만 실제로는 근로소득자나 다름없지. 그래서, 학습지 교사와 같은 인적용역제공 사업자는 본사의 월급 명세서를 추가적으로 제출해야 돼. 국세청 종합소득자료와 월급명세서 자료를 비교하여 실제소득을 산정하지.

3) 재산소득

🙂 가지고 있는 재산으로부터 얻게 되는 소득이야.

🙂 월세 같은 거?

🙂 그렇지, 하지만 임대소득만 있는 건 아니지. 동산, 권리, 예금, 주식

등도 재산이니까. 재산소득은 크게 네 가지로 구분해.

---

① 임대소득
② 이자소득
③ 연금소득
④ 주택연금 및 농지연금

우선, ① **임대소득**은 재산을 빌려줘서 얻게 되는 소득이야. 집, 땅, 공장 등을 대여하는 경우도 있고 채굴권 등 권리를 대여하는 경우도 있지. 국세청의 임대소득 자료와 국토교통부의 전·월세 거래정보시스템 자료, 그리고 임대차계약서로 확인해.

② **이자소득**은 예금이자 같은 걸 말하는 거야?

예금, 주식, 채권의 이자나 배당 등을 말해. 예금이 있다면 이자가 있을 테고 주식회사에 돈을 투자했다면 배당이 있지. 그리고 채권도 있어. 채권은 정부, 은행, 주식회사가 돈을 빌리고 발행하는 증서인데 주식처럼 사고팔 수 있지. 싸게 사고 비쌀 때 팔아서 매매차익을 남기기도 하고, 만기까지 보유하면서 이자를 받기도 해.

근데, 이자소득과 관련해서는 어떤 서류를 제출해야 되는 거야?

별도의 서류를 제출할 필요는 없어. '금융정보 등 제공 동의서'에 서명만 하면 다 조회되지.

금융정보등(금융·신용·보험정보) 제공 동의서

1. 지원대상자 가구 세대주 인적사항

관 계	성 명	주민등록번호 (외국인등록번호 등)
		—

2. 금융정보등 제공 동의자(지원대상자 또는 부양의무자)

※ 유의사항 : 인감으로 동의할 경우 인감증명서 제출이 필요합니다. 동의자가 미성년자인 경우 친권자 등 보호자의 자필 한글정자
서명 또는 무인(인감 포함)으로 대신합니다.

세대주와 의 관계	동의자 성 명	주민등록번호 (외국인등록번호 등)	금융정보 등의 제공을 동의함¹⁾ (한글정자 서명 또는 무인·인감)	금융정보 등의 제공 사실을 동의자에게 통보하지 아니함³⁾ (한글정자 서명 또는 무인·인감)
		—		
		—		
		—		
		—		

1) 지원대상자 선정에 필요한 금융재산조사를 위하여 금융기관 등이 지원대상자 또는 부양의무자의 금융정보 등을
보건복지부장관·국토교통부장관·교육부장관·여성가족부장관·특별자치시장·특별자치도지사·시장·군수·구청장·
특별시교육감·광역시교육감·특별자치시교육감·도교육감·특별자치도교육감(관련법에 따른 위탁업무수행 기관장
포함, 이하 '보건복지부장관 등'이라 한다)에게 제공하는 것에 동의합니다.
2) 보건복지부장관 등이 별지 제1호서식 구비서류로 제출된 통장계좌번호의 진위 여부 확인을 요청하는 경우 금융기관
등이 계좌 명의자의 성명, 주민등록번호, 계좌번호를 제공하는 것에 동의합니다.
3) 금융기관이 금융정보등을 보건복지부장관 등에게 제공한 사실을 동의자에게 통보하지 아니하는 데에 동의합니다.(만일
동의하지 않으면, 금융기관 등이 금융정보 등의 제공사실을 정보제공 동의자 개인에게 우편으로 송부하게 됩니다.
단, 기초연금의 경우는 별첨서식 「금융정보 등 제공 사실 통보요구서」를 추가로 제출하여야만 통보됩니다.)
3. 금융정보 등의 제공 범위, 대상 금융기관 등의 명칭 : 뒷면 참조
4. 금융정보 등의 제공 동의 유효기간 : 동의서 제출 후 신청 서비스 자격 결정전(기초연금 및 장애인연금 수급희망
이력관리 신청자는 이력관리 신청서의 유효기간)까지, 자격 취득한 경우에는 자격상실 전까지
5. 정보제공 목적 : 「사회보장급여의 이용·제공 및 수급권자 발굴에 관한 법률」, 「국민기초생활보장법」, 「기초연금법」,
「장애인연금법」, 「긴급복지지원법」, 「한부모가족지원법」, 「장애인복지법」, 「개발제한구역의 지정 및 관리에 관한
특별조치법」, 「아이돌봄지원법」, 「장애아동복지지원법」, 「초·중등교육법」, 「의료급여법」, 「주거급여법」에 따른 복지
대상자 선정·확인조사 및 별지 제1호서식 구비서류로 제출된 통장계좌번호의 진위 여부 확인

[ ][ ][ ][ ]년 [ ][ ]월 [ ][ ]일

금융기관장·신용정보집중기관장 귀하

210mm×297mm[일반용지 60g/㎡(재활용품)]

출처: 2019년 국민기초생활보장 사업안내

사회보장정보시스템을 통하여 금융정보를 조회하면 금융기관 등으로부터 아래와 같은 금융정보를 제공받아.

---

1. 금융정보

 1) 보통예금, 저축예금, 자유저축예금, 외화예금 등 요구불 예금: 3개월 이내 평균 잔액

 2) 정기예금, 정기적금, 정기저축 등 저축성예금: 예금의 잔액 또는 총 납입액

 3) 주식, 수익증권, 출자금, 출자지분, 부동산(연금) 신탁: 최종 시세가액

 4) 채권, 어음, 수표, 채무증서, 신주인수권증서, 양도성예금증서: 액면가액

 5) 연금저축: 정기적으로 지급된 금액 또는 최종 잔액

 6) 1)부터 5)까지에 해당하는 금융재산에서 발생하는 이자, 배당

2. 신용정보

 1) 대출 현황 및 연체 내용

 2) 신용카드 미결제금액

3. 보험정보

 1) 보험증권: 해약할 경우 지급받게 될 환급금 또는 최근 1년 이내에 지급된 보험금

 2) 연금보험: 해약할 경우 지급받게 될 환급금 또는 정기적으로 지급되는 금액

출처: 2019년 국민기초생활보장 사업안내

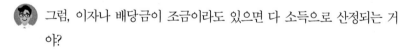 그럼, 이자나 배당금이 조금이라도 있으면 다 소득으로 산정되는 거야?

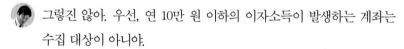 그렇진 않아. 우선, 연 10만 원 이하의 이자소득이 발생하는 계좌는 수집 대상이 아니야.

그렇구나.

게다가, 조회된 이자소득도 100% 소득으로 산정하지 않아. 연 24만

원은 공제하고 나머지만 소득으로 산정해.

그럼, 연이자가 25만 원이라고 하면… 연 1만 원만?

그렇지. 결국, 1만 원을 12개월로 나눈 833원이 소득으로 산정되는 거야.

그렇구나. 근데, 기초생활보장 신청인 중에서도 주식 투자를 하는 사람이 있어?

없으라는 법은 없지. 주식 때문에 대상에서 제외되기도 하니까. 하지만 일반적이지는 않아.

그렇구나. 좋아, 그럼 ③ 연금소득은 뭐야?

연금은 소득이 있을 때 적립해두었다가 노후에 정기적으로 일정 금액을 받는 거잖아?

그렇지.

우리나라의 연금은 총 세 가지로 구분해.

공적연금은 국민연금 등을 말하는 거야. 민간연금과는 다르게 강제성이 있고, 연금수령액은 적지만 가장 기본이 되는 연금이지.

퇴직연금은?

회사에서 받을 퇴직금을 금융회사에 적립하고 나중에 연금으로 받는 걸 퇴직연금이라고 해. 요즘엔 한 번에 퇴직금을 받는 것보다 연금 방식을 더 선호하는 추세이지.

개인연금은?

개인연금은 공적연금이나 퇴직연금처럼 국가나 회사의 제약 없이 개인이 스스로 가입하는 연금을 말해. 은행, 증권사, 손해보험회사에서 판매하는 '**연금저축**'과 생명보험회사에서 판매하는 '**연금보험**'이 있지. 보통 보험설계사를 통해서 가입하는 연금상품은 생명보험회사의 연금보험이야.

그럼, 연금소득은 이 3가지 종류의 연금을 말하는 거야?

공적연금은 빼고 퇴직연금과 개인연금을 통해 받는 연금을 말하는 거야. 공적연금은 나중에 설명할 공적이전소득에 포함되지.

그렇구나. 그럼 어떻게 확인하고 조사해?

연금소득도 금융기관 등으로부터 제공되는 금융정보 중 하나야. 사회보장정보시스템에서 제공되는 자료를 소득으로 반영하지(단, 연 1회 혹은 연 2회 수령하는 상품은 월할 계산하여 소득으로 반영해.). 연금소득은 좀 알겠지?

응. 그럼 ④ **주택연금 및 농지연금**은?

주택연금이나 농지연금은 저축이나 보험료 등을 납부해서 받는 연금이 아니야. 주택과 농지를 담보로 받는 연금이지.

그런 게 있구나.

주택연금은 아직은 미비한 국민연금을 보완하기 위해서 만들어진 연금이야. 고령자가 소유한 주택을 주택금융공사에 맡기고 남은 기간 동안 연금을 받는 거지.

주택을 구입할 때는… 대출을 받은 다음, 그 주택을 담보로 제공하고 대출금을 분할해서 갚잖아? 이걸 '일반모기지론'이라고 해. 하지만 주택연금은 반대야. 주택을 담보로 제공하고 대출금을 연금형태로 받는 거지. 그래서 '역모기지론'이라고 해. 신청은 '한국주택금융공사'에 하고 연금은 은행에서 지급받지.

농지연금은?

도시에 주택연금이 있다면 농촌에는 농지연금이 있어. 고령의 농업인이 소유한 농지를 담보로 연금을 받는 거지. 농지연금을 받는 중에도 해당 농지에서 농사를 지을 수 있어.

매월 받는 연금이 다 소득으로 산정되는 거야?

매월 수령하는 연금액의 50%만 소득으로 산정해. 그리고 연금누적액은 부채로 반영하지.

그건 왜?

주택(또는 농지)을 담보로 제공하고 대출금을 연금형태로 받는 거니까 연금을 받은 만큼 대출금이 늘어나는 거잖아. 부채로 반영해야지.

4) 이전소득

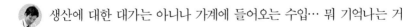

이전 소득 [移轉所得]

생산에 대한 대가로 받는 보수는 아니나 개인의 가계에 소득의 형태로 들어오는 수입

형태분석 [移轉所得]

생산에 대한 대가는 아니나 가계에 들어오는 수입… 뭐 기억나는 거

없어?

아, 자녀가 주는 용돈?

맞아. 자녀들이 주는 용돈처럼 사적으로 들어오는 수입은 사적이전소득이고, 국민연금처럼 공적으로 들어오는 수입은 공적이전소득이야. 앞서 3장 상식 깨기에서도 언급했었지?

기억나, 처음 들었을 때는 좀 황당했지. 자녀들이 주는 용돈까지 소득이라고 하니까.

기초생활보장제도의 이전소득은 총 네 가지야. 하나씩 설명해 볼게.

---

① 사적이전소득
② 부양비
③ 공적이전소득
④ 국외기타소득

좋아.

① 사적이전소득은 두 가지가 있어. '①-ⓐ 정기지원 사적이전소득'과 '①-ⓑ 사용대차 사적이전소득'이야. '돈이나 물품' 같은 직접적인 수입은 '정기지원 사적이전소득'으로 산정하고 '거주지 무상 제공' 같은 간접적인 수입은 '사용대차 사적이전소득'으로 산정해.

그러고 보니, 수입이라는 게 돈만 있지는 않겠다.

그렇지. ①-ⓐ 정기지원 사적이전소득은 가족, 친인척, 후원자 등 다양한 사람들로부터 정기적으로 지원받는 금품을 말해. 자녀들의 용돈이 여기에 속하지. 물론, 정기지원 사적이전소득이니까 정기적일 때만 소득으로 산정해.

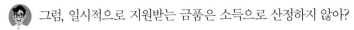 그럼, 일시적으로 지원받는 금품은 소득으로 산정하지 않아?

그렇지. 하지만 판단하는 기준이 따로 있어. 최근 1년 중 6회 이상의 지원이 있어야 '정기적인 지원'이라고 판단하지.

그렇구나. 그럼, 사적이전소득은 어떻게 산정해?

그게 좀 독특해. 예를 들어 최근 1년 중, 아들이 매월 10만 원 용돈을 주었다고 하자. 총 12회니까 정기적인 지원이지? 이런 경우에는 간단해. 정기적인 사적이전소득을 10만 원으로 산정하면 돼. 하지만, 현실은 그렇지 않아. 도와줬던 사람도 다양할 테고 도와줬던 주기도 제각각 다를 테니까.

> 1~3월까지는 아들이 10만 원씩, 7~11월까지는 후원자가 5만 원씩, 8월에는 딸이 30만 원, 11월에는 친척이 50만 원… 이런 상황일 수 있잖아.

그러네. 이런 경우에는 어떻게 계산해?

자. 그럼 처음부터 보자. 일단 최근 1년 중 정기적인 지원이 있었는지를 확인해야 되지? 보통 지난 1년 치 통장내역으로 확인해. 위의 사례를 생각해 보자고. 1인 노인가구가 신청했다고 하자.

> ○ 1~3월까지는 아들이 10만 원씩: 아들 총 3회 총 30만 원
> ○ 7~11월까지는 후원자가 5만 원씩: 후원자 총 5회 총 25만 원
> ○ 8월에는 딸이 30만 원: 딸 총 1회, 총 30만 원
> ○ 11월에는 친척이 50만 원: 친척 1회, 총 50만 원

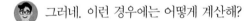 아들, 딸, 친척 등, 다 6회 미만이네? 그럼 소득으로 산정하지 않는 거

아니야?

그게 아니야. 횟수는 도와주는 사람 각각의 횟수가 아니고 도와주는 사람 전체의 총횟수야. 그러니까 총 10회야. 사적이전소득으로 산정해야 돼.

아.

자. 이제 '사적이전소득으로 반영할 금액'을 계산해야 돼. 부양의무자인지 아닌지에 따라 계산법이 달라. 일단 부양의무자는 전액 반영해. 아들이건 딸이건 총금액을 모두 더해. 반영할 금액은 60만 원이야.

부양의무자가 아닌 후원자나 친척은?

부양의무자가 아닌 사람은 '월별 지원금액 총합'이 수급(권)자 가구 기준 중위소득의 15%를 초과한 금액만 소득으로 반영해. 잘 이해가 안 되지? 아래 표를 봐봐. 부양의무자가 아닌 사람의 월별 지원금액이야. '수급(권)자가구 기준중위소득'의 15%는 256,051원이야. (1인 가구일 때) 자, 그러면 월별 지원금액 총합이 256,051원을 초과한 월은?

구분	7월	8월	9월	10월	11월	12월
후원자	5만 원	5만 원	5만 원	5만 원	5만 원	×
친척	×	×	×	×	50만 원	×
지원금액 총합	5만 원	5만 원	5만 원	5만 원	55만 원	×

11월.

그렇지. 256,051원 미만인 7~10월의 월 지원금은 반영하지 않아. 11월 지원액만 반영하면 돼. 단, 11월 지원금액 총액 55만 원에서 256,051원을 빼고 나머지만 반영하면 되지. 그럼 반영할 금액은 293,949원이야.

즉, 부양의무자 지원금액 중 '사적이전소득으로 반영할 금액'은 600,000원, 부양의무자가 아닌 사람의 지원금액 중 '사적이전소득으로 반영할 금액'은 293,949원이야. 따라서, 사적이전소득으로 반영할 총금액은 893,949원이지

그럼 이제 끝이야?

아니지, 사적이전소득으로 반영할 총금액을 12개월로 나눠야 돼. 그럼 74,495원이지? 이 금액이 사전이전소득으로 산정되는 거야.

이거 말이야. 계산하는 과정을 봐야지 이해할 수 있겠다.

맞아. 그냥 말로만 설명하면 잘 이해가 안 돼.

근데 횟수로만 정기지원 여부를 판단하면 좀 문제가 있지 않을까? 매월 지원을 받을 수도 있지만 매월 받을 돈을 한 번에 받을 수도 있잖아?

맞아. 물론, 보완책이 있어. 이런 기준이 있거든. "(6회 미만이라도) '사적이전소득으로 반영할 금액'의 합이 수급(권)자 가구 기준 중위소득의 50%를 초과하는 금액은 전액 반영" 그러니까, 6회 미만이라도 우선은 '사적이전소득으로 반영할 금액'을 계산해 봐야 돼. 중위소득 50%를 초과하는지 확인해야 되니까.

아, 아까처럼 '부양의무자'와 '부양의무자 아닌 사람'을 나눠서?

그렇지. 이번에는 '국민기초생활보장 사업안내'에 나와 있는 사례를 한번 봐봐. 쉽게 이해할 수 있을 거야.

예시) 1인 가구 수급자가 지난 1년간 부양의무자 A는 3회 각 30만 원, 친인척 B는 2회(동 일월) 각각 30만 원, 총 5건, 150만 원의 지원이 있어 5건의 지원금 중 정기지원 사적이전소득으로 반영하는 금액의 합이 1인 가구 기준 중위소득의 50%를 초과하는 경우

○ (정기지원 사적이전소득으로 반영하는 금액)
 - 부양의무자 A의 지원금 90만 원은 전액 반영
 - 친인척 B가 지난 1년 중 2건 각 30만 원씩 지원한 경우 월별 금액을 합산한 60만 원에서 1인 가구 기준 중위소득 15%인 256,051원을 초과하는 금액인 343,939원을 반영함.
 - 반영 건수는 6회 미만이지만 반영 대상 금액이 1,243,949원(900,000원+343,949원)으로 1인 가구 중위소득 50%인 853,504원을 390,445원 초과하기에 초과분은 정기지원 사적이전소득으로 반영할 총금액이고 월평균 반영 정기지원 사적이전소득은 1/12한 32,537원임.

출처: 2019년 국민기초생활보장 사업안내

 아, 알겠다.

 이렇게, 산정된 사적이전소득은 **기본적으로 1년 동안만 유효해. 1년이 지나면 재조사를 해야 돼.**

 그러니까 1년에 한 번씩 산정하는 거네? 그럼, 도움을 주고 있던 사람이 사망하거나 실직해서 더 이상 못 도와준다면? 이런 경우에도 1년간은 소득을 삭제하지 못하는 거야?

 재조사는 1년이 되지 않아도 할 수 있어. 기본 유효기간이 그렇다는 거야. 특별한 사정으로 지원이 중단되었고, 앞으로도 재개를 기대하기 힘들다면 조사 월부터 바로 삭제할 수도 있어.

 그렇구나. 이제 정기지원 사적이전소득도 알겠다. 꽤나 복잡하구나. 그럼 또 하나의 사적이전소득, ①-ⓑ **사용대차 사적이전소득**은?

 다행히, 정기지원 사적이전소득보다는 간단해.

 우선, '사용대차'란 말이 좀 익숙하지 않은데?

쌍방이 맺는 계약은 증여, 매매, 교환, 임대차, 사용대차, 고용, 도급 등 다양해. 그중 '대차'라는 건 '빌리는 것'을 말해(영어로는 loan, 예: 모기지론).

아, 사용대차에서 '대차'가 그런 뜻이구나.

자, 그럼, 빌리는 계약에는 뭐가 있을까? 임대차, 사용대차, 소비대차가 있어. 이 중 '사용대차'는 빌리고 다시 돌려주는 건데 빌리는 비용을 내지 않는 계약을 말해(빌리는 비용을 내는 계약은 임대차, 예: 월세 계약).

아, 알겠다.

그래서 사용대차로 거주한다는 건 임대차 계약(전세, 월세 등)을 하지 않고 무상으로 거주하는 것을 말해[임차료 외 별도 대가(생활비 일부 보조, 유아, 가사노동 등)를 제공하고 있는 경우도 사용대차에 포함].

임차료를 내지 않음으로써 발생하는 간접적인 이익을 소득으로 산정한 게, 바로 '사용대차 사적이전소득'이지.

어떻게 산정하는데?

우선, '사용대차 사적이전소득'은 기초생활보장제도의 네 가지 급여 중 주거급여를 신청하거나 받고 있는 경우에만 산정해.

얼마를 산정하는 건데, 월세만큼?

그건 아니야. 월세만큼 산정한다면 지역마다 주택마다 너무 차이가 나잖아. 국가에서 정한 '4급지 기준 임대료'를 기준으로 최소한의 금액만 소득으로 산정하지. 신청가구원수, 전체 사용대차/부분 사용대차 여부, 부양의무자 여부에 따라 금액이 달라.

전체 사용대차와 부분 사용대차는 뭐야?

주택 전체를 빌리는 건 전체 사용대차이고 일부만(방 한 칸 등) 빌리는 건 부분 사용대차야. '사용대차 사적이전소득'의 부과기준'을 봐봐.

■ 유형별 사용대차 사적이전소득 부과기준

구분	기준	1인	2인	3인	4인	5인	6인
• 4급지 기준임대료		147,000	161,000	194,000	220,000	229,000	267,000
• 4급지 기준임대료의 60%	A	88,200	96,600	116,400	132,000	137,400	160,200
• 부양의무자 제공 전체	A×100%	88,200	96,600	116,400	132,000	137,400	160,200
• 부양의무자 제공 부분	A×78%	68,796	75,348	90,792	102,960	107,172	124,956
• 제3자 제공 전체							
• 제3자 제공 부분	A×20%	17,640	19,320	23,280	26,400	27,480	32,040

※ 가구원 수가 7인 이상인 경우, 가구원 2인 증가 시마다 이전 가구원 수 기준임대료의 10%씩 증가시키되, 천 원 미만 단위는 절사하여 산정

- 4급지 7인 기준임대료 267,000원
- 4급지 8인 기준임대료 293,000원

출처: 2019년 국민기초생활보장 사업안내

그럼, 3인 가구가 주거급여를 신청하는데, 부모 집에서 전체 사용대차로 거주한다면 116,400원이 소득으로 산정되는 거야?

그렇지. 부모는 부양의무자니까 제3자보다 높은 금액을 소득으로 산정하지. 이제 사용대차 사적이전소득도 알겠지?

오케이.

그럼, 다음은 ② **부양비**야. 부양비도 "상식 깨기 '이것도 소득에 포함돼?'"에서 언급했었지?

기억나, 생계급여나 의료급여를 신청한 경우에는 부양의무자의 부양능력에 따라 일정 정도의 부양비가 계산된다고 했잖아?

맞아. 부양의무자의 부양능력은 부양의무자의 소득과 재산에 따라 세 가지로 구분해.

부양의무자가 중간 미만의 생활을 하고 있는 경우에는 '**부양능력 없음**'. 부양의무자가 중간 정도의 생활을 유지하면서도 수급(권)자를 일정 정도 부양할 수 있다면 '**부양능력 미약**'. 부양의무자가 중간 정도의 생활을 유지하면서도 수급(권)자를 온전히 부양할 수 있다면 '**부양능력 있음**'. 부양비는 부양능력이 미약한 경우에만 산정되는 소득이야. 계산된 부양비는 수급(권)자의 이전소득으로 산정되지.

부양비 산정 결과, 생계/의료급여 선정 기준을 초과하면 대상에서 제외하는 거고 선정 기준 미만이면 수급자로 책정해서 부족분을 지원하는 거지.

근데, '부양능력이 있는 경우'는 부양비를 산정하지 않아?

응. 온전히 부양할 수 있는 정도니까 아예 지원대상이 아니야.

그렇구나. 그럼, 부양비는 얼마 정도가 산정되는 거야?

기본적으로, 중위소득을 초과하는 금액의 30%야. 즉, 부양의무자 가구가 4인 가구이고 소득이 500만 원이라고 한다면, 4인 가구 중위소득(4,613,536원/2019년)을 초과한 386,464원의 30%를 부양비로 산정하는 거지.

11만 원 정도가 되는 거구나?

응.

생각했던 것보다는 금액이 많지 않네?

부양의무자가 부양비만큼을 도와줘도, 중간 정도의 생활은 유지할 수 있도록 설정되어 있어.

🧑 그럼, '부양능력 미약'으로 판정된 부양의무자가 이미 부양비만큼의 도움을 주고 있다면? '사적이전소득'도 산정하고, '부양비'도 산정하는 거야?

🧑 그건 아니야. 그런 경우에는 '사적이전소득'만 산정해.

🧑 좋아. 그럼, 반대로 부양비를 산정했는데, 부양의무자가 그만큼 도와주지 않는다면?

🧑 도와주지 못하는 특별한 사유가 있다면 특별한 조치를 할 수 있어. 하지만 특별한 이유 없이 부양을 거부하거나 기피한다면 부양비만큼을 부양의무자에게 강제로 징수하는 방법밖에 없어. 이걸 **'부양의무 불이행자에 대한 보장비용징수'**라고 해.

🧑 강제로?

🧑 세금 부과하는 거랑 절차가 비슷해. 만약 내지 않으면 재산이 압류될 수도 있어.

🧑 재산 압류까지?

🧑 응. 하지만 보통은 미안함과 부담감 때문에 수급자 본인이 수급을 포기하지. 수급자 본인이 반대하면 복지담당자도 어쩔 도리가 없어.

그러긴 하겠다.

 하지만, 이런 경우도 있기는 해.

 부양비, 이젠 알겠지?

 오케이.

 지금까지 설명했던 이전소득은 다 사적인 소득이야. 그렇지? 이제, 마지막으로 ③ 공적이전소득을 설명할게. 공적이전소득은 국가 등으로부터 정기적으로 지급받는 각종 수당, 연금, 급여, 기타 금품을 말해. 기초생활보장제도는 '타 급여 우선의 원칙'이 있으니까 정기적으로 들어오는 공적인 금품은 먼저 소득으로 산정해야 돼.

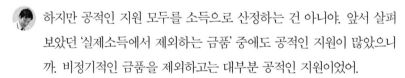 하지만 공적인 지원 모두를 소득으로 산정하는 건 아니야. 앞서 살펴보았던 '실제소득에서 제외하는 금품' 중에도 공적인 지원이 많았으니까. 비정기적인 금품을 제외하고는 대부분 공적인 지원이었어.

 맞아, 그랬었지.

■ **실제소득에서 제외하는 금품**

○ 비정기적인 금품(퇴직금, 현상금, 보상금, 근로장려금, 자녀장려금 등)

○ 「영유아보육법」에 의한 아동보육료

○ 유아교육법에 의한 유치원교육비

○ 중·고등학생, 대학생 장학금

○ 「자동차손해배상보장법 시행령」에 의한 유자녀 장학금

○ 타인 혹은 국가, 지자체, 민간기업이 보육, 교육 등의 목적으로 지원하는 일부 금품(입학금, 수업료, 월 30만 원 이내 교육 부대비용을 보육, 교육기관 등에 직접 지급하는 경우에 한함)

○ 「영유아보육법」에 의한 양육수당

○ 농어업인의 영유아 보육비

○ 가정위탁 양육보조금

○ 「아동수당법」에 의한 아동수당

○ 시설퇴소 및 가정위탁 보호종료아동 자립수당

○ 조례에 따라 지자체가 저소득층에게 지급하는 금품

 그럼, 공적이전소득으로 산정되는 금품은 어떤 게 있어?

 이런 거야.

■ **실제소득에 포함하는 금품**

분류	소분류	실제소득 포함여부
장애수당	장애수당	○
	장애아동수당 및 보호수당	○
장애인연금	기초급여, 부가급여	○
고엽제휴유의증 수당		○
국제경기대회 입상 장애인의 연금		○
「자동차손해보상보장법」에 따른 지원금	재활보조금	○

분류	소분류	실제소득 포함여부
아동양육비	아동양육비,	O
	추가아동양육비	O
청소년 한부모 자립지원촉진수당		O
소년소녀가정 부가급여		O
양육보조금	입양아동양육수당	O
	장애아동입양양육수당	O
「자동차손해보상보장법」에 따른 지원금	피부양보조금	O
생활조정수당	독립유공자	O
생활조정수당	국가유공자	O
생활조정수당	보훈대상자	O
생활조정수당	대한민국 체육유공자	O
독립유공자 (손)자녀 생활지원금		O
참전명예수당		O
한센인피해자생활지원금		O
「농지법」, 「농산물의 생산자를 위한 직접지불제도 시행규정」에 의한 보조금	경영이양소득 보조금 친환경 농협소득 보조금 조건불리지역소득 보조금 밭농업 직접지불 보조금 농업소득보전 직접지불금	O
기초연금		O
연금급여	국민연금급여	O
	공무원연금급여	O
	군인퇴직연금급여	O
	사학퇴직연금급여	O
	별정우체국연금급여	O

분류	소분류	실제소득 포함여부
실업급여		○
산재보험	휴업급여	○
	장해급여	○
	유족급여	○
	상병보상연금	○
「산업재해보상보험법」에 따른 진폐 보험급여	진폐보상연금	○
	진폐유족연금	○
국가유공자 급여	보상금	○
	간호수당	○
	무공영예수당	○
	6.25자녀수당 등	○
독립유공자 보상금		○
진폐위로금		○
대한민국체육유공자	유족연금	○
	장애연금	○
	간호수당	○
보훈대상자급여	간호수당	○
	부양가족수당	○
	중상이부가수당	○
국외강제동원 희생자 의료지원금		○
석면피해자 요양생활수당		○
고용노동부 직업훈련수당		○

분류	소분류	실제소득 포함여부
지자체 지원	이통장 직책수당	○
	보훈대상자 추가 지원	○
	조례에 근거하지 않은 복지대상자 추가 지원	○

출처: 국민기초생활보장 사업안내('공적이전소득 범위 및 가구특성지출비용' 표를 재구성)

많다. 근데 왜 이런 차이를 두는 거야? 똑같이 공적으로 지원받는 금품인데, 어떤 금품은 소득으로 산정하고 어떤 금품은 소득으로 산정하지 않고?

잘 보면, '실제소득에서 제외하는 금품'은 대부분 서비스 이용을 전제로 지원받는 금품이거나, 이와 유사한 금품이야.

서비스 이용을 전제로?

응. 보육료는 아이가 어린이집에 다닌다는 전제로 보육서비스 비용을 받는 거야. 유치원 교육비도 그렇지.

장학금이나 보육, 교육 등의 목적으로 지원받는 금품도 비슷해. 학교나 보육기관 등을 이용할 때 발생할 수 있는 비용을 지원받는 거니까.

양육수당과 아동수당은?

양육수당과 아동수당 등도 이와 유사한 성질의 금품이라고 보는 거야.

좋아. 그럼, 조례에 따라 지자체가 저소득층에게 지급하는 금품은?

소득으로 산정하면 좀 문제가 있지.

그래? 왜?

예를 들어, ○○지자체에서 기초수급 노인을 대상으로 월동난방비 5만 원을 준다고 하자. 그 난방비를 소득으로 산정한다면 어떻게 될까? 생계급여 수급자라면 생계급여 5만 원을 덜 받게 돼.

 결국, 주나 마나 한 거네?

그렇지.

 아, 좀 문제가 있겠다.

그렇지? 근데, 실제소득으로 산정하지 않으려면 조건이 있기는 해.

 어떤 조건?

조례에 따라 저소득 주민에게 지원하는 금품이어야 하고 지원예산이 100% 지자체 예산이어야 돼. 그리고 지원급여가 기초생활보장 급여의 부가서비스에 해당되어야 하지. 이런 조건을 모두 충족할 경우에만 실제소득으로 산정하지 않아.

 그렇구나. 공적이전소득도 예외적인 사항들이 상당히 많은데?

맞아. 하지만 공적이전소득과 관련해서는 알아야 할 사항이 조금 더 있어.

🤓 그래?

🙂 '각종 공제'에 대한 내용이 아직 남아 있거든.

🤓 '각종 공제'가 공적이전소득과 관련 있는 거야?

🙂 전부는 아니지만 많은 부분이 공적이전소득과 관련이 있어. 실제소득에 포함하지만 다시 그 금액을 공제하는 공적이전소득이 있거든.

🤓 잠깐.. 그건 또 무슨 소리야? 그럼, 결과적으로 '실제소득에서 제외하는 금품'과 똑같잖아? 그것도 일부만 그렇게 한다고?

🙂 응. 그러니까 공적으로 지급받는 금품은 총 세 가지로 구분할 수 있어. 첫째는, 실제소득에서 제외하는 금품, 둘째는 공적이전소득으로 산정하는 금품, 셋째는 공적이전소득으로 산정하지만 동시에 공제하는 금품… 우리가 지금까지 살펴본 건 첫째와 둘째야.

🤓 국민기초생활보장 사업안내 책자가 두꺼운 이유가 있었네.

🙂 그렇지. 어쨌든, 셋째에 대해선 '2. 각종 공제'에서 설명하도록 할게.

🤓 좋아. 근데, 이전소득이 하나 더 있었지?

🙂 맞아. ④ 국외기타소득이야.

🤓 이건 뭘 말하는 거야?

🙂 외국 정부에서 지급받는 연금급여를 말해.

🤓 이것도 공적인 수입이네?

🙂 그렇지, 다만 외국에서 받는 거니까 따로 구분하는 거야.

🤓 그렇구나.

'지출실태조사표'에 의한 소득조사는 언제 설명하는 거야?

🧑 아, 맞다! 그냥 지나갈 뻔했네. 내가 나중에 설명한다고 했지?

🧑 뭔가 하나 빠졌다고 생각했어.

🧑 좋아, 설명하도록 할게. 앞서 근로소득, 농업·어업·임업 소득, 기타 사업소득 등을 설명할 때… 매번 마지막으로 언급했던 게 '지출실태조사표에 의한 소득조사'였어.

> **"소득이 과소 파악되어 있는 경우,**
> **'지출실태조사표에 의한 소득조사'를 실시"**

🧑 맞아.

🧑 '지출실태조사표에 의한 소득조사'는 생활실태로 보아 추가 수입이 있다고 판단될 때 할 수 있는 조사야.

공적자료와 신고자료만으로는 한계가 있어. 소득을 적게 신고하거나 소득을 숨기는 경우도 있으니까.

하긴… 보통 공공기관에서 소득 물어보면 본능적(?)으로 별로 없다고 하잖아? 소득에 따라 보장이 결정되는 기초생활보장제도는 더 하겠지?

그렇지.

그럼, 어떻게 조사해?

일단, 수급(권)자에게 **'지출실태조사표'**라는 서류를 작성하도록 안내해. 월 단위로 항목별 생활비가 얼마이고 그 생활비를 어떻게 부담하고 있는지 확인하는 서식이지. 월세부터 담배·술값까지 굉장히 세세해.

【참고】 지출항목별 해당품목

지출항목		해당품목
식품비	1. 곡물 및 가공품	쌀, 떡, 라면류, 기타곡물가공품
	2. 고기, 야채	돼지고기, 닭고기, 기타육류가공품, 우유, 요구르트, 갈치, 기타선어개류, 기타채소, 두부, 김치류, 김, 고추
	3. 과일	사과, 배, 포도, 귤, 수박, 딸기, 기타과실
	4. 빵 및 음료	케이크, 기타빵류, 아이스크림, 과자류, 커피, 음료류, 기타식품
	5. 외식비	식사대, 학교급식대
주거비	6. 월세	월세
광열수도비	7. 수도요금	수도료
	8. 전기요금	전기료
	9. 취사, 난방비용	등유, 도시가스
피복신발비	10. 의복, 신발	학생복, 아동용외의, 여자내의, 운동화
의료비	11. 입원, 진료비	병원외래진료비, 치과진료비, 기타보건의료서비스
	12. 의약품비	양약, 조제약
	13. 간병비	가구원의 입원으로 발생하는 간병 비용
이자비	14. 채무이자 상환비	금융기관 등 채무로 매월 상환하는 이자액
교육비	15. 고교납입금	고교납입금
	16. 보육료	보육료
	17. 교재, 참고서비	중고교재, 참고서 값(1인당)
	18. 학원비	입시 및 보습학원, 피아노학원, 미술학원, 태권도학원
교양오락비	19. 방송수신료	방송수신료
	20. 기타오락비	완구, 기타교양오락서비스
교통통신비	21. 교통비	버스, 택시, 지하철 및 전철, 화물운송료
	22. 자동차유지비	부품 및 관련용품구입, 보험료, 경유, LPG
	23. 전화요금	이동전화기기, 일반전화요금, 이동전화요금
	24. 인터넷이용료	인터넷이용료
기타	25. 담배, 술값	소주, 맥주, 담배
	26. 가사용품 및 서비스	화장지, 세탁용세제, 청소료, 기타가사서비스
	27. 기타 잡비	이미용료, 목욕료, 손해보험료, 기타잡비
	28. 사회보험료	연금, 건강보험료 등

출처: 2019년 국민기초생활보장 사업안내

그다음은?

사회보장정보시스템을 통해 제공되는 객관적인 참고자료(기준 지출금액, 기준 소득금액 등)와 지출실태조사표를 비교해야 돼. 작성한 지출실태조사표의 적정성을 확인하는 거지.

기준 지출금액은 뭔데?

(수급(권)자 가구와 동일 특성의) 일반가구가 매월 평균적으로 지출하는 금액이야. '지출실태조사표'에 작성된 지출금액이 기준지출금액보다 적을 경우, 지출실태조사표를 다시 작성하도록 해야 돼.

 대략 여기부터 담당자와 신청인 사이의 실랑이가 시작되지.

 왜?

 지출실태조사표를 부적정하게 작성하는 경우가 많거든.

 그래?

 실제지출 금액을 작성하지 않고 오히려 더 과장된 금액을 작성하는가 하면, 반대로 필수적인 지출임에도 작성하지 않거나 적게 쓰는 경우가 대부분이지.

한 달 지출액이 300만 원이요 ??
아무래도 다시 작성해 주셔야 할 것 같은데요~

 신청인 입장에서는 취조받는 느낌이 들 수도 있겠다.

 담당자도 그걸 모르는 건 아니지만 조사를 진행하려면 필요한 절차이긴 해.

 그럼, 지출실태조사표의 적정성이 어느 정도 확인되었다면?

 그렇다면, 지출실태조사표와 각 참고자료를 바탕으로 수급(권)자와 상담하여 추가 소득의 출처를 확인하고 수급(권)자에게 '근로활동 및 소득신고서'를 재작성하도록 안내하지. 추가 소득이 근로소득이라면 근로소득으로, 이전소득이면 이전소득으로, 사업소득이면 사업소득으로 실제소득에 반영해.

 근데, 소득신고서를 재작성하도록 안내한다는 게 쉽지는 않을 거 같은데? 솔직히 얘기하면 어림도 없어 보여.

 맞아. 쉽지 않은 일이야. 소득확인 자체를 거부하거나 기피하는 경우도 있으니

까. 그뿐인가? 소득자료를 다시 제출했어도 여전히 지출액과 현저한 차이를 보이는 등 신뢰성이 떨어지는 경우도 있어.

그런 경우라면 어떻게 해?

그런 경우라면, **보장기관 확인소득**이라는 걸 검토해 볼 수 있어.

보장기관 확인소득? 잠깐, 지금까지 봤던 실제소득에는 없었는데?

맞아. **보장기관 확인소득은 '지출실태조사표에 의한 소득조사'를 했음에도 불구하고 추가소득이나 은닉소득이 있을 때 산정할 수 있는 소득**이야.

그럼 조사를 하는 시·군·구청에서 산정하는 거야?

응. 하지만, 단순히 의심되는 상황에서 산정할 수 있는 건 아니야. 반드시 '지출실태조사표에 의한 소득조사'를 거쳐야 하고 상담과 사실조사 등으로 추가·은닉소득이 확인된 경우에만 산정할 수 있어.

그렇구나.

게다가, **모든 대상자에게 산정할 수 있는 소득도 아니야.** 신규신청자(수급권자), 조건부과유예자 등에게는 보장기관 확인소득을 산정 할 수 없어.

원래, 신규신청자에게는 산정하지 못하는 거야?

과거에는 산정할 수 있었는데 2015년부터는 금지되었지.

어떤 이유 때문에?

신규신청자에게 보장기관 확인소득을 금지하게 된 직접적인 계기는 **2014년 송파구 세 모녀 사건**이었어.

아, 생활고로 일가족이 자살했던 사건 말이지?

응, 세 모녀 가구는 극심한 생활고를 겪고 있음에도 기초생활보장을 지원받지 못하고 결국 자살이란 극단적인 선택을 하게 되었다. 당시 세 모녀 가구가 기초생활보장을 받지 못했던 이유 중에 하나가 근로능력이 있는 가구원에게 부과된 **추정소득(보장기관확인소득의 이전 명칭)**이었어.

그랬었구나. 그럼, 당시의 추정소득은 근로능력만 있으면 부과하는 거였어?

그렇진 않았지. 당시 추정소득도 근로능력 유무만으로 산정할 순 없어. '근로여부가 불분명하여 소득을 조사할 수 없으나 생활실태로 보아 소득이 없다고 인정하기 어려운 사람'에게 부과할 수 있었지. 하지만 실제적용에 있어서는 좀 달랐어. 근로능력이 있고 소득활동을 하고 있지 않으면 쉽게 추정소득을 부과했거든.

상황이 이렇다 보니, 상담이나 신청단계에서 신청 자체를 포기하는 경우도 많았어.

아, 그런 추정소득에 대한 문제점이 송파구 세 모녀 사건을 계기로 크게 불거진 거구나?

응. 그래서 우선 '추정소득'이라는 용어를 '보장기관 확인소득'으로 변경하고, 추가소득을 확인하는 절차를 강화했어. 그리고 신규 신청자에게는 산정하는 것 자체를 금지하게 되었지. 추정소득이나 보장기관 확인소득이 기초생활보장제도 의 진입자체를 막는 장벽이 될 수도 있으니까.

무슨 말인지 알겠다. 근데, 그러면 은닉소득이 있는 신규 신청자는 어떻게 해?

'지출실태조사표에 의한 소득조사'까지 할 수 없는 건 아니야. 그리고 만약에 생 계급여까지 신청한 사람이라면 우선 조건을 부과하면 돼. 만약 조건을 불이행한 다면 그때는 보장기관 확인소득을 부과할 수 있어.

그럼, 만약 확인소득을 부과한다면, 얼마 정도를 부과하는 거야?

해당연도의 1일 최저임금(2019년 66,800원)을 기준으로 보통 월 15일 정도의 소 득을 산정하지(조건불이행자라면 15일 이상 산정해야 되고 조건이행자로 추가소득 있는 경우에는 15일 미만으로 산정해야 돼. 대상자에 따라 산정기준이 달라).

보장기관 확인소득, 이제 알겠다. 그러니까 실제소득에는 없는 또 하나의 소득이 구나?

그렇지. 하지만 쉽게 다룰 소득은 아니지.

2. 각종 공제 확인하기

소득평가액이 얼마인지를 확인하려면 최종적으로 '각종 공제'를 확인해야 돼. "뭐, 얼마나 차감하겠어?"라고 생각할 수도 있지만 10원 차이로도 보장여부가 달라질 수 있는 기초생활보장제도에선 '실제소득'만큼이나 중요한 게 '각종 공제'야.

그러긴 하겠다.

게다가, 각종 공제에 대해선 꽤나 논란이 많아. 국가에서 지급하는 연금이라도 ○○연금은 실제소득에서 공제하지 않고 ○○연금은 공제하니까. 근로소득도 마찬가지야. 같은 근로활동이라도 ○○부류의 사람은 소득의 50%를 공제하고 ○○부류의 사람은 1원도 공제하지 않아.

각종 공제에는 어떤 게 있는데?

총 세 가지가 있어.

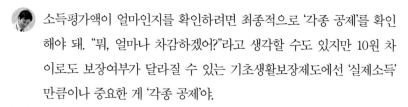

우선, ① 가구특성에 따른 지출요인과 ③ 그 밖에 추가적인 지출요인은 대부분 공적이전소득과 관련이 있어. ①과 ③은 같이 설명하도록 할게. 그리고 ② 근로를 유인하기 위한 요인은 근로소득과 사업소득에서만 공제할 수 있어. ②는 따로 설명하도록 할게.

오케이.

1) '가구특성에 따른 지출요인'과 '그 밖에 추가적인 지출요인'

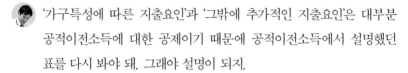 '가구특성에 따른 지출요인'과 '그밖에 추가적인 지출요인'은 대부분 공적이전소득에 대한 공제이기 때문에 공적이전소득에서 설명했던 표를 다시 봐야 돼. 그래야 설명이 되지.

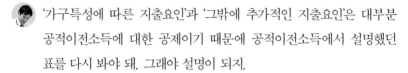 아, '공적이전소득으로 실제소득에 포함하는 금품'?

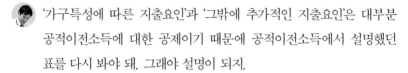 응. 그럼 시작해 볼게. '지출요인' 공제를 하는 이유는 크게 다섯 가지야.

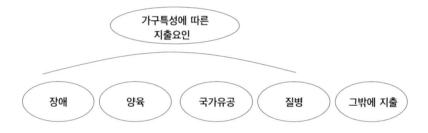

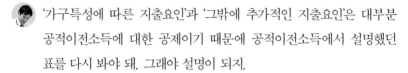 즉, 장애를 가지고 있는 사람은 장애라는 특성을 감안해서, 질병을 가지고 있는 사람은 질병이라는 특성을 감안해서, 양육할 자녀가 있으면 그 특성을 감안해서… 공제하는 거지. 근데, 공제하는 방법이 두 가지야.

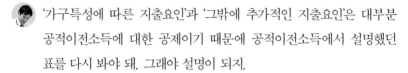 뭔데?

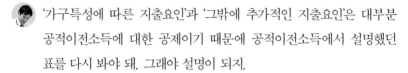 하나는 '실제소득에 포함된 공적이전소득을 전액(혹은 일부) 공제하는 방법', 그리고 또 하나는 '공적이전소득을 포함한 모든 실제소득에서 공제하는 방법'. 이렇게 두 가지가 있지.

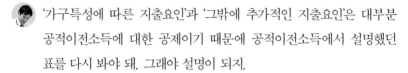 공적이전소득에서만 공제하는 건 아니구나?

 응. 대부분 공적이전소득에서만 공제하지만 일부는 모든 실제소득에

서도 공제할 수 있어. 아래 표를 봐. 앞서 보았던 표(공적이전소득 중 실제소득에 포함하는 금품)를 5가지 이유로 정리하고 몇 가지를 추가해서 재구성한 거야.

■ 다섯 가지 이유로 정리한 공적이전소득 및 각종 공제

공제 이유	분류	소분류	(공적이전소득으로) 실제소득 포함여부	공제 여부
장애[27]	장애수당	장애수당	○	○
		장애아동수당 및 보호수당	○	○
	장애인연금	기초급여, 부가급여	○	○
	고엽제휴유증 수당		○	▲✓
	국제경기대회 입상 장애인의 연금		○	○
	「자동차손해배상보장법」에 따른 지원금	재활보조금	○	○
양육	아동양육비	아동양육비,	○	○
		추가아동양육비	○	○
	청소년 한부모 자립지원촉진수당		○	○
	소년소녀가정 부가급여		○	○
	양육보조금	입양아동양육수당	○	○
		장애아동입양양육수당	○	○
	「자동차손해배상보장법」에 따른 지원금	피부양보조금	○	○
	농어민가구 보육시설 이용 자부담 15만 원 이내		×	○
국가 유공	생활조정수당	독립유공자	○	○
	생활조정수당	국가유공자	○	○

---

27 2019년 8월 1일부터는 '장애인기능올림픽 입상자 기능장려금'도 장애요인으로 인한 공제에 포함될 예정이야.

공제 이유	분류	소분류	(공적이전 소득으로) 실제소득 포 함여부	공제 여부
국가 유공	생활조정수당	보훈대상자	○	○
	생활조정수당	대한민국 체육유공자	○	○
	독립유공자 (손)자녀 생활지원금		○	○
	참전명예수당		○	▲ ✓
질병	한센인피해자생활지원금		○	○
	희귀난치성 질환자 의료비 지원	호흡보조기, 기침유발기 대여료 간병비,특수식이구입비	×	○
	만성질환 등으로 3개월 이상 의료비		×	○
그밖의 지출	「농지법」,「농산물의 생산자 를 위한 직접지불제도 시행 규정」에 의한 보조금	경영이양소득 보조금 친환경 농협소득 보조금 조건불리지역소득 보조금 밭농업 직접지불 보조금 농업소득보전 직접지불금	○	○
	농어업에 사용된 채무의 채무상환액 중 이자비용 %		×	○
	국민연금 보험부담금 보험료(75%)		×	○
	대학생 등록금 지출		×	○

 🔵 여기부터는 1원도 공제 안해~

기초연금		○	×
연금급여	국민연금급여	○	×
	공무원연금급여	○	×
	군인퇴직연금급여	○	×
	사학퇴직연금급여	○	×
	별정우체국연금급여	○	×

실업급여		○	×
산재보험	휴업급여	○	×
	장해급여	○	×
	유족급여	○	×
	상병보상연금	○	×
「산업재해보상보험법」에 따른 진폐 보험급여	진폐보상연금	○	×
	진폐유족연금	○	×
국가유공자 급여	보상금	○	×
	간호수당	○	×
	무공영예수당	○	×
	6.25자녀수당 등	○	×
독립유공자 보상금		○	×
진폐위로금		○	×
대한민국체육유공자	유족연금	○	×
	장애연금	○	×
	간호수당	○	×
보훈대상자급여	간호수당	○	×
	부양가족수당	○	×
	중상이부가수당	○	×
국외강제동원 희생자 의료지원금		○	×
석면피해자 요양생활수당		○	×
고용노동부 직업훈련수당[28]		○	×

---

28 2019년 9월 3일부터는 일부 공제(최대 11.6만 원 범위 내)로 변경될 예정이야.

지자체 지원	이통장 직책수당[29]	○	×
	보훈대상자 추가 지원	○	×
	조례에 근거하지 않은 복지대상자 추가 지원	○	×

좀 복잡하지? 복잡하게 보면 한없이 복잡해. 딱 내가 얘기하는 것만 차례대로 봐봐. 우선, ▨칸은 아까 얘기했던 **모든 실제소득에서 차감할 수 있는 공제**야. 그러니까 ▨칸 외 나머지는 전부 공적이전소득에서만 공제하는 거지.

그럼, 자녀의 대학교 등록금 지출은 모든 실제소득에서 공제할 수 있는 거네?

그렇지.[30]

그리고 봐야 될 게 ✓표시된 공제야. ✓표시는 공적이전소득을 공제하는 거지만 전체금액을 공제하는 게 아니고 **일부 금액만 공제하는 거**야. 예를 들어, 참전명예수당은 1인 가구 기준 중위소득의 20%(2019년 341,401원)만 공제하지.

아, 그럼, 참전명예수당을 35만 원 받고 있다면, 실제소득은 35만 원, 공제는 341,401원, 결국 8,599원만 소득평가액으로 산정되는 거네?

그렇지. 이것도 알겠어?

응.

---

29 2019년 9월 3일부터는 일부 공제(20만 원 범위 내)로 변경될 예정이야.

30 단, 조건이 있기는 해. 대학생 자녀(34세 이하)의 등록금이 근로·사업소득에서 지출한 경우에만 공제할 수 있어.

좋아. 그리고 가장 중요한 부분이야. ── 아래에 있는 공적이전소득과 ── 위에 있는 공적이전소득을 봐봐. 대신, ▨ 칸은 빼고 봐. ▨ 칸은 공적이전소득이 아니니까. 그리고, ✓ 표시된 공제도 빼고 봐. ✓ 표시는 일부 금액만 공제하는 공적이전소득이니까.

아, 그렇지.

우선, ── 위에 있는 공적이전소득은 실제소득으로 산정하지만 그 금액의 100%를 공제해. 결과적으로 소득산정을 하지 않는 거지. 예를 들어, '장애수당(4만 원)'을 받고 있다면 실제소득은 4만 원, 공제도 4만 원, 즉 소득평가액은 0원이야

그렇구나.

근데, ── 아래에 있는 공적이전소득은 실제소득으로만 산정하고 1원도 공제하지 않아. 예를 들어, 국민연금급여나 기초연금은 실제소득으로만 산정해. 결국, 전액이 소득평가액으로 산정되는 거지.

아, 그러고 보니, 왜 논란이 있는지 알겠다. 국가유공자의 생활조정수당이나 장애인연금은 실제소득에 포함하되 전액을 공제하고 기초연금이나 국민연금은 1원도 공제하지 않잖아? 똑같이 국가에서 지원하는 건데 말이야.

게다가, 아예 '실제소득에 제외하는 금품'도 있었잖아? 보육료, 양육수당, 아동수당 등은 서비스 제공 전제라는 이유로 실제소득에 산정하지도 않았지. 이거 논란이 많을 수밖에 없겠다.

특히, 노인(만 65세 이상)을 대상으로 하는 기초연금이 가장 논란이 많아. 시민단체, 매스컴, 국회에서도 여러 차례 문제제기를 했었지.

기초연금은 실제소득으로만 산정하고 1원도 공제하지 않으므로 기초연금(30만 원)을 받는 생계급여 수급자는 보충성의 원칙에 따라 기초연금을 뺀 나머지 금액만 생계급여로 받게 돼('생계급여액 = 생계급여기준액 - 소득인정액').

그렇구나. 근데, '줬다 뺏는다'는 말은 무슨 말이야?

아, 그게 무슨 말이냐면, 기초연금 같은 공적이전소득은 '전월소득'을 소득평가액으로 반영하거든. 그러니까, 3월부터 기초연금을 받았다면 3월에 바로 소득을 산정하는 게 아니고 4월에 '3월에 받은 기초연금'을 소득으로 산정해. 즉, 3월부터 기초연금을 받은 기초생활보장 수급자는 3월 한 달은 기초연금과 생계급여를 그대로 받고 4월부터는 기초연금과 (기초연금만큼) 감액된 생계급여를 받는 거지. 기초연금액이 오를 때도 마찬가지야. 만약 3월에 25만 원에서 30만 원으로 올랐다면, 3월 한 달은 30만 원 기초연금과 기존 생계급여를 받고 4월에는 30만 원 기초연금과 5만 원 감액된 생계급여를 받아. 실제로 뺏는 건 아니지만 첫 달은 온전히 주고, 다음 달부터 생계급여에서 감액하니까 뺏기는 것처럼 느껴지는 거지.

31 유경선, "정부, 기초생활수급 노인 40만명에 '기초연금' 줬다 뺏어", 뉴스1코리아, 2019.03.25, http://news1.kr/articles/?3579345

32 서영교, '기초생활보장수급자 소득산정서 기초연금 제외' 법안 발의, 연합뉴스, 2019.03.20, https://www.yna.co.kr/view/AKR20190320038700001?input=1179m

🤓 가만, 생각해보니 기초연금은 좀 부당한 거 같은데? '지출요인' 공제내용을 가만히 보면… 장애, 국가유공자, 질병, 양육부터 농어민, 대학생까지 다양한 가구별 특성을 감안하잖아? 왜 노인가구에 대한 지출요인은 없냐고? 노인가구는 질병도 많고 때로는 장애인 못지않게 거동도 불편하잖아. 노인이기 때문에 추가로 들어가는 비용을 생각해 봐.

🙂 틀린 얘기는 아닌데… 사실, 질병과 거동불편에 대해선 이미 공제가 있기는 해. '다섯 가지 이유로 정리한 공적이전소득 및 각종 공제' 표를 잘 보면 의료비(만성질환 등으로 3개월 이상 지출되는 의료비) 공제가 있어. 이 의료비 공제에는 거동이 불편한 어르신들의 장기요양 서비스 비용도 포함돼. 즉, 이런 비용이 추가적으로 들어가는 가구라면 그 비용을 실제소득에서 뺄 수 있다는 거지.

🤓 그래도 이상한데? 서비스 이용을 전제로 받는 공적지원도 그래. '보육료' 정도는 이해해. 실제로 어린이집에 가야지 받는 거니까. 근데, 보육시설과는 무관하게 현금으로 지급받는 아동수당[33]은 왜 보육료하고 유사하다고 판단하는 거야? 아동수당은 실제소득으로도 산정하지 않고 기초연금은 산정하고… 뭐가 잘못된 거 아니야? 나처럼 생각하는 사람이 많지 않아?

🙂 많아. 하지만 반대되는 의견도 있어. 그래서 논란이 있다고 하는 거지. 심지어는 복지공무원끼리도 의견이 엇갈릴 때가 많아. 누군가는 산정해야 된다. 누군가는 제외해야 된다. 복지 공무원뿐만은 아니겠지?

🤓 그렇구나. 그럼, 반대되는 의견과 논리는 뭔데? 궁금하네.

🙂 좋아. 양쪽의 얘기를 한번 들어볼까? 토론회처럼 말이야.

🤓 오케이, 한번 들어보자.

---

33 만 7세 미만의 모든 아동에게 매월 10만 원을 지급해.

기초생활급여는 기초연금을 빼고
주는 게 맞는 거야.

줬다 뺏는 기초연금,
줄려면 제대로 줘라!

가난한 노인들에게 기초연금을 주지
않는다? 혹은 줬다가 뺏는 기초연금
이라고 하는데 사실 기초수급 어르
신들에게 기초연금을 드리지 않는 건
아닙니다.

다만, 보충성 원리가 있기 때문에 기
초생활보장급여를 조정하는 거지요.
소득에는 종류가 많아요. 기초연금도
소득의 하나입니다.

VS

노인들에게 기초연금을 준다고 하면
당연히 가난한 노인들이 최우선적으
로 혜택을 받아야지요.

기초연금을 받는 일반 가구는 그만큼
가처분 소득이 늘어나는데 가장 생활
이 힘든 기초수급 어르신 가구는 기
초연금을 받아도 가처분 소득이 똑같
아요. 이게 말이 됩니까?

기초생활 수급자는 이미 최저 생활만큼의 지원을 받고 있는 거예요. 거기에다가 기초연금까지 온전히 지급하면 중복지원 아닌가요?

노인가구는 지출비용이 많으니까 더 공제해야 한다고 말하는데 이미 노인가구의 추가적인 지출(질병, 장기요양비용)은 실제소득에서 공제하고 있습니다.

VS

중복지원이라고요? 그럼 보육료, 양육수당, 장애인연금 다른 공적인 지원은 왜 소득에서 제외합니까?

장애, 아동, 보육 등에 관해서는 다 특수성을 감안하면서 왜 유독 취약한 노인가구만 기초연금을 소득으로 산정하나고요. 이해가 되지 않습니다.

해외 복지선진국의 공공부조에서도 기초연금 같은 급여는 소득으로 산정합니다.

사실, 너무 당연합니다. 기초연금도 지원하고 기초생활보장 급여도 지원하는 사례는 보질 못했어요.

VS

해외 복지선진국은 최저보장수준 자체가 굉장히 합리적이지요.

하지만 우리나라의 최저보장 수준이 그렇습니까? 지금과 같은 상황에선 기초생활보장 급여에서 기초연금을 빼지 않는 게 합리적입니다.

VS

기초생활보장 노인들에게 기초연금 추가로 지급하려면 연간 1조 원의 예산이 필요합니다.

대체 어디서 부담할 건가요? 그것도 매년 1조가 들어갑니다. 게다가 기초연금은 2022년까지 월 40만 원으로 오릅니다. 감당할 수 있겠습니까?

1조 원이요? 개인 돈으로는 크지요. 전체 국가예산에서는 큰 부담이 아닙니다. 우리나라 노인 빈곤율이 얼마인지 아십니까? 정부가 우선순위를 어디에 두느냐 문제입니다.

그간 4대강, 국방비리 등등 예산낭비 했던거를 생각해 보세요. 절대 빈곤층 노인에게 이 정도의 추가 지원은 할 수 있습니다.

 이쪽 얘기도 맞는 거 같고 저쪽도 논리가 없는 건 아니고….

 우선, 여론이나 매스컴을 봐서는 기초연금을 '온전히 주자' 쪽이 많아. 앞으로 지켜봐야 할 사항이야. 보건복지부에서도 예의주시하고 있을 거야.

 관련 기준을 개정한다거나, 특별한 대책이 만들어진 건 아니고?

 '기초연금 인상특례'와 같은 일부 대책은 있어.

o 기초연금 인상 특례(72쪽)	- 기초연금 인상(5만 원)으로 인해 생계급여를 제외한 의료급여 이하의 급여 탈락자에 대한 2년간 추가 보장	의료, 주거, 교육 급여 수급자

출처: 2019년 국민기초생활보장 사업안내

👩 아, 기초연금 때문에, 의료·주거·교육급여가 중지된다면 2년간 중지를 유예하는 거구나?

👨 응. 앞으로 추가 대책이 더 있을 거야.

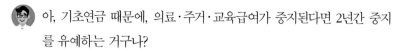

(전략) [이창곤 논설위원의 직격인터뷰] 박능후 보건복지부 장관
'줬다 뺏는 기초연금' 대안, <u>5만원 정액 지급 검토</u> (후략)[34]

👩 그렇구나. 고민이 필요한 사항이기는 하다. 그냥 뉴스 제목처럼 "정부가 기초연금을 기초수급자에게 안 준다" 정도의 얘기가 아니네?

👨 그렇지.

2) 근로를 유인하기 위한 요인

👨 '근로를 유인하기 위한 공제'는 (24세 이하의 수급(권)자, 대학생, 북한이탈주민, 65세 이상 노인, 장애인 등) 특정 부류의 사람들을 위한 소득공제야. 물론, 그 사람들의 근로(사업)소득에서만 공제할 수 있지.

👩 얼마 정도를 공제를 하는 거야?

👨 대상에 따라 공제비율이나 금액이 달라. 50% 이상을 공제하는 경우도 있지.

👩 50%? 100만 원을 벌면 50만 원만 소득평가액으로 산정하는 거네? 생

---

34 이창곤, 박능후 "기초생활보장제도 부양의무자 기준, 전면 폐지하겠다", 한겨레, 2019.04.16., http://www.hani.co.kr/arti/society/society_general/890283.html

각보다 큰데?

그래서, 기초생활보장 상담을 할 때는 가구원들의 소득뿐만 아니라 공제금액도 같이 확인해야 돼. 만약, 복지담당자가 공제 내용을 정확히 모르면 잘못된 안내를 할 수도 있지.

그러겠다.

게다가, 공제비율이나 공제액은 매년 달라지고 있어

복지공무원들은 잘 알고 있어야겠네?

그렇지.

하지만 복잡하지는 않아. 다음 표35만 알고 있으면 돼.

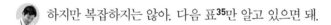

35 "2019년 8월 1일부터는 장애인직업재활참여자의 공제율이 변경될 예정이야(50% ⇨ 20만 원을 공제하고 나머지 금액에 대해 30% 추가 공제).
2019년 9월 3일부터는 북한이탈주민의 공제율도 변경될 예정이야(30% ⇨ 20만 월을 공제하고 나머지 금액에 대해 30% 추가 공제)."

공제대상 수급(권)자	공제대상 소득	공제율
○ 등록장애인	장애인직업재활사업· 정신질환자 직업재활사업 참여소득	50%
○ 24세 이하에 해당하는 수급(권)자 (1994년 1월 1일 이후 출생자) ○ 대학생	근로·사업소득	40만 원을 공제하고, 나머지 금액에 대해 30% 추가 공제
○ 24세 이하의 아동시설퇴소 및 가정위탁보호종료아동 (1994년 1월 1일 이후 출생자)	근로·사업소득	50만 원을 공제하고, 나머지 금액에 대해 30% 추가 공제
○ 25세 이상 초·중·고등학생 (1993년 12월 31일 이전 출생자가 초·중·고등학생인 경우)	근로·사업소득	20만 원을 공제하고, 나머지 금액에 대해 30% 추가 공제
○ 75세 이상 노인 (1944년 12월 31일 이전 출생자) ○ 등록장애인	근로·사업소득	20만 원을 공제하고, 나머지 금액에 대해 30% 추가 공제
○ 65세 이상~74세 이하 노인 ○ 북한이탈주민 ○ 임신 중에 있거나 분만 후 6개월 미만의 여성 ○ 사회복무요원, 상근예비역	근로·사업소득	30%
○ 행정기관 및 공공기관의 행정인턴 참여자	행정인턴 참여소득	10%

출처: 2019년 국민기초생활보장 사업안내

 24세 이하의 수급(권)자도 공제액이 꽤 크네?

 응. 100만 원을 번다면, 일단 40만 원은 빼고 나머지 60만 원에서 30%를 추가 공제해. 결국 42만 원만 소득평가액으로 산정되는 거야.

반도 안 되는구나.. 근데, 만약에 두 개 기준이 겹친다면? 그러니까, 장애가 있는 대학생이라면?

둘 중에 유리한 걸로 적용하면 돼. 어때? 근로소득공제도 이제 알겠지?

오케이.

이제, 소득평가액을 계산해 볼까?

물론, 복지공무원들이 소득조사를 할 때, 소득평가액을 수기로 계산하는 건 아니야. 사회보장정보시스템에 의해서 자동 계산되지.

그렇구나.

지금까지 설명했던 실제소득과 각종 공제를 복습하는 차원에서 한번 계산해 보자고.

오케이.

아래와 같은 5인 가구라고 하자.

가구원		수입	실제소득	각종 공제	소득평가액
	조모 (70세)	기초연금 25만 원 국민연금 20만 원 자녀용돈 매월 10만 원	공적이전소득 45만 원 사적이전소득 10만 원	×	55만 원
	부 (55세) (만성질환)	×	×	×	×
	모 (50세) (장애)	식당 아르바이트 70만 원 장애수당 4만 원	근로소득 70만 원 공적이전소득 4만 원	근로소득공제 35만 원 가구특성공제 4만 원	35만 원
	나 (23세) (취업준비)	편의점 아르바이트 소득 50만 원	근로소득 50만 원	근로소득공제 43만 원	7만 원
	동생 (20세) (대학생)	×	×	×	0원
합계		179만 원	179만 원	82만 원	97만 원

실제 들어오는 수입은 179만 원이지만 소득평가액은 97만 원이 되는 거네?

그렇지, 여기에 한 가지만 더. 만약, 아버지(🧓)의 만성질환 때문에 정기적인 병원비(매월 15만 원)가 지출되고 있다면 어떨까?

정기적인 병원비는 모든 실제소득에서 차감할 수 있는 공제잖아. 그렇지?

맞아. 그럴 경우에는, 가구의 소득평가액은 97만 원이 아니고 82만 원이 돼(97만 원-15만 원).

소득평가액… 이거, 다 계산해 봐야 알 수 있는 거네?

그렇지.

9장

재산의 소득환산액 구하기

– 선정 5단계: 재산 기준

자, 이제 재산기준을 알아보자. 재산은 크게 네 가지로 구분하는데. 종류별로 소득환산율이 달라. 주거용재산은 1.04%, 일반재산은 4.17%, 금융재산은 6.26%, 자동차는 100%이지.

자동차는 이미 설명을 들었고 이제, 나머지 재산(일반, 금융, 기타재산)에 대해서만 알면 되겠네?

그렇지. 재산기준에 대해서는 다시 '기본-특별한 경우-아주 특별한 경우'로 설명할게. '기본'에서는 재산종류별 가액, 공제액, 소득환산방식을 살펴보고 '특별한 경우'와 '아주 특별한 경우'에서는 재산특례를 살펴볼 거야.

1. 기본

 재산을 소득으로 환산하는 '기본 공식' 기억나?

■ 복습

3장 상식 깨기 "이것도 재산으로 들어가?" 중에서

> 기본공식
>
> 재산의 소득환산액 = (재산의 종류별 가액 - (기본재산액 - 부채))
> × 재산의 종류별 소득환산율

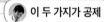 **이 두 가지가 공제**

 재산의 소득환산액도 소득평가액이랑 비슷해. 종류별 재산가액을 구하고 기본재산액과 부채를 빼니까. 하지만 소득환산액에는 한 가지가 더 있지. 재산가액에서 공제를 뺀 나머지를 소득으로 환산해야 돼.

 한 가지 단계가 더 있는 거구나?

 그렇지. 즉, 총 세 가지 단계를 거쳐야 돼. '기본'에서는 이 세 가지를 설명할 거야.

○ 1단계: 재산종류별 가액 알아보기
○ 2단계: 공제(기본재산액, 부채)액 알아보기
○ 3단계: 소득환산액 계산하기

---

1) 재산종류별 가액 알아보기

(1) 일반재산

 일반재산에는 이런 것들이 있지.

---

① 토지, 건축물, 주택   ② 임차보증금   ③ 선박, 항공기
④ 가축, 종묘 등 동산   ⑤ 입목재산   ⑥ 각종 회원권
⑦ 조합원 입주권   ⑧ 분양권   ⑨ 어업권

 이 다양한 종류의 일반재산은 어떤 가격을 기준으로 산정해? 실거래 가로 산정하는 거야?

 대부분 '시가표준액'을 기준으로 산정해. 재산의 시가표준액도 기초생 활보장제도의 공적자료 중 하나이지.

■ 재산가액 산정기준
○ 재산가액은 공적자료로 조회된 가격을 원칙으로 하여 적용

재산가액		산정기준
일반재산	토지, 건축물, 주택	「지방세법」 시가표준액 ✓
	임차보증금	임대차 계약서상의 보증금 및 전세금(주택의 경우 보정계수 0.95)
	선박, 항공기	「지방세법」 시가표준액 × 보정계수(3.5) ✓
	가축·종묘 등의 동산	조사일 현재 시가 (신고가액)
	입목재산	「지방세법」 시가표준액 ✓
	각종 회원권	「지방세법」 시가표준액 ✓
	어업권	「지방세법」 시가표준액 ✓
금융재산		정보시스템을 통해 통보된 금융재산별 가액, 금융회사 등의 입증자료상의 가액
자동차		국토교통부의 차량소유정보 및 보험개발원의 차량기준가액 등을 활용하여 정보시스템을 통해 제공되는 차량가액정보

출처: 2019년 국민기초생활보장 사업안내

진짜, 거의 대부분이 그러네. 그럼, '시가 표준액'은 뭔데?

'시가표준액'은 지방세의 과세표준이 되는 금액이야. 지방세를 부과하기 위한 재산가격이라고 생각하면 돼.

실거래가 하고는 틀린 거야?

실거래가 하고는 좀 차이가 있지. 아파트만 봐도 그래. 아파트의 시가 표준액은 국토교통부가 공시하는 '공동주택가격'인데 시세랑은 차이가 있어. 실거래가 대비 70~80% 정도 수준이지(지역에 따라서는 그보다 더 낮을 수도 있어).

잠깐만! 아파트의 시가표준액이 공동주택가격이라고? 공동주택가격이라는 건 또 뭔데? 그리고 공시지가, 표준주택가격, 개별주택가격… 이런 것도 있잖아? 용어가 좀 헷갈려.

방금 말한 공동주택가격, 공시지가, 표준주택가격, 개별주택가격을 통틀어 '공시가격'이라고 해.

아, 그걸 '공시가격'이라고 하는 거구나.

토지의 공시가격은 표준공시지가, 개별공시지가, 단독주택의 공시가격은 표준주택가격, 개별주택가격, 공동주택의 공시가격은 공동주택가격이라고 하지. 국토교통부와 지자체가 매년 일정 시점에 공시해. 공시가격은 아래와 같은 사이트(부동산 공시가격 알리미)에서 열람할 수 있어.

그럼 공시가격과 시가표준액은 같은 거야? 아까 아파트의 시가표준액은 공동주택가격이라고 했잖아?

 우선, 주택의 경우에는 공시가격을 시가표준액으로 사용해. 공시가격과 시가표준액이 같아.

■ 참고, 「지방세법」상 재산종류별 과세기준 산정방식

재산종류			「부동산 가격공시 및 감정평가에 관한 법률」	「지방세법」 시가표준액
토지 개별공시지가 (시장·군수·구청장, 1㎡당) 개별공시지가 × 면적			표준공시지가 (국토교통부, 1㎡당)	표준지공시지가 × 면적
건축물	주택	공동주택 (아파트, 연립, 다세대)	공동주택가격 (국세청, 국토교통부)	공동주택가격 (국세청, 국토교통부)
		단독주택	표준주택가격 (국토교통부)	표준주택가격 (국토교통부)
			개별주택가격 (시장·군수·구청장)	개별주택가격 (시장·군수·구청장)
	건물		-	지방자치단체장이 결정한 가액
	시설물		-	지방자치단체장이 결정한 가액
선박/항공기			-	지방자치단체장이 결정한 가액
입목재산			-	지방자치단체장이 결정한 가액
회원권			-	지방자치단체장이 결정한 가액
어업권			-	지방자치단체장이 결정한 가액

출처: 2019년 국민기초생활보장 사업안내

어, 그러네. 근데 토지는 좀 다르네?

토지의 시가표준액도 공시가격(공시지가)을 사용하긴 하지만. 공시지가에 면적을 곱해서 계산해. 토지의 공시지가는 1㎡당 가격이거든.

알겠다. 그러니까 공시가격을 사용해서 시가표준액을 산정하는 거구나?

그렇지. 하지만 모든 재산에 공시가격이 있는 건 아니야. 토지와 주택에만 공시가격이 있어. 공시가격이 없는 재산의 시가표준액은 지방자치단체장이 별도로 결정해.

그렇구나. 근데, 공시가격 중에 '표준'이나 '개별'이라고 쓰어있는 건 뭐야? 위의 표를 보면 '표준공시지가'도 있고 '개별공시지가'도 있잖아?

국토교통부에서 공시하는 가격이 '표준'이고, 시·군·구에서 공시하는 가격이 '개별'이야. 국토교통부가 전국에 있는 토지를 모두 조사할 수는 없잖아? 그래서 이렇게 조사를 해. ① 먼저, 국토교통부가 각 지역의 대표성을 띠는 표준지를 선정하고 표준지에 대한 공시지가를 결정해(이게 표준공시지가). 그리고 ② 각 시·군·구청은 표준공지시가를 근거로 개별 토지를 조사하여 개별공시지가를 결정해(이게 개별공시지가). 이렇게 개별공시지가가 결정되면 개별공시지가에 면적을 곱해서 시가표준액을 구하는 거지(단독주택의 표준주택가격과 개별주택가격도 마찬가지 의미야).

아, 그런 차이가 있는 거구나.

이제 시가표준액과 공시가격에 대해선 어느 정도 알겠지? 그럼, 재산가액 산정기준을 설명해볼까?

오케이.

① 토지, 건축물, 주택은 시가표준액을 재산으로 반영해. 건축물

과 주택은 시가표준액을 그대로 반영하고, 토지는 시가표준액에 '시·군·구별 토지가격 적용률'을 나눠서 반영해.

 '토지가격 적용률'은 이런 거야.

【 시·군·구별 토지가격 적용률 】	
지 역	토지가격 적용률
서울특별시	0.9(전지역)
부산광역시	0.9(전지역)
대전광역시	0.9(전지역)
인천광역시	0.9(남구, 남동구, 부평구, 계양구, 서구, 강화군) 0.8(중구, 동구, 연수구, 옹진군)
대구광역시	0.9(區지역) / 0.8(달성군)
광주광역시	0.9(동구, 서구, 북구, 광산구) / 0.8(남구)
울산광역시	0.9(區지역) / 0.8(울주군)
세종특별자치시	0.8(전지역)
경기도	0.9(수원시, 광명시, 평택시, 동두천시, 안산시, 과천시, 구리시, 남양주시, 오산시, 시흥시, 군포시, 의왕시, 하남시, 김포시) 0.8(성남시, 의정부시, 안양시, 부천시, 고양시, 파주시, 이천시, 안성시, 양주시, 여주시, 화성시, 광주시, 연천군, 포천시, 가평군, 양평군) 0.7(용인시의 처인구) / 0.6(용인시의 기흥구, 수지구)
강원도	0.9(市 지역) / 0.8(郡 지역)
충청북도	0.9(청주시 洞지역, 충주시 洞지역, 제천시 洞지역, 보은군, 영동군, 괴산군, 단양군) 0.8(청주시 邑·面지역, 충주시 邑·面지역, 제천시 邑·面지역, 옥천군, 진천군, 음성군, 증평군)
충청남도	0.9(市 지역) / 0.8(郡 지역)
전라북도	0.9(市 지역) / 0.8(郡 지역)
전라남도	0.9(市 지역) / 0.8(郡 지역)
경상북도	0.9(市 지역) / 0.8(郡 지역)
경상남도	0.9(창원시 洞지역, 진주시 洞지역, 사천시 洞지역, 김해시洞지역, 거제시 洞지역, 통영시, 밀양시, 양산시) 0.8(창원시 邑·面지역, 진주시 邑·面지역, 김해시 邑·面지역, 사천시 邑·面지역, 거제시 邑·面지역, 의령군, 함안군, 창녕군, 고성군, 남해군, 하동군, 산청군, 함양군, 거창군, 합천군)
제주특별자치도	0.9(전지역)

※ 토지가격 적용률(실거래가격 대비 시가표준액의 비율)은 국민기초생활보장제도의 수급자 선정을 위한 재산가액 산정 목적에 한정하여 사용하는 행정내부 자료임

출처: 2019년 국민기초생활보장 사업안내

 시가표준액에 '지역별 토지가격 적용률'만 나누면 돼. 그러니까 서울에 있는 토지의 시가표준액이 8,000만 원이라면 일반재산으로 산정

되는 가액은 8,888만 원이 되는 거지.

🙂 알겠다.

🧑‍⚕️ 다음은, ② **임차보증금**이야. 임차보증금은 월세, 전세 등 임차 계약의 보증금을 말해. 시가표준액이라는 게 없으므로 전·월세 계약서를 제출받아서 확인하지.

🙂 그럼, 보증금을 재산으로 산정하는 거야?

🧑‍⚕️ 그렇지. 단, 주거를 목적으로 하는 주택일 경우에는 보증금에 적용률 (0.95)을 곱해.

주택 임차보증금 = 전월세계약서 상 임차보증금 × 적용률(0.95)

🙂 아! 그럼, 사업장(상가)의 월세계약 보증금은 그대로 반영하는 거구나?

🧑‍⚕️ 그렇지.

🙂 근데, 왜 이런 차이를 두는 거야?

🧑‍⚕️ 자가주택은 시가표준액으로 산정하잖아. 전·월세보증금을 그대로 반영하면 형평성에 문제가 있지. 그래서 주택에 대해서는 적용률을 곱하는 거야.

🙂 아, 그래야겠네. 좋아, 다음은?

🧑‍⚕️ 다음은 ③ **선박과 항공기**야. 선박과 항공기도 시가표준액을 기준으로 산정해. 단, 선박과 항공기의 시가표준액은 시가와 큰 차이가 있어. (약 20% 수준임). 그래서 별도의 보정계수를 곱하지.

선박 · 항공기 = 시가표준액 × 보정계수 (3.5)

 선박에 항공기까지? 이런 재산 가지고 있는 경우도 있어?

 물론, 일반적이지는 않아.

 그러겠지? 그럼, ④ 가축, 종묘, 귀금속 등의 동산은?

 개별 재산평가액이 100만 원 이상일 때만 조사하고 반영해(조사일 현재 시가) 이것도 일반적이지는 않지만 엄연히 재산이지. 단, TV 등의 생활필수품과 장애인 재활보조기구 등은 재산에서 제외해.

 ⑤ 입목재산과 ⑥ 각종 회원권은?

 임목재산은 임업소득에서도 언급했었지? 토지에 살아 있는 나무와 열매 등을 말해. 입목재산은 일반재산으로 산정하고 얻게 되는 소득은 임업소득으로 부과하지. 입목재산도 시가표준액을 재산으로 산정해.

○ 「지방세법」 제2조 제11호에 따른 입목재산
 - 지상의 과수, 임목(林木), 죽목 등 입목(立木) 재산

<입목의 종류>
- 산림목(총 5종):소나무, 잣나무, 낙엽송, 기타 침엽수, 기타 활엽수
- 유실수(총 18종): 사고, 배, 복숭아, 포도, 밤, 감, 자두, 매실, 호도, 앵두, 대추, 살구, 모과, 다래, 유자, 보통온주밀감, 기타 귤

출처: 2019년 국민기초생활보장 사업안내

 회원권은? 골프회원권 같은 거 말하는 거야?

 응. 골프, 콘도, 승마, 요트회원권 등이 있지. 각종 회원원도 시가표준액을 그대로 반영해. 물론 이것도 일반적이지는 않지.

그럼, ⑦ 조합원입주권과 ⑧ 분양권은? 이것도 시가표준액이 있어?

둘은 시가표준액이 없어. 공적자료로 보유여부를 확인하고 별도로 관련 자료를 조회하거나 제출받아야 돼.

분양권은 아파트 분양 같은 걸 말하는 거지?

응. 분양계약서를 제출받아서 불입한 계약금과 중도금을 재산으로 반영해.

그럼, 조합원입주권은? 분양권과 비슷한 거야?

주택(등)을 취득할 수 있는 권리라는 점에서는 비슷해. 하지만 좀 차이가 있지.

어떤 차이가 있는데?

만약, ○○ 지역이 '재건축 사업구역'으로 지정되어 새 아파트가 들어온다고 하자. 그럼 기존주택을 가지고 있던 사람들이 조합을 만들어. 조합원이 되면 새 아파트에 우선 입주할 권리를 갖게 되지. 이게 **조합원 입주권**이야. 시·군·구청에서 '관리처분계획'이라는 걸 인가받으면 기존주택은 입주권으로 바뀌게 돼. 입주권도 주택으로 취급되기 때문에 취득세, 재산세 등의 세금이 부과되지.

그럼 분양권은?

조합원들에게 배정하고 남은 세대는 일반분양을 해. 그럼 주택이 필요한 사람들이 청약통장을 사용해서 분양 계약을 하지. 이게 **분양권**이야. 분양권은 조합원 입주권과 달리 주택으로 취급하지 않아. 따라서 아파트가 완공되어야 주택으로 변경되고 취득세를 내지.

이런 차이점이 있구나. 그럼, 조합원 입주권은 어떤 금액이 재산으로 산정되는 거야?

기존에 소유하고 있던 건물의 평가액과 청산금[36]에 따라 달라. 기존 건물의 가치가 낮아서 청산금을 납부했다면 기존 건물평가액과 청산금을 재산으로 산정해.

그럼, 반대는?

기존 건물의 가치가 높아서 청산금을 지급받았다면 기존건물평가액에 청산금을 뺀 금액을 재산으로 산정하지. 시·군·구에서 인가한 '관리처분계획'을 조회해서 확인해.

그렇구나. 이제 일반재산으로는 마지막인 거 같은데? ⑨ 어업권은?

어업권은 시가표준액을 그대로 반영해. 입목재산과 마찬가지로 어업권은 재산으로, 어업소득은 소득으로 부과하지.

(1)-1 일반재산 중 주거용재산

일반재산은 다 알겠지?

응.

근데, 알아야 할 게 한 가지 더 있어.

뭔데?

일반재산 중 주거용재산이야. 주거용재산은 일반재산이지만 따로 분류해. 신청가구가 거주하는 주택(부속토지 포함)이 주거용재산이지.

왜 따로 분류하는 거야?

'그냥 일반재산'과 '주거용 일반재산'은 소득환산율이 달라. 주거용재

---

36 원래 건물의 가격보다 새 건물의 가격이 높거나 낮을 경우, 그 차액만큼 정산하여 납부 하는 (혹은 지급받는) 돈을 말해.

산은 거주하는 주택이므로 가장 낮은 환산율(1.04%)을 적용하지.

그렇구나.

단, 거주하는 주택이라도 한도 끝도 없이 다 주거용재산으로 분류하진 않아. 아래 표와 같이 거주하는 지역에 따라 한도액이 있어.

■ 수급(권)자의 주거용재산 한도액

대도시	중소도시	농어촌
1억 원	6,800만 원	3,800만 원

출처: 2019년 국민기초생활보장 사업안내

중소도시에 거주한다면 6,800만 원까지만 주거용재산으로 인정하고 6,800만 원에 대해서만 주거용재산의 환산율을 적용하지. 예를 들어, 거주하는 아파트의 시가표준액이 7,000만 원이라면 6,800만 원은 1.04%로 계산하고, 나머지 200만 원은 4.17%로 계산해.

아! 그러니까, '주거용재산'이라고 해서 재산가액 산정기준이 따로 있는 건 아니구나?

그렇지. 주거용재산도 일반재산이니까. 다만 따로 분류해서 다른 환산율로 계산하는 거지. 그것도 한도액까지만….

오케이, 알겠다.

3단계 '소득환산액 계산하기'에서 다시 한번 언급하도록 할게.

좋아.

(2) 금융재산

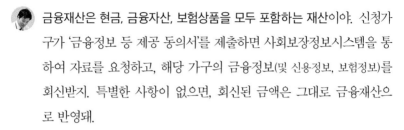 금융재산은 현금, 금융자산, 보험상품을 모두 포함하는 재산이야. 신청가구가 '금융정보 등 제공 동의서'를 제출하면 사회보장정보시스템을 통하여 자료를 요청하고, 해당 가구의 금융정보(및 신용정보, 보험정보)를 회신받지. 특별한 사항이 없으면, 회신된 금액은 그대로 금융재산으로 반영돼.

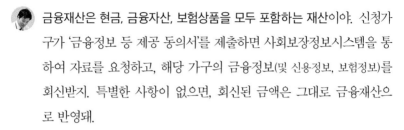 그럼 잔액 1,000원이 있는 통장까지도 조회하는 거야?

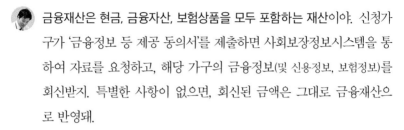 그건 아니야. 조회기준 금액은 계좌당 10만 원 이상이야(연금상품의 월 수령액은 제외).

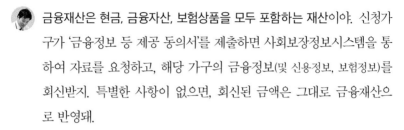 아, 연금상품은 아니고?

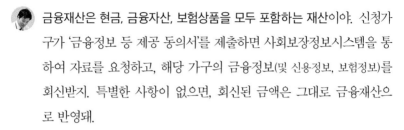 응. 연금소득에서 설명했던 '연금저축'과 '연금보험'의 월 수령액은 10만 원 미만이어도 조회해.

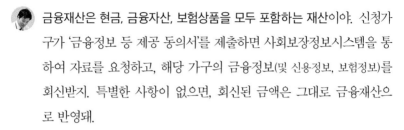 그렇구나.

 금융재산은 총 네 가지야. 하나씩 설명해 볼게.

① 예금   ② 증권거래   ③ 각종 보험   ④ 기타 일시금

 좋아.

 첫 번째는 ① 예금이야. 예금은 은행 등 금융기관에 돈을 맡기는 것으로 가장 기본적인 금융재산이지. 은행은 통상 예금을 통해서 자금을 조달하고 돈을 빌려줘. 예금은 크게 '요구불예금'과 '저축성예금'으로 구분해.

요구불 예금	저축성 예금

'요구불예금'이 뭐야?

우리가 보통 사용하는 통장이 '요구불예금'이야. 즉, 언제든지 입출금이 자유로운 예금을 말하지. 요구불 예금으로는 보통예금, 저축예금, 자유저축예금 등이 있어.

'저축성예금'은?

'저축성예금'으로는 '정기적금'과 '정기예금'이 있어. '정기적금'은 한 달에 얼마씩 적립해서 목돈을 만드는 적립식 예금이고 '정기예금'은 목돈을 일정 기간 은행에 맡기는 거치식 예금이야. 언제든지 입출금이 가능한 요구불예금보다는 이자 수입이 많지. 대신 납입방법, 납입시기 등의 조건이 있어서 중도에 출금할 경우에는 약정된 이자를 받을수 없어.

좋아. 그럼, ② 증권거래는?

지금까지 봤던 예금은 가장 안전한 금융상품이야. 은행이 망하는 일도 거의 없을 테고, 설령 망한다 해도 '예금자 보호제도'라는 게 있지. 하지만 안전한 만큼 이자는 낮겠지?

그렇지.

그래서 투자를 원하는 사람은 원금손실의 위험이 있더라도 '증권거래'를 하지.

주식이나 채권 같은 거?

응. '주식'은 지분만큼, 회사의 주인이 되는 거라고 생각하면 돼. 회사가 자금이 필요하면 주식을 발행하고, 투자자는 그 주식을 사서 지분만큼의 주인이 되는 거지. 회사가 잘 되면 배당금을 받는 거고, 주식이 올랐을 때 팔면 차익을 남기는 거야.

🧑 회사가 망하면?

🧑 같이 손해를 보는 거지. 원금손실의 가능성이 커.

🧑 그럼, 채권은?

🧑 국가, 은행 또는 일정 조건을 갖춘 회사가 돈을 빌리고 발행하는 증서야. 채권을 보유하고 있으면 만기까지 확정된 이자를 받지. 그리고 주식처럼 비쌀 때 팔면 차익을 남길 수도 있어. 회사 운영에 대한 의결권은 없지만 주식보다 덜 위험하고 정기예금보다 이자율이 높지.

🧑 그렇구나. 그럼 '펀드' 같은 건 뭐야? 주식이야? 채권이야?

🧑 펀드는 은행이나 투자 전문기관에 간접 투자하는 것을 말해. 여러 사람이 전문투자자에게 돈을 맡기면 전문투자자가 그 돈으로 투자를 하는 거지.

🧑 이득이 생기면?

🧑 나눠 갖는 거지.

🧑 그럼, 전문투자자는 어디에 투자하는데?

🧑 투자 대상은 다양하지만 주식이나 채권에 투자하는 게 보통이지

🧑 그렇구나. 주식이나 채권은 재산으로도 산정하고 소득으로도 산정하는 거지?

🧑 그렇지. 예금도 그렇잖아? 예금액은 금융재산으로 산정하고 그 돈의 이자는 이자소득으로 산정하지. 주식이나 채권도 마찬가지야.

🧑 좋아 그럼 ③ **각종 보험**은?

🧑 위험에 대해서 공동으로 대비하는 게 보험이잖아? 보험에는 국가가

운영하는 보험(국민건강보험 등)도 있고 보험회사에서 운영하는 민간보험도 있지. 여기서 말하는 '각종 보험'은 「보험업법」에 의하여 보험회사가 운영하는 민간보험을 말해. 크게 생명보험, 손해보험, 제3보험으로 구분하지.

'생명보험'은 사람의 생명이나 신체의 사고에 대비하는 보험으로 생명보험사에 취급해. 대표적인 보험상품으로는 사망보험, 연금보험, 변액보험 등이 있지.

손해보험은?

'손해보험'은 재산 등 재물상의 손해를 대비하는 보험으로 손해보험사에서 취급해. 대표적인 보험상품으로는 자동차보험과 화재보험 등이 있지. 생명보험과 손해보험의 차이점은 보상방식에 있어. 생명보험은 '정액보상', 손해보험은 '실손보상'이지. "사망 시 1억 원 지급"과 같이 약속한 금액을 보상하는 방식을 '정액보상'이라고 하고 자동차 사고와 같이 실제 발생한 피해를 보상하는 방식을 '실손보상'이라고 해.

그럼, '제3보험'은 뭐야?

'제3보험'은 생명보험의 정액보상 특징과 손해보험의 실손보상 특징이 혼재되어 있는 보험으로 사람의 질병, 상해, 간병에 관한 모든 보험을 말해. 생명보험사, 손해보험사 모두 취급하지. 실손 의료보험이나 암보험 같은 질병보험이 대표적인 제3보험이야.

근데, 이렇게 다양한 종류의 보험이 다 금융재산으로 산정되는 거야?

보험은 '해약할 경우 지급받게 될 해약환급금'을 조회하여 재산으로 반영해. 해약환급금이 있는 보험이라면 보험의 성격, 종류에 관계없이 금융재산으로 산정하지. 대부분 보험료에는 '적립보험료'라는 게 있어. 적립보험료에서 일부 사업경비를 제외한 '순수적립금'은 해약했을 때 돌려주는 환급금으로 사용돼.

그렇구나. 근데, 해약환급금이 없는 보험도 있는 거야?

 환급금이 전혀 없는 소멸성 보험도 있어. 그리고, 순수적립금이 있는 보험이라도 가입연령, 가입기간, 가입담보, 공시율(은행 예금의 변동금리라고 생각하면 돼) 등에 따라 해약환급금이 달라질 수도 있어. 경우에 따라서는 해약환급금이 아주 적거나 아에 없을 수도 있지.

 그렇구나. 좋아. 보험은 좀 알겠다. 그럼, ④ 기타 일시금은 어떤 거야?

 기타 일시금은 이런 거야.

사학퇴직연금급여, 공무원퇴직연금급여, 군인퇴직연금급여, 별정우체국연금 중 **퇴직금**
산재보험급여, 보훈대상자 명예수당/보상급여 중 **사망일시금**
국민연금급여 중 **반환일시금**
실업급여 중 **조기취업수당**
보훈보상대상자 지원에 따른 **보상금**
최근1년 이내에 지급된 **보험금**

아, 이런 돈이 있을 수도 있겠다. 근데, 이런 돈은 다 통장으로 받지 않나? 통장에 있다면 이미 '① 예금'에 포함되어 있을 거 아니야?

그래서 확인이 필요해. 이미 예금에 포함되어 있다면 중복해서 반영하지는 않아. 하지만, 그게 아니라면 재산으로 산정해. 현금으로 가지고 있을 수도 있잖아?

하긴, 그럴 수도 있겠다.

이제 금융재산의 종류는 알겠지? '기타 일시금'까지가 금융재산이야.

좋아. 근데 아까, 보험은 해약환급금을 재산으로 반영한다고 했잖아? 다른 금융재산은 어떤 금액을 재산으로 반영하는 거야?

안 그래도 말할 참이었어. 예금부터 증권거래, 보험, 일시금까지… 금융재산의 종류별 산정기준액은 아래와 같아.

종류		산정기준액
① 예금	요구불 예금	과거 3개월간 평균 잔액
	저축성 예금	계좌잔액 또는 총납입액
② 증권거래	**주식**, 수익증권, 출자금, 부동산(연금) 신탁, 출자지분, 펀드, 양도성예금증서 예수금, 선물 옵션	최종시세가액
	채권, 어음, 수표, 채무증서, 신주인수권증서, 양도성예금증서	액면가액
③ 각종 보험	연금저축, 연금보험	연금 개시 전 해약 시 환급금
	그 외 보험	해약 시 환급금
④ 기타 일시금	1년 이내 지급된 보험금	실제 받은 금액

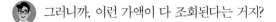 그러니까, 이런 가액이 다 조회된다는 거지?

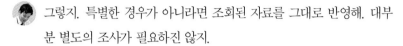 그렇지. 특별한 경우가 아니라면 조회된 자료를 그대로 반영해. 대부분 별도의 조사가 필요하진 않지.

좋아. 그럼 이제 금융재산에 대해서는 다 살펴본 거지? 종류도 봤고, 산정기준도 봤으니까.

기본은 그렇지. 하지만, 알아야 할 게 한 가지 더 있어.

그게 뭔데?

'금융재산공제'라는 거야. 금융재산가액에서 이 공제액을 빼야지 최종 재산가액을 구할 수 있어.

아! 그럼, 기본재산액이나 부채를 빼기 전에 금융재산에서만 빼는 게 있는 거야?

그렇지. 비록 큰 금액은 아니지만 필요한 공제야.

어떤 게 있는데?

'금융재산 공제'는 이런 거야.

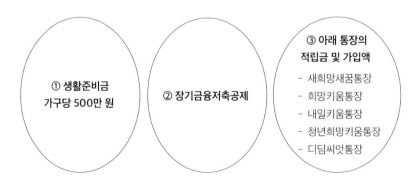

우선… 의료비, 결혼 비용, 장례 비용 등을 감안하여 각 가정당 500만 원의 ① 생활준비금은 금융재산에서 공제해.

🧑 하긴, 그 정도의 돈은 빼주는 게 맞는 거 같다.

🧑 그렇지, 급하게 의료비를 지출하거나 장례를 치를 수도 있으니까.

🧑 그럼, ② 장기금융저축공제는 뭐야?

🧑 (정기예금·적금, 저축성보험, 주택부금, 펀드, 연금신탁) 중 3년 이상 가입상품에 대한 공제야. 가구당 연 500만 원 한도(총 1,500만 원 한도) 내에서 공제할 수 있지.

🧑 1년에 500만 원?

🧑 응. 국민기초생활보장 사업안내에 있는 예시를 봐봐. 이해하는 데 도움이 될 거야.

■ 장기금융저축 공제 적용 예시

(단위: 만 원)

구분	2019년	2020년	2021년	2022년	2023년	2024년
(사례1)	2019년 신규 결정된 수급자가 매년 일정액을 적금하는 경우					
적금액	400	400	400	400	400	해지
공제액	400	800	1,200	1,500	1,500	공제 미적용
(사례2)	2019년 신규 결정된 수급자가 매년 일정하지 않은 금액을 적립하는 경우					
적금액	200	600	600	400	400	해지
공제액	200	800 (이월한도적용)	1,400 (이월한도적용)	1,500	1,500	공제 미적용
(사례3)	2019년 10월 신규 결정된 수급자가 결정 이전부터 5년 만기 상품에 1,800만 원을 예치하고 있는 경우					
예금액	1,800	0	0	0	0	해지
공제액	500	1,000	1,500	1,500	1,500	공제 미적용

※ 장기저축상품을 가입한 연도 또는 수급자로 결정된 연도부터 3년간 연간 한도액 500만 원이 적용되며, 해당 연도에 채우지 못한 연간 한도액은 다음 연도로 이월됨.

　- 예를 들어, 첫해에 200만 원을 적금했다면 한도액 300만 원이 다음 해로 이월되고, 다음 연도 한도액은 이월 한도 포함 800만 원이 됨. 단, 최대 공제액은 1,500만 원임.

※ 장기금융저축을 해지한 날의 다음 달부터 공제적용을 하지 않으며, 해지한 예금액은 타 재산 증가분, 본인 소비분 등을 확인하고, 기타 산정되는 재산으로 반영 시에는 자연적 소비금액을 적용함.

출처: 2019년 국민기초생활보장 사업안내

연간 '500만 원'을 일률적으로 빼는 건 아니구나. 적금액이 500만 원보다 적을 수 있으니까.

그렇지.

남은 공제액은 다음연도로 이월하는 거고?

응. 사례 2와 같이 2019년에 공제할 적금액이 200만 원이라면 나머지 300만 원은 2020년에 추가로 공제할 수 있어. 하지만 어쨌든, 최대한도는 1,500만 원이야. 그것도 해지하기 전까지만이지. 해지하면 더 이상 공제하지 않아.

오케이, 알겠다. 그럼 ③번은? 희망, 새꿈, 키움 등… 통장 이름으로 봐서는 국가가 지원하는 통장 같은데?

맞아. '새희망새꿈통장'은 한국교통안전공단에서, '희망키움통장', '내일키움통장', '청년희망키움통장', '디딤씨앗통장'은 보건복지부에서 추진하지. 통장마다 목적과 대상은 다르지만 모두 미래에 목돈을 만들어 주는 통장이야. 새희망새꿈통장의 자립지원적립금과 희망키움·내일키움통장·청년희망키움·디딤씨앗통장의 통장가입액은 금융재산에서 공제해.

근데, 이런 종류의 통장도 금융재산으로 조회되나 보지?

응. 국가가 지원하는 통장이지만 금융기관을 통하여 계좌를 만들거든. 계좌당 10만 원 이상의 금액이 있으면 당연히 조회되지.

진짜 필요한 공제이기는 하다.

그렇지.

좋아. 이제 금융재산의 종류, 산정기준, 금융재산 공제까지 모두 다 살펴봤어. 이젠 금융재산의 최종가액을 구할 수 있겠지? 금융재산 종류별 가액에서 금융재산 공제만 빼주면 돼.

> 금융재산 가액 - 금융재산 공제 = 금융재산 최종가액

 금융재산에서만 빼는 특별한 공제, 기억해둬.

(3) 자동차

> 6장 '매우 특별한 재산… 자동차' 참고

 (요약) 일반 자동차는 소득환산율이 100%, 일반재산으로 계산하는 자동차는 소득환산율이 4.17%이다.

(4) 기타 산정되는 재산

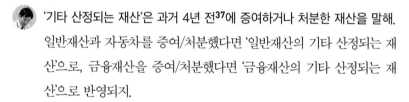

'기타 산정되는 재산'은 과거 4년 전[37]에 증여하거나 처분한 재산을 말해. 일반재산과 자동차를 증여/처분했다면 '일반재산의 기타 산정되는 재산'으로, 금융재산을 증여/처분했다면 '금융재산의 기타 산정되는 재산'으로 반영되지.

아, 엄청 옛날에 처분한 재산까지 산정하는 건 아니구나?

그렇지.

근데, 처분한 재산을 종류별로 구분해서 산정한다면, 각각 소득환산율이 다른 거네?

그렇지. '일반재산의 기타 산정되는 재산'은 다른 일반재산과 합해서

---

37 (2019년 기준) 2015년 1월 1일 이후 증여·처분한 재산을 말해.

4.17%로 환산하고 '금융재산의 기타 산정되는 재산'은 다른 금융재산과 합해서 6.26%로 환산하지.

그렇구나. 증여와 처분은 누군가에게 주거나 파는 것을 말하는 거야?

주거나 파는 거부터 단순 명의변경, 금융재산의 감소 등까지 모두 포함돼. 즉, 자녀에게 명의만 이전한 재산, 예금액 감소, 해약한 보험 등도 모두 '기타 산정되는 재산'이야.

수급자 선정이 안 된다고 명의만 변경하는 건 소용이 없구나?

그렇지. 기타 산정되는 재산이니까 그대로 남아 있는 거지. 그리고 자신의 주택이나 점포의 임대보증금도 예금으로 보유하지 않으면 '기타 산정되는 재산'으로 산정돼.

그건 증여한 재산도, 처분한 재산도 아니잖아?

아까 말했던 금융재산의 감소랑 비슷해. 임차인에게 임대보증금을 받았지만 현재 보유하고 있는 것은 아니므로 '처분'했다고 보는 거지.

그럼, '기타 산정되는 재산'은 어떤 금액을 재산으로 산정하는 거야? 임대보증금이야 실제 보증금을 산정하면 되겠지만 매매를 했다면 어떻게 돼?

소유했을 때와 똑같아. 아파트를 2억에 팔았다고 해도 시가표준액이 1억 5천만 원이었다면 1억 5천만 원을 기타 재산으로 반영해.

그러면 팔았을 때나 가지고 있을 때랑 똑같네? 재산의 구분만 달라지는 거잖아.

기본적으로는 그렇지. 하지만 처분하거나 증여한 재산은 좀 달라질 수 있어. 차감할 수 있는 항목들이 있거든. '기타 산정되는 재산'도 금융재산과 마찬가지로 차감할 수 있는 항목들을 빼고 최종가액을 구해야 돼.

그렇구나. 그럼 차감할 수 있는 항목은 어떤 게 있는데?

이렇게 세 가지야.

① 타 재산 증가분   ② 본인소비분   ③ 자연적 소비금액

① 타 재산 증가분은 뭐야? 어떤 경우에 차감할 수 있는 거야?

재산 처분 후 다른 재산을 구입했다거나 부채를 상환했다면 '타 재산 증가분'으로 차감할 수 있어. 예를 들어, 1년 전에 소유하고 있던 집(시가표준액 6천만 원)을 팔고 일부(3천만 원)는 대출을 갚고, 일부(3천만 원)는 전세 계약을 했다면 '타 재산 증가분'은 총 6천만 원이야.

결국 '기타 산정되는 재산'은 0원이네?

그렇지. 대신 전세보증금 3천만 원은 일반재산으로 산정되겠지.

그렇구나. 그럼 ② 본인소비분은?

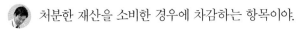 처분한 재산을 소비한 경우에 차감하는 항목이야.

소비한 거는 모두 차감할 수 있어?

그건 아니야. 아래의 항목의 본인소비분만 인정해. 증빙서류를 제출받아서 확인하지.

본인 또는 가구원의

㉠ 의료비, 장례비, 혼례비

㉡ 교육비

㉢ 이혼 위자료

㉣ 재산처분시 세금 납부

※ 기타: 법원의 결정에 따라 경매, 공매된 경우 해당 재산은 본인소비분으로 전액 차감.

아, 인정하는 게 많지는 않구나? 그럼, 그 외 생활비로 소비한 거는 어떻게 차감해? 재산을 처분하고 밀린 월세를 낼 수도 있잖아?

그럴 수도 있지. 그런 소비분은 본인소비분으로 차감하지 않고 ③ 자연적 소비금액으로 차감해. 하지만 실제 소비한 금액을 하나하나 확인해서 차감하는 건 아니야. 일정 금액을 지출했다고 간주하고 가구원 수 기준 중위소득의 50% 금액만 매월 차감해.

실제 소비한 금액이 아니고?

응. 모든 소비분을 확인하고 차감하는 건 현실적으로 불가능해. 생각해 봐. 3년 전에 처분한 재산으로 3년 동안 생활비를 지출했다고 하자. 이런 경우 다 확인할 수 있을까? 불가능해. 3년 전부터 기초수급자 신청을 예상하고 영수증을 모아뒀을 리는 없잖아.

듣고 보니 그렇네.

3년 전에 처분했고 타 재산 증가분도 없고, 본인소비분도 없다면 기준 중위소득 50%에 36개월을 곱해서 '자연적 소비금액'으로 차감해.

시간이 지날수록 금액이 커지는 거네?

그렇지. 만약 증여한 재산 때문에 수급자 선정이 어렵다면 일정 기간이 지나야 선정될 수 있어.

2) 공제(기본재산액, 부채)액 알아보기

앞서는 '재산의 종류'와 '재산가액의 산정기준'을 설명했어. 이제는 공제액을 알아보자고. 두 가지가 있어.

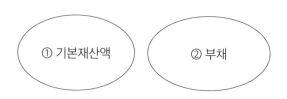

우선 ① **기본재산액**은 주거를 위해 가지고 있는 최소한의 재산이야. 지역별로 금액이 다르지.

○ 지역별 전세가격(최저주거면적 전세가격) 등의 차이를 감안하되, 가구 규모와 관계없이 다음 금액을 적용

대도시	중소도시	농어촌
5,400만 원	3,400만 원	2,900만 원

※ 대도시: 특별시, 광역시의 '구(도농복합 군 포함)'/중소도시: 도의 '시'와 특별자치시·도/농어촌: 도의 '군'

※ 주택·농지연금 가입 가구도 기본재산 공제액 동일

출처: 2019년 국민기초생활보장 사업안내

 가구 단위로 빼는 거지?

 응. 중소도시 거주자라면 1가구당 3,400만 원이야. 간단하지?

 다음은, ② **부채**를 설명할게. 부채는 빚이잖아? 빚이라고 하면 은행 대출도 있고 가족이나 지인에게 빌린 돈도 있겠지?

 그렇지.

 하지만, 기초생활보장제도에서는 **금융기관, 공공기관 등의 공식적인 부채만 인정해**. 개인 간 사채는 법원에 의해서 확인된 게 아니라면 부채로 인정하지 않아. 수급 신청인 중에는 실제 빚은 많은데, 대부분 사채인 경우가 종종 있어. "내 통장내역을 확인하면 되지 않냐"라고 이의를 제기하지만 전혀 인정되지 않아. 통장내역과 진술만으로는 그냥 빌린 건지, 이전에 빌려준 돈을 받은 건지, 아니면 다른 대가로 돈을 받은 건지… 확인할 수가 없으니까.

 그렇긴 하지. 그럼, 기초생활보장제도에서 인정하는 부채는 구체적으

로 어떤 게 있어?

총 여섯 가지가 있어.

ㄱ 임대보증금은 소유하고 있는 부동산을 임차인에게 빌려주었을 때 받는 보증금이야(반대는 임차보증금). 앞서 설명했던 것처럼 임대보증금을 금융재산으로 가지고 있으면 금융재산으로 산정하고 그게 아니라면 일단은 '기타 산정되는 재산'으로 산정하지.

그렇지.

하지만 임대보증금은 재산으로 산정함과 동시에 같은 금액을 부채로 반영해. 어차피 계약이 끝나면 돌려줘야 하는 돈이니까.

아, 그렇네. 임차인이 내는 월세야 다르겠지만 보증금은 계약기간 동안만 가지고 있는 돈이잖아.

그렇지.

그러면, 임대보증금 중 일부를 소비했다면 '기타 산정되는 재산'에서는 본인소비분을 차감하고 부채는 부채대로 인정하는 거야?

맞아. 임대보증금이 3,000만 원인데 500만 원을 의료비로 썼다면 '기타 산정되는 재산'은 최종적으로는 2,500만 원이야. 그리고 3,000만 원의 부채도 공제할 수 있지.

결과적으로 500만 원을 더 빼는 거네?

그렇지. 본인이 소비한 500만 원은 별도로 마련해야 되니까.

(아이콘) 아! 알겠다.

(아이콘) 좋아. 다음은 ⓛ 금융회사 대출금이야.

(아이콘) 금융회사라면 은행을 말하는 건가?

(아이콘) 국민, 우리, 농협, 하나은행 같은 전형적인 은행만 말하는 건 아니야(이 걸 '제1금융권'이라고 하지), 제2금융권과 제3금융권도 금융회사에 포함돼.

(아이콘) 제2금융권은 어떤 걸 말하는 거야?

(아이콘) 제1금융권은 아니지만 예금과 대출 업무를 하고 있는 금융기관(신 협 등), 예금 업무 없이 대출만 전담하는 여신금융회사(○○캐피털 같은 거), 손해보험사, 생명보험사 등이 제2금융권이야. 보통 제1금융권과 제2금융권을 '제도권 금융회사'라고 하지.

(아이콘) 제3금융권은?

(아이콘) 대부(중개)업체를 말해. ○○머니, ○○앤 캐시… 이런 거 있잖아. 즉, 은행의 담보 대출, 신용대출, 보험회사 약관 대출, 그리고 대부업체의 대출까지… 모두가 금융회사의 부채야.

(아이콘) 단 금융회사에서 취급하지만 인정하지 않는 대출도 있어.

(아이콘) 그래? 어떤 건데?

(아이콘) 은행의 한도 대출(마이너스 통장)과 신용카드회사의 단기간 대출(카드 론 등)이야. 이런 대출은 인정하지 않아.

(아이콘) 그렇구나. 그럼, '연대보증' 같은 건 어떻게 돼? 보증서로 고생하는 사 람들 보면 채무자와 다를 바 없던데….

(아이콘) 물론, 연대보증[38]의 경우 채무자가 빚을 갚지 못하면 연대보증인이

---

38 평범한 직장인이 하루아침에 신용불량자가 되는 등 문제가 많아서 2019년 1월부터는 대부 업체의 개인대출(신규)도 연대보증이 폐지되었어.

빚을 갚아야 돼. 하지만 기초생활보장제도에서는 신청인이 주채무자인 경우에만 대출로 인정해.

그렇구나.

다음은 ⓒ 주택연금과 농지연금의 누적액이야. 주택연금과 농지연금은 주택이나 농지를 담보해서 대출받는 거잖아? 다만 연금 형태로 받는 거지. 연금을 받는 만큼 대출금이 늘어나는 거니까 누적액은 부채로 반영하는 거야.

오케이, 이것도 알겠다. 그럼 ⓔ 금융회사 외 기관 대출금과 ⓜ 공제회 대출금은?

시청, 근로복지공단, 주택공사 또는 각종 공제회[39] 등에서 받은 대출을 말해.

이런 대출은 어떻게 확인해?

금융회사가 아니기 때문에 금융재산으로 조회되지 않아. 신청인이 별도로 증빙서류를 내야 돼.

그렇구나. 좋아 그럼, 마지막이다. ⓗ 법원에 의해 확인된 사채는 법원에서 판결받은 걸 말하는 거야?

응. 법원의 판결문이 있거나 화해·조정 조서에 따라 채무이행을 하고 있는 경우에만 부채로 적용할 수 있어. 물론, 드물기는 하지. 법원에 의해 확인되지 않은 사채가 대부분이니까….

오케이, 그럼 부채도 다 끝난 거지?

응. 부채는 여기까지야.

근데… 혹시 부채를 고의적으로 받는 사람도 있을까? 재산 때문에

---

39 군인공제회, 한국교직원공제회, 소방공제회 등 법에 근거한 공제회만 가능해.

수급자 선정이 안 되면 일부러 대출을 받을 수도 있을 거 같은데…

물론, 그런 경우가 있을 수 있어. 그래서 임대보증금, 금융회사 대출금, 주택연금·농지연금 누적액을 제외한 나머지 부채는 반드시 사용처를 확인해야 돼. 만약, 고의적으로 부채를 얻었거나, 부채의 용도를 증빙하지 못하면 부채로 인정하지 않을 수도 있어.

그렇구나.

자, 그럼 소득평가액을 구해볼까?

지금까지 살펴본 기본재산액과 부채를 각 종류별 재산가액에서 빼면 되는 거지?

맞아, 하지만 순서가 있어. 우선은 '주거용재산에서 빼고, 남은 공제액이 있으면 일반재산에서 빼는 거지. 그래도 남은 금액이 있으면 금융재산에서 빼는 거야. 다음 단락인 '소득환산액 계산하기'를 보면 쉽게 알 수 있을 거야. 이것도 계산되는 과정을 봐야지 완전히 이해할 수 있어.

좋아.

3) 소득환산액 계산하기

최종적으로 복습하는 의미에서 '재산의 소득환산액 공식과 계산 순서'를 다시 한번 보자.

■ **기본공식**

재산의 소득환산액 = (재산의 종류별 가액 - 기본재산액 - 부채)
　　　　　　　　　　× 재산의 종류별 소득환산율

■ **계산순서**

① 일반재산(주거용재산 포함/이하 같음), 금융재산, 자동차의 '**재산가액**'을 각각 구한다.

② 자동차는 기존재산액과 부채를 빼지 않고, 일반재산과 금융재산에서는 **기본재산액과 부채**를 빼서 각각의 환산할 가액을 구한다(일반재산에서 먼저 빼고 나머지가 있으면 금융재산에서 뺀다).

③ 일반재산, 금융재산, 자동차 각각의 '**환산할 가액**'에 재산종류별 **소득환산율을 곱한다**.

④ 소득환산율로 곱한 재산 종류별 소득환산액을 모두 더한다.

 그리고 기본재산액과 환산율도 다시 한번 상기해 봐. '**기본재산액**' = 대도시 5,400만 원, 중소도시 3,400만 원, 농어촌 2,900만 원. '소득환산액' = 주거용재산 1.04%, 일반재산 4.17%, 금융재산 6.26%, 자동차 100%. 그럼 준비됐지?

오케이.

잠깐만!
이제, 재산의 소득환산액도 계산해 볼까?

🧑 복지공무원도 재산의 소득환산액을 하나하나 수기로 계산하진 않아. 소득환산액도 소득평가액과 마찬가지로 시스템에서 자동 계산되지. 하지만 이해를 위해선 계산하는 과정을 봐야 돼.

🧑 오케이.

🧑 자, 먼저 해야 할 건, 보장가구원의 모든 재산을 확인하는 거야.

🧑 가구원 각각의 재산을 확인한다는 거지?

🧑 그렇지, 소득과 마찬가지야.

가구원		확인된 재산 및 가액
🧓	조모 (70세)	- 살고 있는 빌라 소유(7천만 원) - 저축성 예금(5백만 원) - 민간보험 1개(3백만 원)
🧑	부 (55세) (만성질환)	- 민간보험 1개(3백만 원) - 1개월 전에 자동차 1대 처분(6백만 원)
🧑	모 (50세) (장애)	- 장애인사용자동차 소유(4백만 원) - 요구불 예금(3백만 원) - 민간보험 1개(3백만 원)
🧑	나 (23세) (취업준비)	- 민간보험 1개(3백만 원)
🧑	동생 (20세) (대학생)	- 민간보험 1개(3백만 원)

🧑 좋아, 다음은 어떻게 해?

다음은, 확인된 재산을 재산 종류별로 분류해. 여기서 중요한 건 '주거용재산'과 '일반재산으로 계산하는 자동차'야. 거주하는 주택은 6,800만 원까지만 주거용 재산으로 분류하고[40] 나머지는 일반재산으로 분류해. 그리고 '일반재산으로 계산하는 자동차'도 일반재산으로 분류하지.

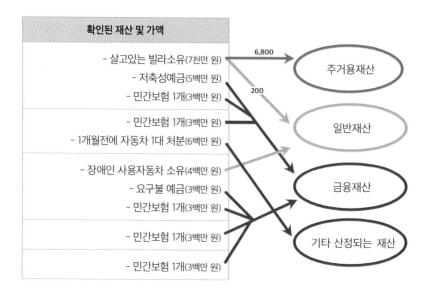

확인된 재산 및 가액
- 살고있는 빌라소유(7천만 원)
- 저축성예금(5백만 원)
- 민간보험 1개(3백만 원)
- 민간보험 1개(3백만 원)
- 1개월전에 자동차 1대 처분(6백만 원)
- 장애인 사용자동차 소유(4백만 원)
- 요구불 예금(3백만 원)
- 민간보험 1개(3백만 원)
- 민간보험 1개(3백만 원)
- 민간보험 1개(3백만 원)

여기까지도 알겠어.

좋아, 다음은, 재산 종류별로 '최종 가액'을 구하야 돼. 일반재산과 주거용재산은 분류되어 있는 재산금액만 더하면 되고 '금융재산'과 '기타 산정되는 재산'은 금융재산공제(생활준비금 등)나 차감항목(본인소비분 등)을 빼야 돼.

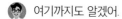

40 중소도시에 거주한다고 가정했을 때 6,800만 원이야(대도시 1억 원, 농어촌 3,800만 원).

	재산 가액	공제/차감	최종가액
주거용재산	6,800만 원	없음	6,800만 원
일반재산	600만 원	없음	600만 원
금융재산	2,300만 원	생활준비금 500만 원 + 장기금융저축공제 500만 원	1,300만 원
기타산정되는 재산	600만 원	자연적 소비금액 5,467,040원[41]	✓532,960원

오케이, 그럼 최종가액도 다 구해진 거지?

잠깐, 여기서 한 가지 더… '기타 산정되는 재산'은 자동차니까 일반재산으로 더 해야 돼. 그럼 최종가액은 이렇게 되지.

	재산 가액	공제/차감	최종가액
주거용재산	6,800만 원	없음	6,800만 원
일반재산 / 기타산정되는 재산	600만 원	없음	600만 원 + 532,960원 = 6,532,960원
금융재산	2,300만 원	생활준비금 500만 원 + 장기금융저축공제 500만 원	1,300만 원

---

41 타 재산증가분과 본인소비분은 없다고 가정했고 자연적 소비금액은 '5인 가구의 중위소득 50% × 2개월'로 계산했어(2019년 기준).

아, 까먹을 뻔했네. 그럼 다음은?

다음은, 기본재산액과 부채를 빼고 재산 종류별로 '환산할 가액'을 구해야 돼. 중소도시에 거주하고 있고, 할머니(🧓)에게 4천만 원 부채가 있다고 가정할게. 여기서 중요한 거는 기본재산액과 부채를 빼는 순서야. '주거용재산-일반재산-금융재산' 순으로 빼지.

	최종가액	공제	남은 공제액	환산할 가액
주거용재산	6,800만 원	기본재산액 3,400만 원 부채 4,000만 원	600만 원	0
일반재산 기타산정되는 재산	600만 원 + 532,960원 = 6,532,960원	600만 원	0	532,960원
금융재산	1,300만 원	0	0	1,300만 원

공제금액이 남으면 밑으로 내려가는 거야.

오케이, 알겠다.

자, 이제 마지막이야. 재산종류별 '환산할 가액'에 재산종류별 소득환산율을 곱하고 다 더해주면 돼.

	환산할 가액	소득환산율	소득환산액
주거용재산	0	× 1.04%	0원
일반재산 기타산정되는 재산	532,960원	× 4.17%	22,224원
금융재산	1,300만 원	× 6.26%	813,800원
			합계 836,024원

이게 바로 '소득환산액'이야.

계산 방식을 보니까 확실히 알겠다.

그렇지?

근데, 만약에 최종가액이 공제액보다 낮아서 환산할 가액이 (-)음수이면 어떻게 되는 거야?

환산할 가액이 (-)음수이면 환산액은 0원이야. 환산할 필요가 없지.

그렇구나. 좋아, 그럼, 앞서 보았던 소득평가액과 소득환산액을 더하면 소득인정 액이 되는 거네?

그렇지. 여기까지가 재산 기준의 '기본'이야.

2. 특별한 경우

재산 기준의 '특별한 경우'와 '아주 특별한 경우'도 다른 기준들이랑 의미가 같아. 기본적인 기준은 있지만 좀 다르게 적용한다는 거지.

기초생활보장제도에는 네 가지 '재산특례'가 있어. '특별한 경우'와 '아주 특별한 경우'에서는 이 재산특례를 설명할 거야.

① 근로 무능력자로만 구성된 가구   ② 재산처분이 곤란한 가구   ③ 재산가액만 상승한 가구   ④ 특정 재산을 소득환산대상에서 제외한 가구

오케이.

단, 같은 재산특례이지만 ①, ②, ③번과 ④번은 좀 달라. ①, ②, ③번은 보장기관의 확인만으로 적용이 가능하지만 ④번은 반드시 생활보장위원회의 심의·의결을 거쳐야 돼.

그렇구나. 그럼, ④번은 ①, ②, ③번보다 조금 더 특별한 특례라고 생각하면 되겠네?

그렇지. 그래서 다음과 같이 구분해서 설명할 거야.

> ①, ②, ③번 → **특별한 경우**
> ④번 → **아주 특별한 경우**

좋아.

1) '근로 무능력자로만 구성된 가구'에 대한 재산특례

첫 번째 특례는 '근로 무능력 가구'를 위한 특례야. 근로 무능력 가구가 일정 조건을 충족하면 적용할 수 있지.

별도의 조건이 있다?

응. 아래의 조건을 모두 충족해야 돼. 모든 조건을 충족한다면, 가지고 있는 재산은 소득으로 환산하지 않아. 즉, 소득환산액은 0원이 되는 거지.

첫째, 전체가구원이 근로 무능력자이고…

둘째, 순재산액이 아래 금액 이내이고

  (대도시 8,500만 원, 중소도시 6,500만 원, 농어촌 6,000만 원)…

셋째, 순재산액 중 금융재산[42]이 지역별 기본재산액 이하이고…

넷째, 소득환산율이 100% 적용되는 자동차가 없어야 돼.

근데, '순재산액'은 뭘 말하는 거야?

맞아 그거부터 설명할게. 앞서 '기본'에서는 3가지 가액(가액, 최종가액, 환산할 가액)을 언급했지?

그렇지.

---

42 여기서 말하는 금융재산은 '금융재산공제'를 적용하지 않은 금액이야[금융재산의 기타(증여)는 미포함].

순재산액은 세 가지 가액과는 좀 달라. 순재산액은 해당 가구의 총재산액에서 부채항목과 공제·차감항목(생활준비금은 제외)을 뺀 금액이야. 생활준비금을 공제하지 않으므로 최종 가액과도 좀 차이가 있지.

공제항목과 차감항목을 빼기는 하지만 그중 생활준비금만큼은 안 뺀다?

그렇지. 복잡하다면 예를 들어볼게. 근로 무능력가구가 금융재산이 없고 중소도시에 거주해. 8,000만 원짜리 집과 1,500만 원 부채를 가지고 있다면 어떨까? 순재산액은 6,500만 원이야. 재산특례를 적용할 수 있어.

좋아. 그럼 순재산액 중 금융재산이 있다면?

비슷한 예를 들어볼게. 근로 무능력가구가 중소도시에 거주해. 금융재산 2,000만 원과 집 6,000만 원, 부채 1,500만 원을 가지고 있어. 이 경우에도 가능할까? 가능해. 순재산액이 6,500만 원이니까. 하지만, 같은 경우에 집이 8,000만 원이면 어떨까? 그런 경우에는 불가능해. 순재산액이 8,500만 원이니까.

오케이, 알겠다. 재산특례가 적용되는 가구와 적용되지 않는 가구의 소득환산액은 차이가 크겠다? 재산특례가구는 소득환산액이 0원이니까….

그렇지. 아까하고 똑같은 재산(집 6,000만 원, 금융재산 2,000만 원, 부채 1,500만 원)을 가지고 있는데, 근로능력가구라면 소득환산액이 1,053,400원이야.

종류	재산 가액	공제/차감	최종가액	공제	환산할 가액	소득 환산율	소득환산액
주거용 재산	6,000 만 원	없음	6,000 만 원	기본재산액 3,400만 원 부채 1,500만 원	1,100 만 원	1.04%	114,400원
일반 재산	없음	없음	없음	없음	없음	없음	없음
금융 재산	2,000 만 원	생활준비금 500만 원	1,500 만 원	없음	1,500 만 원	6.26%	939,000원

합계
1,053,400원

※ 중소도시 거주

 큰 차이다. 그렇지?

 그렇지. 그만큼 근로 무능력가구의 특성을 감안하는 거야.

2) '재산처분이 곤란한 가구'에 대한 재산특례

'근로 무능력자 가구의 재산특례'는 모든 재산에 대해서 적용하는 거 잖아? 이 특례는 좀 달라. 처분이 곤란한 재산이 있다면 그 재산만 소득 으로 환산하지 않는 거야.

어떤 경우에 인정할 수 있는데?

가압류·경매 상태로 재산권 행사가 어려운 경우, 재산소유자가 정신 질환 등으로 처분이 곤란한 경우, 개발제한구역의 재산 등으로 처분 이 곤란한 경우를 말해.

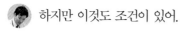 하지만 이것도 조건이 있어.

그래?

'근로 무능력자 가구 재산특례'랑 비슷해.

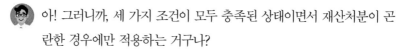
첫째, 순재산액이 아래 금액 이내이고
    (대도시 8,500만 원, 중소도시 6,500만 원, 농어촌 6,000만 원)….
둘째, 순재산액 중 금융재산이 지역별 기본재산액 이하이고….
셋째, 소득환산율이 100% 적용되는 자동차가 없어야 돼.

아! 그러니까, 세 가지 조건이 모두 충족된 상태이면서 재산처분이 곤란한 경우에만 적용하는 거구나?

그렇지.

3) '재산가액만 상승한 가구'에 대한 재산특례

 이 특례는 간단해. 기존 재산특례가구를 위한 추가 특례야.

어떤 경우에 적용할 수 있는 건데?

이미 재산특례를 적용받고 있는 가구가 재산가액만 상승했을 때 적용할 수 있어. 예를 들어, 집 6,000만 원, 금융재산 2,000만 원, 부채 1,500만 원인 근로 무능력가구가 있는데 집의 시가표준액이 6,000만 원에서 7,000만 원으로 오른 거야. 바로 이런 경우에 적용할 수 있는 게 3)번 재산특례이지.

아, 그럼 순재산액이 7,500만 원이 되네?

그렇지. 1)번, 2)번 재산특례의 조건에는 충족하지 못하게 돼.

하지만 3)번 재산특례를 적용하면 총 3년간 특례 보호를 유지할 수 있어.

달라진 건 아무것도 없고 가액만 상승한 거니까?

그렇지.

3. 아주 특별한 경우

'아주 특별한 경우'에서 다룰 내용은 네 가지 재산특례 중 가장 마지막 특례야.

가구 특성과 생활실태로 보아, 특정재산을 소득으로 환산하기 곤란한 경우에 적용하는 특례이지. 생활보장위원회를 거친다면, 특정재산을 소득환산에서 제외할 수 있어.

근데, 이미 '재산처분이 곤란한 가구'에 대한 재산특례도 있잖아? 이보다 더 특별한 경우가 있는 거야?

응. 아주 예외적인 경우지만 충분히 있을 수 있지. 예를 들어, 이런 경우를 생각해 보자.

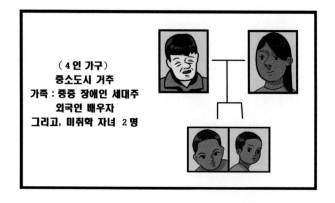

(4인 가구)
중소도시 거주
가족 : 중증 장애인 세대주
외국인 배우자
그리고, 미취학 자녀 2명

이 가구가 기초생활보장 수급자 신청을 했는데 세대주와 배우자는 근로를 할 수 없는 상태고, 현재 가지고 있는 재산은 살고 있는 집의 보증금(월세: 1천만 원)이 전부야.

여기까지는 괜찮은데, 알고 보니 세대주가 6개월 전에 처분한 재산(아버지에게 상속받았던 아파트/시가표준액 1억 5천만 원)이 있었던 거야.

처분한 아파트라면, 일반재산의 '기타 산정되는 재산'으로 산정되잖아? 타 재산 증가분과 본인소비분을 확인하고 자연적 소비금액을 계산해봐야겠네?

그렇지. 근데, 그마저도 확인할 수 없는 상태야. 지적장애를 가지고 있는 세대주는 돈이 없다는 얘기만 반복하고 있고, 외국인 배우자는 의사소통도 되지 않아. 더구나. 배우자는 본국으로 출국했을 때 일어난 일이라 아무것도 모르는 상태야.

그나마, 재산에 대해서 알만한 친척이 한 명 있었는데, 현재는 행방불명 상태이지. 누군가에게 사기를 당하지 않았을까 의심되어 신고를 돕기는 하겠지만 수사는 꽤 오랜 시간이 소요되겠지?

그렇지. 그리고 판결을 받는다고 해도 그 재산을 다시 돌려받기는 힘들 거 같은데?

그것도 그렇지. 근데, 당장 생활이 너무 힘든 상태야. 이런 경우라면 어떻게 해야 될까?

이런 경우, 기본적인 기준만을 적용하면 '기타 산정되는 재산'의 최종 가액은 123,852,624원이야. 기본재산액을 뺀 소득환산액은 4,163,854원이 되지.

처분한 재산(1억 5천만 원)
- **타재산증가분**(현 보증금 1천만 원)
- **자연적 소비금액**(4인 가구 중위소득 50% × 7 = 16,147,376원)
= 123,852,624원

이 정도 금액이면 모든 급여의 기준을 다 초과하겠네?

그렇지, 게다가, 앞서 봤던 세 가지 재산특례도 적용할 수 없어. 순재산액이 1억이 넘으니까

진짜 이런 경우에는 방법이 없는 거네. 생활은 힘든 상태인데 말이야.

그렇지. 바로 이와 같은 경우에 검토해 볼 수 있는 게 네 번째 재산특례야. 생활보장위원회의 심의·의결을 통하여 재량적인 보호를 하는 거지.

듣고 보니, 특례가 필요한 사례는 얼마든지 있을 수 있겠다. 그렇지?

그렇지. 하지만 딱 정해있는 건 아니야. 지자체마다 판단이 다를 수 있으니까. 위 사례마저도 실제보장 여부는 다를 수 있어.

그럼, 만약, 생활보장위원회에서 결정이 되었다면, 아예 소득으로 환

산하지 않는 거야?

 그렇지. 위 사례라면 '기타 산정되는 재산'은 환산하지 않아. 대신, 조
건이나 기한이 정해질 수는 있지.

이젠, '소득인정액'도 계산해 볼 수 있겠네?

🙂 그렇지. 아주 간단해 '소득평가액'과 '소득환산액'을 계산해서 더하기만 하면 되지. 그게 소득인정액이야.

🙂 '생활이 어려운 정도'는 이 소득인정액으로 측정하는 거야. 생활이 어려운 정도에 따라 맞춤형 급여를 지원하지.

😎 4인 가구가 소득평가액 60만 원, 소득환산액 100만 원이라고 한다면?

🙂 소득인정액 160만 원으로 중위소득의 40% 안에 속하니까 의료급여, 주거급여, 교육급여의 수급자가 될 수 있어.

■ 2019년도 급여종류별 수급자 선정기준

(단위: 원)

가구 규모 / 구분	1인 가구	2인 가구	3인 가구	4인 가구	5인 가구	6인 가구	7인 가구
생계급여 수급자 (기준 중위소득 30%)	512,102	871,958	1,128,010	1,384,061	1,640,112	1,896,163	2,152,214
의료급여 수급자 (기준 중위소득 40%)	682,803	1,162,611	1,504,013	<u>1,845,414</u>	2,186,816	2,528,218	2,869,620
주거급여 수급자 (기준 중위소득 44%)	751,084	1,278,872	1,654,414	<u>2,029,956</u>	2,405,498	2,781,039	3,156,580
교육급여 수급자 (기준 중위소득 50%)	853,504	1,453,264	1,880,016	<u>2,306,768</u>	2,733,520	3,160,272	3,587,024

※ 생계급여 수급자 선정기준 기준 중위소득 30%는 동시에 생계급여 지급기준에 해당

※ 8인 이상 가구의 급여별 선정기준: 1인 증가시마다 7인 가구 기준과 6인가구 기준의 차이를 7인 가구 기준에 더하여 산정
 - 8인 가구 주거급여 수급자 선정기준: 3,532,121
 = 3,156,580원(7인기준) + 375,541원(7인 기준 - 6인 기준)

출처: 2019년 국민기초생활보장 사업안내

하지만 생계급여나 의료급여는 선정 기준이 또 하나 있지. 바로 '부양의무자' 기준이야. 소득인정액이 160만 원인 가구가 의료급여까지 보장받기를 원한다면 다음 장에서 살펴볼 부양의무자 기준도 충족해야 돼.

좋아. 부양의무자 기준도 가 보자고.

10장

전국에 있는
아들, 딸 찾기

– 선정 6단계: 부양의무자 기준

소득인정액 기준은 이제 알겠지?

응. 조금 복잡한 부분도 있었지만 말이야.

좋아. 이제 '부양의무자 기준'이야. '부양의무자 기준'에 대해서는 여러 번 언급했었지?

응. 부양의무자는 '1촌 이내의 직계혈족과 그 배우자'라고 했고 소득과 재산을 조사해서 부양능력을 판정한다고 했잖아?

맞아. 그리고 부양비도 있었지?

그렇지. 그건 신청 가구의 이전소득으로 산정됐지.

좋아, 10장에서는 부양의무자 기준의 구체적인 내용들을 살펴볼 거야. 가장 마지막 선정 단계이지.

근데, 부양의무자 기준도 복잡해?

우선, 기본적으로 내용 자체가 많아. 예외적인 기준도 많고… 게다가 다소 이해하기 어렵게 구성되어 있기도 하지(국민기초생활보장 사업안내 책자를 본 사람이라면 무슨 말인지 알 거야). 다른 기준에서도 마찬가지였지만 이 장에서도 원자료 '국민기초생활보장 사업안내'의 내용을 조금 다르게 구성하여 설명할 거야(경우에 따라서는 원자료에 없는 별도의 명칭을 사용하기도 할 거야).

오케이, 좋아.

하나씩 하나씩 설명을 들어보면 별건 아니야. 충분히 이해할 수 있을 거야. 앞의 선정 기준들과 마찬가지로 '기본-특별한 경우-아주 특별한 경우'로 설명하도록 할게.

1. 기본

생계급여나 의료급여를 신청하면 신청 가구와 신청 가구의 부양의무자를 확인해야 돼. 신청 가구의 부양의무자 중 '따로 살고 있는 등 신청 가구에 포함되지 않는 부양의무자'는 부양의무자 기준을 적용하지.

근데. 이 부분을 좀 더 구체적으로 알아볼 필요가 있어. 좀 헷갈릴 수 있거든.

그래?

우선, 첫 번째로 '신청 가구의 부양의무자'를 확인한다는 거지 '신청인의 부양의무자'만 확인한다는 건 아니야.

무슨 말이야? 똑같은 얘기 아니야?

1인 가구이면 똑같겠지. 나 혼자 살고 내가 신청한다면 신청 가구의 구성원도 나뿐이고 신청인도 나잖아? 그렇지? 하지만, 2인 가구부터는 다르지.

그런가?

나를 포함하여 4인 가구(나, 배우자, 자녀 2명)가 신청했다고 하자. 신청 가구에 포함되는 가구원이 나만 있는 건 아니잖아? 신청 가구의 부양의무자를 확인한다는 건 신청 가구에 포함되는 모든 가구원의 부양의무자를 확인한다는 얘기야.

아, 무슨 말인지 알겠다. 그러니까 나의 부양의무자 따로, 배우자의 부양의무자 따로, 자녀의 부양의무자 따로… 뭐 이렇게 확인한다는 거지?

그렇지.

그럼, 가구원의 부양의무자는 모두 확인했다고 쳐. 그러면 그중에서 따로 살고 있는 부양의무자만 부양의무자 기준을 적용하는 거야?

기본적으로 그렇지. 하지만 그 부분도 좀 상세히 얘기할 필요가 있어. 우선, '따로 살고 있는 부양의무자'가 아니라 '따로 살고 있는 등 신청 가구에 포함되지 않는 부양의무자'가 맞아. 같이 살지만 부양의무자 기준을 적용해야 되는 부양의무자도 있으니까.

그런 경우가 있나?

별도 가구로 신청하는 경우가 있잖아? 기억나? 부모 집에 거주하고 있는 한부모가족, 부모 집에 살고 있는 장애인 등등…. 이런 경우에는 같이 살고 있는 부양의무자가 신청 가구에 포함되지 않을 수도 있어.

아, 맞아.

그래서 별도 가구로 신청한 경우에는 같이 살고 있는 부양의무자도 부양의무자 기준을 적용해야 돼.

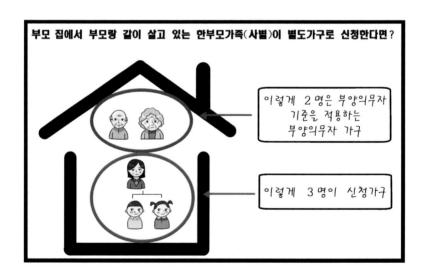

아, 알겠다. 그러니까 꼭 따로 살고 있는 경우만 적용하는 건 아니구나.

그렇지. 자립지원 별도 가구 특례도 마찬가지야. 자립지원 별도가구 특례로 보장가구에서 제외된 자녀는 같이 살고 있지만 부양의무자 기준을 적용해야 돼.

이제. 완전히 알겠어.

이제는 확실해졌지?

그럼, 신청 가구와 (부양의무자 기준을 적용하는) 부양의무자를 확실히 구분했어. 그럼 이제 어떻게 조사하는 거야?

부양의무자 기준을 적용해야 하는 부양의무자가 있다면 우선 이런 서류들을 제출하도록 해.

[서식 3호] 금융정보등(금융·신용·보험정보) 제공 동의서 [앞면]

금융정보등(금융·신용·보험정보) 제공 동의서

[서식18호] 부양의무자 소득·재산 신고서

부양의무자 소득·재산 신고서

(form table image)

출처: 2019년 국민기초생활보장 사업안내

반드시 부양의무자 본인이 작성해야 돼. 특히 '금융정보 등 제공 동의서'는 필수서류이지. 수급자와 마찬가지로 금융재산을 조회하기 위한 동의서야.

그다음엔?

신청 가구와 마찬가지로 공적자료와 금융재산을 조회하고 소득·재산조사를 하지. 신청 가구는 '생활이 어려운 정도'를 측정하는 거지만 부양의무자 가구는 부양능력을 확인하는 거야.

부양의무자의 부양능력은 총 세 가지로 구분한다고 했지?

부양의무자가 중간 미만의 생활을 하고 있는 경우에는 '**부양능력 없음**'.
부양의무자가 중간 정도의 생활을 유지하면서도 수급(권)자를 일정 정도 부양할 수 있다면
'**부양능력 미약**'.
부양의무자가 중간 정도의 생활을 유지하면서도 수급(권)자를 온전히 부양할 수 있다면
'**부양능력 있음**'.

부양능력 '없음'은 소득이나 재산이 일정 금액 미만이기 때문에 수급
(권)자를 부양할 수 없다는 거야. 자녀들이 아무리 많아도 전부 부양
능력이 없다면 자녀들하고는 관계없이 기초생활보장(생계급여, 의료급
여)을 받을 수 있어.

부양능력 '미약'은 일정 정도만 부양할 수 있다는 거야. 부양능력 만
큼의 '부양비'가 계산되어 수급 신청 가구의 이전 소득으로 산정되지.
부양비를 포함한 소득인정액이 선정기준을 초과하지 않는다면 부족
분만큼을 지원받을 수 있어.

부양능력 '있음'은 국가에서 지원하지 않아도 될 만큼 부양능력이 있
다는 거야. 부양의무자가 딱 1명이라고 해도 부양능력이 있다면 수급
(권)자는 기초생활보장(생계급여, 의료급여)을 받을 수 없어.

맞아, 기억나.

근데 이런 부양능력 판정도 신청 가구와 마찬가지로 가구원 수에 따
라 기준이 달라.

1인일 때랑 2인일 때가 다르다는 거네?

그렇지. 부양의무자에게 부양가족이 있다면 그만큼을 감안해. 부양 의무자의 가구원 수에는 이런 가족들이 포함되지.

부양의무자와 생계를 같이하는 직계존비속 및 직계존비속의 배우자[43]

 따로 살고 있는 부양의무자 아들이 결혼해서 배우자, 장인, 장모, 자녀 2명과 함께 살고 있다면 부양의무자 아들의 가구원 수는 총 6인이야.

 그렇구나.

 그리고, 수급 신청 가구의 가구원과 부양의무자 가구의 가구원은 좀 달라.

 뭐가 다른데?

 수급 신청 가구는 모든 가구원의 소득과 재산을 조사하잖아?

 그렇지. 그렇게 계산된 게 그 가구의 소득인정액이잖아.

 근데, 부양의무자 가구는 모든 가구원을 조사하지 않아. 부양의무자 본인의 소득과 재산만 조사하지. 그 외 가구원은 가구원 수에만 들어가는 거야.

 아! 그럼, 아까 말했던 6인 가구에서는 아들과 며느리만 조사하는 거네?

 그렇지.

 그럼, 소득과 재산을 산정하고 조사하는 방식은 어때? 그것도 신청 가구와 달라?

---

43 직계 비속 및 직계 비속의 배우자는 30세 미만인 경우에만 포함해(30세 이상인 직계비속 및 직계비속의 배우자는 근로능력이 없거나 대학생인 경우에만 포함할 수 있어)

기본적인 건 같지만 다른 면도 많아. 수급 신청 가구는 '소득평가액'을 계산하고 '소득환산액'과 합쳐서 '소득인정액'을 산정하잖아?

그렇지.

하지만 부양의무자의 부양능력은 소득과 재산을 따로 분리해서 판정해. 소득은 '판정소득액'으로 부양능력이 미약한지, 없는지, 있는지를 따지고 재산은 '소득환산액'으로 부양능력이 있는지와 없는지를 따져 (물론, 부양의무자 가구의 소득환산액과 신청 가구의 소득환산액은 좀 달라).

그래서 아래와 같이 판단을 해.

○ 소득으로는 부양능력 미약, 재산으로는 부양능력 있음이면 = 부양능력 있음
○ 소득으로는 미약, 재산으로는 없음이면 = 부양능력 미약
○ 소득으로는 있음, 재산으로는 없음이면 = 부양능력 있음
○ 소득으로는 있음, 재산으로도 있음이면 = 당연히 부양능력 있음
○ 소득으로는 없음, 재산으로는 있음이면 = 부양능력 있음
○ 소득으로는 없음, 재산으로도 없음이면 = 당연히 부양능력 없음

아, 결국 소득이든 재산이든 하나만 부양능력이 있으면 부양능력 '있음'으로 판정하는 거네?

맞아.

좋아. 그럼 부양의무자 가구의 '판정소득액-소득환산액'과 신청 가구의 '소득평가액-소득환산액'은 구체적으로 어떤 게 같고 어떤 게 달라? 아까 기본적인 건 같지만 다른 면도 있다고 했잖아?

우선, 판정소득액도 소득평가액과 비슷한 계산식을 가지고 있어. 신청 가구의 소득평가액은 이런 공식으로 구하잖아?

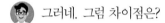

소득평가액 = 실제소득 − 공제(여러가지 지출 요인)

 그렇지.

 부양의무자 가구의 판정소득액도 이렇게 구해. 비슷하지?

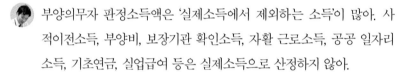

판정소득액 = 실제소득 − 공제(차감·제외 항목 반영)

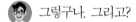 그러네. 그럼 차이점은?

부양의무자 판정소득액은 '실제소득에서 제외하는 소득'이 많아. 사적이전소득, 부양비, 보장기관 확인소득, 자활 근로소득, 공공 일자리 소득, 기초연금, 실업급여 등은 실제소득으로 산정하지 않아.

그렇구나. 그리고?

그리고 실제소득에서 차감하는 항목도 더 다양해. 부양의무자 판정소득액에서는 초중고 교육비, 대학생 학비, 의료비, 장애인보조기구 구입비, 국민연금보험료 본인부담금, 바우처사업 본인부담금, 채무변제액, 학자금대출 채무변제액, 압류소득, 본인부거용 월세 등도 차감할 수 있어.[44]

 월세나 압류 소득도 차감할 수 있네?

 응.

그럼 소득환산액은 어때?

---

44 소득·재산에 대하여 좀 더 구체적인 내용이 필요하다면 『국민기초생활보장 사업안내』의 '부양의무자의 소득·재산조사' 파트를 참고해 봐.

재산가액을 구하는 방식과 기본재산액과 부채를 빼는 방식은 같은데 기본재산액과 소득환산율이 달라. 일단, 기본재산액이 훨씬 높아.

(1) 기본재산액

대도시	중소도시	농어촌
22,800만 원	13,600만 원	10,150만 원

출처: 2019년 국민기초생활보장 사업안내

 그리고 소득환산율이나 조건도 달라. 주거용재산의 한도가 없고, 주거용재산을 뺀 나머지 재산(일반재산, 금융재산[45], 자동차, 기타 산정되는 재산)은 모두 4.17%[46]의 환산율을 적용해.

(2) 재산의 소득환산율

구분	주거용재산	일반재산, 금융재산, 자동차, 기타 산정되는 재산
부양의무자 재산의 소득환산율	월 1.04%	월 4.17%

출처: 2019년 국민기초생활보장 사업안내

 다른 점이 꽤 있네?

 그렇지. 생활이 어려운 정도를 판단하는 게 아니고 부양능력이 있는지를 판단하는 거니까.

---

45 부양의무자의 금융재산에는 '장기금융저축공제'가 없어.

46 2019년 9월부터는 2.08%로 변경될 예정이야.

좋아. 그럼, 판정소득액이 얼마일 때 부양능력이 있고, 소득환산액이 얼마일 때 부양능력이 있는 거야?

 오케이, 기본적인 '부양능력 판정 기준'을 설명할게.

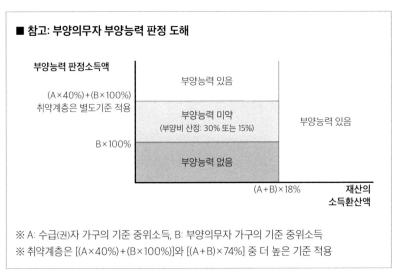

■ 참고: 부양의무자 부양능력 판정 도해

부양능력 판정소득액

(A×40%)+(B×100%)
취약계층은 별도기준 적용

부양능력 있음

부양능력 미약
(부양비 산정: 30% 또는 15%)

부양능력 있음

B×100%

부양능력 없음

(A+B)×18%

재산의
소득환산액

※ A: 수급(권)자 가구의 기준 중위소득, B: 부양의무자 가구의 기준 중위소득
※ 취약계층은 [(A×40%)+(B×100%)]와 [(A+B)×74%] 중 더 높은 기준 적용

출처 : 2019년 국민기초생활보장 사업안내

 우선 값이 A, B로 되어 있는 게 눈에 거슬리지? 별거 아니야. A는 '수급(권)자가구의 기준 중위소득(그러니까, 신청 가구나 보장을 받고 있는 가구의 기준중위소득)'이고 B는 '부양의무자 가구의 기준 중위소득'이야.

 아, 알겠다.

 부양능력 판정 기준은 부양의무자 가구의 중위소득을 고려해서 만들어졌어. 부양의무자가 수급(권)자에게 부양능력만큼을 도와줘도 중간 정도의 생활은 유지할 수 있도록 설계되어 있지. 계산식도 이런 기본원리를 그대로 반영하고 있어.

 소득 기준부터 봐봐 '없음'은 부양의무자 가구의 판정소득액이 B의

100% 미만일 때야. 즉 부양의무자가 중간 미만의 생활을 하고 있는 경우에는 부양능력이 없다는 얘기지. 4인 부양의무자 가구일 경우, 판정소득액이 461만 원(4인 기준 중위소득) 미만이면 '부양능력 없음'으로 판정해.

음… 알겠다.

소득기준의 '미약' 구간도 봐봐. '미약'은 B의 100% 이상~[(A×40%)+(B×100%)] 미만까지야. 부양의무자의 판정소득액이 중위소득을 초과한다면, 초과한 만큼은 수급(권)자를 도와줄 수 있다는 얘기야.

이것도 알겠다. 그럼, 내가 혼자 살고 있는 부양의무자인데 판정소득액이 180만 원이야. 그럼 1인 가구 기준 중위소득(170만 원)을 초과하니까 '부양능력 미약'으로 판정되겠네?

그렇지. 중간 생활을 하고도 10만 원 정도는 부양할 수 있다는 말이지. 물론, 10만 원을 전부 부양비로 산정하지는 않아.

초과한 금액의 일부만 산정한다고 했잖아?

맞아. 부양비는 기본적으로, 초과한 금액의 30%야.

근데, 표에는 30% 또는 15%라고 되어 있는데?

15%는 나중에 '특별한 경우'에서 설명할 거야. 우선은 30%라고 생각하면 돼.[47]

좋아. 그럼 '있음' 구간은?

부양의무자의 판정소득액이 (A×40%)+(B×100%) 이상인 경우에는 '부양능력 있음'으로 판정해.

---

[47] 원자료인 『국민기초생활보장 사업안내』의 내용을 조금 다르게 구성한 것뿐이야. 조금 다른 표현이 있다고 해도 결과적으론 같은 내용이야.

'부양의무자 가구 중위소득'에 '수급(권)자 가구의 중위소득 40%'를 더한 값이네?

응. 중위소득 40%는 의료급여 선정 기준이야.

그러니까, 부양의무자가 중간 정도의 생활을 유지하면서도(=B×100%) 수급(권)자를 의료급여 선정기준(=A×40%)까지 도와줄 수 있다면 부양능력이 있다고 판정하는 거지.

아, 진짜, 어떤 경우에도 중간 정도의 생활은 유지할 수 있게끔 설계되어 있구나?

그렇지. 재산도 마찬가지야. 다만 재산은 '부양능력 있음'과 '부양능력 없음' 구간만 있지. 소득환산액이 'A+B×18%' 미만이면 '부양능력 없음'으로 판정하고 이상이면 '부양능력 있음'으로 판정해.

근데 환산액이니까 계산식만 봐서는 감이 안 잡히는데?

제한적이기는 하지만 재산금액으로 볼 수 있는 표가 있어. '국민기초생활보장 사업안내'에 나와 있지. 한번 봐봐. 좀 나을 거야.

(단위 : 원)

부양의무자 / 수급(권)자	구 분		1인	2인	3인	4인	5인
1인	재산의 소득환산액 기준		614,523	830,436	984,067	1,137,698	1,291,329
	대도시	일반재산환산율 적용 재산액	242,736,760	247,914,544	251,598,734	255,282,924	258,967,114
		주거용재산환산율 적용 재산액	287,088,738	307,849,662	322,621,846	337,394,031	352,166,215
	중소도시	일반재산환산율 적용 재산액	150,736,760	155,914,544	159,598,734	163,282,924	166,967,114
		주거용재산환산율 적용 재산액	195,088,738	215,849,662	230,621,846	245,394,031	260,166,215
	농어촌	일반재산환산율 적용 재산액	116,236,760	121,414,544	125,098,734	128,782,924	132,467,114
		주거용재산환산율 적용 재산액	160,588,738	181,349,662	196,121,846	210,894,031	225,666,215

'19년 부양능력판정 기준표(재산의 소득환산액, 재산금액 기준) 중 일부

출처: 2019년 국민기초생활보장 사업안내

각 지역 구분에 따라 '일반재산환산율 적용 재산액'과 '주거용재산환산율 적용 재산액'으로 구분되어 있는데 이렇게 보면 돼. 우선, 각 재산액은 부채와 생활준비금만 뺀 '순재산액'이야. 이 순재산액이 '환산율 적용 재산액' 미만이면 '부양능력 없음'으로 판정하는 거지.

다만 제한적이기는 해. 여기서 '일반재산환산율 적용 재산액'은 순재산액이 모두 일반재산일 때를 가정한 금액이고, '주거용재산환산율 적용 재산액'은 순재산액이 모두 주거용재산일 때를 가정한 금액이야. 일반재산과 주거용재산을 동시에 가지고 있으면 별도로 계산해야 돼. 소득환산율이 다르니까.

아! 그럼, 수급 신청 가구는 1인이고 부양의무자 가구(중소도시 거주)는 4인일 때, 주거용재산만 가지고 있다면 약 2억 4천만 원까지는 부양능력이 없다는 거네?

그렇지.

이제 좀, 감이 잡힌다. 근데, 중간 정도의 생활을 감안했다고 해도 판정된 부양능력만큼을 실제로 도와줄까?

부양의무자가 '부양능력 미약'과, '부양능력 있음'으로 판정되었는데 실제로 도움을 받지 못하고 있는 상황이라면 생활보장위원회를 거쳐 보호할 수 있어. 사유에 따라서 그 비용을 부양의무자에게 강제로 징수할 수도 있고(부양불이행자에 대한 보장비용징수), 징수를 면제할 수도 있지. 이에 대해선 '아주 특별한 경우'에서 다룰 거야.

좋아. 그럼 부양의무자 기준의 기본적인 내용은 여기까지야?

응. 요약하자면 이렇지.

■ **부양의무자 기준(기본형)**

부양의무자 가구 수에 따라 소득기준과 재산기준이 있으며
소득, 재산 모두 부양능력이 없는 경우에만 '부양능력 없음'으로 판정.

판정소득액의 부양능력 **없음**은 B의 100% 미만
　　　　　　　　　　　 미약은 B의 100% 이상 [(A×40%) + (B×100%)] 미만
　　　　　　　　　　　 있음은 (A×40%) + (B×100%) 이상

소득평가액의 부양능력 **없음**은 (A+B×18%) 미만
　　　　　　　　　　　 있음은 (A+B×18%) 이상

 그리고 부양비를 산정하는 비율은 기본적으로 30%!

 부양의무자 기준을 한 번 더 언급한 이유는 변종형 기준들이 상당히 많기 때문이야. 변종형 기준은 기본형과 비교해 봐야 돼.

아직 멀었구나?

자. 이제 '변종형 기준'을 설명할 거야. 물론, 「기초생활보장법」과 지침에는 '변종형 기준'이라는 말이 없어. 설명을 위해서 구분한 거야.

특별한 요건을 가진 부양의무자에게는 기본형 기준을 적용하지 않고 변종형 기준을 적용해. 어떤 건 조금, 어떤 건 많이 달라. 어떤 기준은 부양비 부과율이 다르고, 어떤 기준은 재산 기준이 다르고, 어떤 기준은 부양능력 판정을 면제하기도 해.

변종형 기준이 많아?

총 16개야. 하지만, 모든 내용을 속속들이 알 필요까지는 없어. 종류도 많고 자주 바뀌기도 하니까. 사실, 경력이 꽤 있는 복지담당자들도 헷갈리는 내용이야.

기본형과의 차이점 정도만 설명할게. '이런 차이가 있구나' 정도만 알면 돼.

좋아.

그리고 '부양의무자 기준'은 현재 단계적으로 완화되고 있는 상황이야. 다른 선정 기준보다 개정되는 폭이 커. 이 점도 염두에 두고 봐야 돼.

그렇구나.

게다가, 가까운 미래에는 부양의무자 기준의 전면 폐지가 추진될 수도 있어.

그래? 아예 없앤다고?

응. 현 정부의 공약 중 하나지(이 부분에 대해선 다시 언급하도록 할게).

그렇구나. 그럼, 지금 보는 기준들도 없어질 수 있다는 거네?

그렇지. 다른 선정 기준도 마찬가지지만 부양의무자 기준은 그럴 가능성이 더 높아. 변종형 기준의 종류는 많지만 최대한 가볍게 보라는 얘기야.

오케이.

좋아, 그럼 하나씩 얘기해 볼게. ① **부양의무자가 저소득지원을 받고 있는 경우의 변종형 기준**이야. 부양의무자가 기초생활보장 수급자이거나 차상위 장애수당(또는 장애아동수당/보호수당), 장애인연금 차상위계층 부가급여, 한부모가족의 급여을 받고 있으면 따질 것 없이 '부양능력 없음'으로 판정해. 이건 너무 당연하지?

 그러네.

 다음은 ② 수급(권)자 가구에 노인 또는 장애의 정도가 심한 장애인[48] 및 부양의무자 가구에 노인이 포함되어 있는 경우의 변종형 기준이야. 이 변종형 기준은 수급(권)자 가구의 요건과 부양의무자 가구의 요건을 모두 충족했을 때만 적용할 수 있어. 그리고 부양의무자 가구에서 '노인'은 '기초연금'[49]을 받고 있는 노인을 말해. 이러한 요건을 모두 충족하였다면 따질 것 없이 '부양능력 없음'으로 판정해.

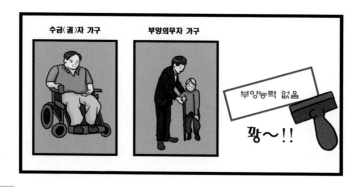

---

48 2019년 7월 1일 장애등급제 폐지로 개정되었어(이전 기준: 1~3급 장애인).

49 '기초연금'은 노인이면 누구나 받는 급여가 아니야. 소득인정액이 일정 금액 이하일 경우에만 받을 수 있어.

이것도 그럴만하네.

 좋아. 다음은, ③ 부양의무자 가구에 중증장애인이 포함된 경우의 변종형 기준이야. 여기서 중증장애인은 '장애인연금 수급자'[50]와 '20세 이하이고, 장애의 정도가 심한 장애아동'[51]을 말해. 부양의무자 가구에 이런 중증장애인이 있다면 따질 것 없이 '부양능력 없음'으로 판정해.

 모든 중증장애인을 대상으로 하는 건 아니구나?

 그렇지. 해당 요건을 충족해야 돼.

 자, 다음은, ④ 수급(권)자가 30세 미만의 한부모가구, 30세 미만의 보호종료 아동인 경우의 변종형 기준이야. 여기서 말하는 '한부모 가구'는 일반적인 모자, 부자 가정이 아니고 「한부모가족지원법」에 의해 보호를 받고 있는 저소득 한부모가구를 말해. 그리고 '보호종료 아동'은 아동양육시설·공동생활가정에서 퇴소하였거나, 가정위탁보호가 종료된 아동을 말해. 이런 경우라면 부양의무자가 있다고 해도 부양을 받을 수 없다고 판정해. ①, ②, ③번 변종형 기준과 마찬가지라고 생

---

50 '장애인연금'은 생활이 어려운 중증장애인을 대상으로 해. 소득인정액 기준이 있지.

51 2019년 7월 1일 장애등급제 폐지로 개정되었어(이전 기준: 20세 이하인 1급·2급, 3급 중복 장애 아동).

각하면 돼.

30세 이상이면 적용할 수 없겠네?

그렇지, 기본형이나 다른 변종형 기준을 적용해야 돼.

좋아. 다음은?

⑤ 부양의무자 가구에 기초연금 수급 노인이 포함된 경우의 변종형 기준이야. 만약, 내가 기초생활보장 수급자로 신청했는데 따로 살고 있는 부모님이 기초연금을 받아. 그럼 생계급여에 한해서는 따질 것 없이 '부양능력 없음'으로 판정해.

생계급여	의료급여
부양능력 없음 꽝~!!	기본형 기준 또는 다른 변종형 기준 적용

잠깐, 생계급여만?

지금까지 봤던 ①~④번 기준은 당연히 생계급여와 의료급여 모두 적용할 수 있는 건데, 이 기준만큼은 달라.

그렇구나.

하지만 부양의무자가 기준이 계속적으로 완화되고 있으니까 곧 의료급여까지 확대될 거라 생각돼.

좋아, 그다음은?

⑥ 자신의 주거에서 타 부양 이행 중인 부양의무자의 변종형 기준이야. 부양의무자가 자신의 주거에서 직계존속 또는 중증장애인인 직계비속을 부양하고 있고, 동시에 아래 조건도 충족한다면 '부양능력 없음'으로 판정해.

■ 추가 조건

(a) 부양의무자가 부양하는 직계존속, 직계비속의 소득평가액이 직계존·비속의 수에 해당하는 중위소득의 44% 이하

(b) 기본재산액의 2배를 공제한 부양의무자의 소득환산액이 **(A+B×18%) 미만**.

조건이 정말 세세하다.

그렇지? 그러니까, 부양의무자의 재산이 많거나, 부양을 받는 직계존비속의 소득이 일정 금액 이상이면 적용할 수 없는 거야.

잠깐만!! ③번 변종형 기준에서 부양의무자 가구에 중증장애인이 포함되어 있으면 따질 것 없이 '부양능력 없음'으로 판정한다고 했잖아?

조금 차이지만 좀 달라. 잘 보면 ③번 변종형 기준은 '장애인연금 수급자'와 '20세 이하이고, 장애의 정도가 심한 장애아동'만을 대상으로 해. 모든 중증장애인을 대상으로 하지는 않아.

아, 그렇구나.

너무 자세히 들어가면 좀 헷갈리는 구석이 있어. 그렇지?

그러네, 그럼 만약에 ③번과 ⑥번 둘 다 대상이 되면?

유리한 기준을 적용하면 되는 거야. ③번과 ⑥번 중에는 ③번이 더 유리하지.

그렇구나.

다음은, ㉠ 자립지원을 위한 소득기준 완화 적용 부양의무자의 변종형 기준이야. 이 변종형 기준은 부양의무자가 '자립지원 별도 가구 보장가구'의 부양의무자이거나 만 34세 이하의 취·창업 자녀일 경우에 적용할 수 있어. '자립지원 별도 가구 보장' 기억나?

응. 취·창업자녀를 빼고 나머지만 보장하는 거잖아?

맞아. 그런 경우에는 부양의무자 기준에서도 완화된 기준을 적용해. '소득기준'과 '부양비 부과율'이 기본형 기준과 달라.

구분		기본형	변종형
소득 기준	없음	B의 100% 미만	B의 100% 또는 258[52]만 원 중 더 높은 값 미만
	미약	B의 100% 이상 [(A×40%) + (B×100%)] 미만	B의 100% 또는 258[53]만 원 중 더 높은 값 이상
	있음	(A×40%) + (B×100%) 이상	없음.
재산 기준	없음	(A+B×18%) 미만	기본형과 같음.
	있음	(A+B×18%) 이상	기본형과 같음.
부양비 부과율		30%	15%

재산 기준은 똑같고, '부양능력 없음'과 '미약' 구간이 다른 거네?

그렇지. '없음' 기준이 B×100%와 258만 원 중 높은 값을 기준으로 하게 되어 있으니까. 그리고 소득기준에서는 '부양능력 있음' 구간이 없어. 부양비 부과율도 30%가 아니고 15%이지.

---

52 2019년 8월 1일부터는 258만 원에서 287만 원으로 개정될 예정이야.
53 상동.

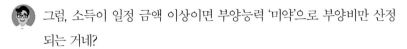 그럼, 소득이 일정 금액 이상이면 부양능력 '미약'으로 부양비만 산정되는 거네?

그렇지. 예를 들어보자. 대졸 신입초봉이 연봉 3천 초반 정도라고 하니까 연봉이 3,500만 원인 취업자녀라고 가정하고 부양능력을 판정해 보자고. 부양의무자 가구(B)가 1인이고 수급(권)자 가구(A)가 2인일 때. 부양능력 판정은 어떻게 될까? B×100%는 1,707,008원이니까 258만 원이 더 높은 값이지?

그렇지.

그럼 258만 원을 기준으로 판정하면 돼. 판정소득액이 291만 원(연봉 3,500만 원)이면 258만 원을 초과하는 거니까 '부양능력 미약'으로 판정되지. 부양비는 33만 원(291만 원-258만 원)에다가 15%를 곱해서 49,500원이 돼. 이 금액이 수급(권)자 가구의 소득평가액으로 산정되는 거야.

이 정도라면 취업 자녀 때문에 수급을 못 받는지는 않겠네?

그렇지. 기본형 기준을 적용한다고 하면 부양능력 있음으로 판정돼.

아, 그렇겠다. '(A×40%) + (B×100%)' 이상이니까.

그렇지.

좋아, 다음은, ⑧ 재산 기준 특례적용 부양의무자의 변종형 기준이야. 수급 신청 가구도 재산특례가 있었잖아? 부양의무자 기준에도 재산특례가 있어. 물론, 수급 신청 가구와 마찬가지로 조건이 있지. 일정 조건을 충족한다면 '부양능력 없음'으로 판정해.

조건이 뭔데?

일단, 부양의무자 가구가 근로 무능력 가구이거나 부양의무자 가구의 재산이 주택에 한정되어 있을 경우에만 적용할 수 있어. 그리고 그와 동시에 아래와 같은 소득·재산기준을 모두 충족해야 돼.

- 부양의무자 판정소득액이 부양의무 가구 기준 중위소득의 50% 미만
- 소득환산액이 (A+B×18%) 이상 ~ (A+B×50%) 미만

아! 그러니까, 소득은 적은데, 주택가액이 높은 경우에 적용하는 거구나?

맞아. (A+B×18%) 이상의 주택을 가지고 있다고 해도 소득이 적다면 실제로 부양하지 못할 거 아니야. 의미를 알겠지?

응.

다음은, ⑨ 일용근로자인 부양의무자의 변종형 기준이야. 일용근로 또는 행상에 종사하는 부양의무자에 대한 특별 기준이야. 부양의무자 가구원 중 일용근로자, 행상 외의 근로자가 없고, 일용근로 소득이 주 소득원일 때만 적용할 수 있지. 재산 기준은 기본형과 같지만 소득은 고려하지 않아.

구분		기본형	변종형
소득 기준	없음	B의 100% 미만	소득기준 없음
	미약	B의 100% 이상 [(A×40%)+(B×100%)] 미만	
	있음	(A×40%)+(B×100%) 이상	
재산 기준	없음	(A+B×18%) 미만	기본형과 같음
	있음	(A+B×18%) 이상	기본형과 같음
부양비 부과율		30%	없음

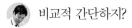 비교적 간단하지?

웅. 소득 기준이 없으니까 부양비도 계산할 필요가 없는 거지?

그렇지.

좋아, 다음은?

다음은, ⑩ **혼인한 딸이나 혼인한 딸에 대한 친정 부모인 부양의무자의 변종형 기준**이야. 부양의무자가 혼인한 딸이나 친정 부모일 때 적용할 수 있는 기준이지. 기본형 기준과는 소득 기준, 재산 기준, 부양비 부과율이 모두 달라.

그래?

 비교해서 봐봐.

구분		기본형	변종형
소득 기준	없음	B의 100% 미만	**같음**
	미약	B의 100% 이상 [(A×40%)+(B×100%)] 미만	**B의 100% 이상**
	있음	(A×40%)+(B×100%) 이상	**'부양능력 있음' 구간 없음**
재산 기준	없음	(A+B×18%) 미만	**금융재산 2억 원 미만**
	있음	(A+B×18%) 이상	**금융재산 2억 원 이상**
부양비 부과율		30%	**15%**

진짜, 모든 기준이 다르네?

우선, 소득의 '부양능력 없음' 기준은 같지만 '부양능력 미약' 구간만 있어. 판정소득액이 B×100% 이상이면 부양비만 산정되는 거지. 그리고 부양비 부과율도 15%야.

그러네.

그리고 큰 차이점은 재산 기준에 있어. **금융재산만으로 부양능력을 판정해.** 주거용재산, 일반재산, 자동차는 고려하지 않아. 생활준비금과 부채를 뺀 금융재산이 2억 원 미만이면 '부양능력 없음'. 이상이면 '부양능력 있음'으로 판정해.

아들·시부모하고는 좀 차이를 두는 거네?

그렇지. 우리나라 정서상 차이가 있기는 하니까.

오케이, 이것도 알겠다. 다음은?

다음은, ⑪ 가구원에 중증장애인이 포함된 부양의무자의 변종형 기준이야. 부양의무자 가구원에 중증장애인[54]이 포함된 경우에 적용하는 변종형 기준이야. 부양능력 판정 기준에 들어가 있는 A나 B 있었잖아?

응. A는 수급(권)자 가구원 수의 중위소득, B는 부양의무자 가구원 수의 중위소득이잖아?

맞아, 근데, **가구원에 중증장애인이 포함된 부양의무자라면 'B'가 아니라 'B+'로 계산해.**

'B+'?

응, 'B+'는 부양의무자 가구원 수인 B에 중증장애인 수만큼을 더한 값이야. 부양의무자가 4인 가구인데 1명이 중증장애인이라면 4인 가구가 아니고 5인 가구로 판정하는 거지.

---

54 「장애인연금법」 제2조에 따른 중증장애인을 말해.
- 근로능력이 상실되거나 현저하게 감소되는 등 장애 정도가 중증인 사람으로서 대통령령으로 정하는 사람.

구분		기본형	변종형
소득 기준	없음	B의 100% 미만	'B+'의 100% 미만
	미약	B의 100% 이상 [(A×40%) + (B×100%)] 미만	'B+'의 100% 이상 [(A×40%) + ('B+'×100%)] 미만
	있음	(A×40%) + (B×100%) 이상	(A×40%) + ('B+'×100%) 이상
재산 기준	없음	(A＋B×18%) 미만	(A＋'B+'×18%) 미만
	있음	(A＋B×18%) 이상	(A＋'B+'×18%) 이상
부양비 부과율		30%	**같음**

🧑‍🦰 결과적으로, 소득 기준, 재산 기준을 모두 완화된 기준으로 적용하는 거네?

🧑 그렇지.

🧑‍🦰 잠깐, 근데 지금까지 중증장애인이 언급된 변종형 기준이 좀 있었던 거 같아. 좀 헷갈리는데?

🧑 맞아. 좀 헷갈릴 수 있지.
이렇게 생각해 보면 어떨까? 만약 부양의무자 가구에 중증장애인이 포함되어 있는데 장애인연금까지 받고 있어. 그러면 ③ 변종형 기준이 적용된다고 생각하면 돼.

🧑‍🦰 그렇지.

🧑 근데, 만약에 20세가 넘었고 장애인 연금도 받지 않아. 그렇다면, 당연히 ③ 변종형 기준은 적용할 수 없어. 그렇지?

🧑‍🦰 그렇지.

🧑 그렇다면, ⑪번 변종형 기준이나 ⑥번 변종형 기준(추가요건을 충족하면) 등이 적용된다고 생각하면 돼.

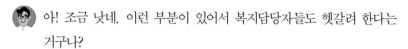 아! 조금 낫네. 이런 부분이 있어서 복지담당자들도 헷갈려 한다는 거구나?

맞아. 다음은, ⑫ **취약계층인 수급(권)자의 노인인 부양의무자의 변종형 기준**이야 수급(권)자가 (노인, 장애인, 한부모, 희귀난치성 질환자, 중증질환자) 등의 취약계층이고 동시에 부양의무자가 노인인 경우에 적용할 수 있는 기준이야. 기본형과 비교했을 때 재산 기준은 같지만 소득 기준과 부양비 부과율이 달라.

구분		기본형	변종형
소득 기준	없음	B의 100% 미만	기본형과 같음
	미약	B의 100% 이상 (A×40%)+(B×100%) 미만	B의 100% 이상 (A×40%)+(B×100%)와 (A+B)×74% 중 높은 값 미만
	있음	(A×40%)+(B×100%) 이상	(A×40%)+(B×100%)와 (A+B)×74% 중 높은 값 이상
재산 기준	없음	(A+B×18%) 미만	기본형과 같음
	있음	(A+B×18%) 이상	기본형과 같음
부양비 부과율		30%	15%

 어떻게 다른 거야? 계산식으로 보니까… 감이 안 오네.

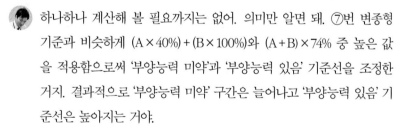 하나하나 계산해 볼 필요까지는 없어. 의미만 알면 돼. ⑦번 변종형 기준과 비슷하게 (A×40%)+(B×100%)와 (A+B)×74% 중 높은 값을 적용함으로써 '부양능력 미약'과 '부양능력 있음' 기준선을 조정한 거지. 결과적으로 '부양능력 미약' 구간은 늘어나고 '부양능력 있음' 기준선은 높아지는 거야.

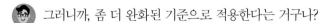 그러니까, 좀 더 완화된 기준으로 적용한다는 거구나?

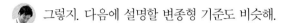 그렇지. 다음에 설명할 변종형 기준도 비슷해.

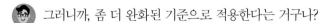 그래?

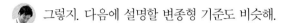 ⑬ 수급(권)자가 취약계층인 경우의 변종형 기준이야.

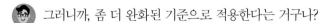 ⑫번도 취약계층이었잖아?

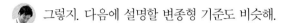 ⑫번은 수급(권)자가 취약계층이고 동시에 부양의무자가 노인일 때 적용하는 기준이야. ⑬번은 부양의무자 요건이 없어. ⑫번과 ⑬번의 판정 기준은 비슷하지만 한 가지가 틀려. ⑬번은 부양비 부과율이 30%야.

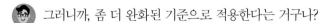 그러니까 부양의무자가 노인일 경우와 아닐 경우, 그 차이도 감안하는 거구나?

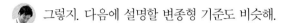 응.

구분		기본형	변종형
소득 기준	없음	B의 100% 미만	기본형과 같음
	미약	B의 100% 이상 (A×40%)+(B×100%) 미만	B의 100% 이상 (A×40%)+(B×100%)와 (A+B)×74% 중 높은값 미만
	있음	(A×40%)+(B×100%) 이상	(A×40%)+(B×100%)와 (A+B)×74% 중 높은값 이상
재산 기준	없음	(A+B×18%) 미만	기본형과 같음
	있음	(A+B×18%) 이상	기본형과 같음
부양비 부과율		30%	기본형과 같음

부양비 부과율 빼고는 ⑫과 똑같지?

그러네. 좋아, 다음은?

다음은, ⑭ 일반적인 부양의무 부과 곤란 부양의무자의 변종형 기준이야. 이 기준은 ⑫번과 똑같아.

일반적으로 부양의무를 부과하기 곤란한 경우는 어떤 경우인데? 누구한테 적용할 수 있는 거야?

생계·주거를 달리하는 재혼한 부·모[55] 또는 배우자가 실종 등의 상태인 며느리에게 적용할 수 있어.

아, 그런 경우에는 좀 완화된 기준을 적용한다?

응. 판정 기준은 ⑫번과 똑같아

구분		기본형	변종형
소득기준	없음	B의 100% 미만	기본형과 같음
	미약	B의 100% 이상 (A×40%)+(B×100%) 미만	B의 100% 이상 (A×40%)+(B×100%)와 (A+B)×74% 중 높은 값 미만
	있음	(A×40%)+(B×100%) 이상	(A×40%)+(B×100%)와 (A+B)×74% 중 높은 값 이상
재산기준	없음	(A+B×18%) 미만	기본형과 같음
	있음	(A+B×18%) 이상	기본형과 같음
부양비 부과율		30%	15%

---

55 재혼한 배우자와 근로능력 없는 자녀를 양육하고 있을 경우에만 적용할 수 있어.

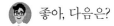 좋아, 다음은?

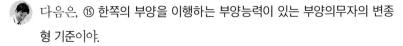 다음은, ⑮ 한쪽의 부양을 이행하는 부양능력이 있는 부양의무자의 변종형 기준이야.

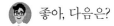 이건 또 무슨 말이야?

이 기준은 한 명의 부양의무자가 둘 이상의 수급(권)자에게 각각 '부양능력 미약' 혹은 '부양능력 있음'으로 판정을 받았을 때 적용할 수 있는 거야. 그러니까, 아들이 부양의무자인데, 부모가 이혼 후 각각 수급자 신청을 한 경우지. 두 쪽 모두 '부양능력 없음'으로 판정되었다면 문제가 없겠지만 두 쪽 모두 '부양능력 있음'이나 '부양능력 미약'으로 판정되었다면 문제가 있지. 한 명의 부양의무자에게 중복해서 부양의무를 부과하는 꼴이니까.

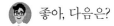 아, 그럴 수도 있겠다.

그래서 이렇게 조정을 해. 기초생활보장 지침에 나와 있는 요약 내용을 그대로 보여줄게.

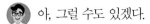 ※ 한쪽의 부양을 이행하는 부양능력이 있는 부양의무자(요약)

구분	수급자 A	수급자 B	적용 방안
각 수급자에 대한 부양능력 정도	있음	있음	A(B) 가구는 보장중지, 나머지 B(A) 가구에는 A(B) 가구원 수에 해당하는 기준중위소득 40%를 차감한 부양능력 판정소득액 적용
	있음	미약	부양능력 있음인 가구는 보장중지, 부양의무자가 보장중지 되는 가구에 실제 지원하는 금액을 나머지 가구에 대한 부양비에서 차감
	미약	있음	
	미약	미약	A, B 가구 중 한쪽 가구에만 부양비 산정

출처: 2019년 국민기초생활보장 사업안내

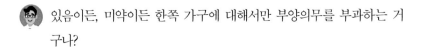 있음이든, 미약이든 한쪽 가구에 대해서만 부양의무를 부과하는 거구나?

그렇지, 그렇게 생각하면 돼.

좋아 이제 마지막인 거 같은데?

맞아. 마지막은 ⑯ **부양비 적용 제외 변종형 기준**이야. 이 변종형 기준은 부양능력이 미약한 부양의무자에게만 적용할 수 있는 거야.

부양능력이 미약하다면 15% 혹은 30%의 부양비가 산정된다고 했지?

그렇지.

그중에서도 부양비 산정을 제외하는 부양의무자가 있다는 거야.

그러니까 기본형과 다른 변종형 기준의 추가 기준 같은 거구나? 어떤 경우에 적용하는데?

총 네 가지 경우에 적용할 수 있어. 아래 조건을 충족한다면 부양능력이 미약인 경우에도 부양비를 산정하지 않아. 우선, ⓒ은 ⑮번 변종형 기준의 일부 내용이야.

㉠ 주거가 다른 직계존속을 부양 중인 부양의무자
㉡ 두 수급(권)자 가구에 대한 부양의무자
㉢ 장애의 정도가 심한 장애인 또는 장애의 정도가 심하지 않은 장애인 중 별도의 의학적 기준을 충족하는 자[56]인 부양의무자
㉣ 직계비속에게 양육비를 지원하는 부양의무자

아, 한쪽만 부양비를 산정한다?

그렇지. 그리고 ㉢도 별도 설명은 하지 않을게.

㉠과 ㉣은?

---

56 2019년 7월 1일 장애등급제 폐지로 개정되었어(이전기준: 1~4급 등록장애인).

그 둘은 설명이 좀 필요해. ㉠은 부양의무자가 '따로 살고 있는 직계존속'을 부양하고 있을 때 적용할 수 있어. 무조건 모든 부양비를 제외하는 건 아니고 산정된 부양비와 실제 부양하는 금액이 얼마인지에 따라 달라.

예를 들어, 장모가 수급자 신청을 했는데 사위의 소득으로 인하여 부양비가 산정되었어. 근데 알고 보니 사위가 본인의 아버지에게 용돈을 보내고 있는 거야. 이런 경우, 부양비도 20만 원, 아버지의 용돈도 20만 원이라면 부양비는 적용하지 않아.

아! 알겠다. 그러면 아버지의 용돈이 10만 원이면?

10만 원은 빼고 나머지 10만 원을 부양비로 산정해.

그럼 ㉣은?

㉣도 똑같아. 다만 대상이 직계비속이지. 부양의무자가 이혼 등의 사유로 주거를 달리하는 직계비속에게 양육비를 보내고 있을 때 적용할 수 있어. ㉠과 마찬가지로 직계비속의 양육 금액에 따라 부양비가 조정되지.

처음에 네가 말했듯이 종류도 많고 하나하나가 세세하다.

맞아. 다른 기준보다 부양의무자 기준이 더 그렇지.

근데, 이렇게 변종형 기준도 많은데, '아~주 특별한 경우'가 또 있는 거야?

응. 게다가, '아주 특별한 경우'의 내용은 부양의무자 기준 중에서 가장 중요한 부분이야.

3. 아주 특별한 경우

지금까지 설명했던 부양의무자 기준은 소득과 재산으로 부양능력을 판정하는 기준이었어. 기본형 기준도 있었고 열여섯 가지 '변종형 기준'도 있었지. 하지만 이걸로는 부족해. '부양의무자가 있어도 부양을 받을 수 없는 경우'가 있거든.

부양을 받을 수 없는 경우? 어떤 경우가 있을까?

부양의무자가 군 복무 중일 수도 있고, 해외로 이주했을 수도 있고, 가출하여 행방불명 중일 수도 있지. 어디 그뿐인가? 부양의무자가 부양능력이 있어도 다양한 이유 때문에 부양을 거부하거나 기피하는 경우도 있어.

아, 이런 경우도 있을 수 있겠구나

'부양의무자가 있어도 부양을 받을 수 없는 경우'는 크게 세 가지로 구분해. 이런 경우의 부양의무자는 소득·재산과 관계없이 '부양능력 없음'으로 판정해.

① 부양의무자가 부양불능상태인 경우

② 부양의무자가 부양을 거부하거나 기피하는 경우

③ 수급(권)자가 부양을 받을 수 없다고 보장기관장이 확인한 경우

🧑 그렇구나. 그러니까, 부양의무자 조사라는 게 소득과 재산 조사만 있는 건 아니구나?

🧑 그렇지. 부양의무자가 부양불능상태인지, 부양의무자가 부양을 거부하고 있는 상태인지 혹은 수급(권)자가 부양을 받을 수 없는 상태인지를 확인해야 되니까.

🧑 그럼, 어떻게 확인하고 조사하는데?

🧑 우선 ① '부양의무자가 **부양불능상태인 경우**'에는 간단해. 부양불능 상태라는 건 군 복무, 해외이주, 복역, 보장시설 수급자, 실종선고, 가출, 행방불명을 말하거든.[57] 관련 증빙자료를 확인하고 공무원이 사실조사만 하면 돼.

🧑 그럼, 부양의무자가 부양을 거부·기피 하거나(②), 수급(권)자가 부양을 받을 수 없는 경우(③)는?

🧑 ②번과 ③번은 좀 자세히 알아볼 필요가 있어. 쉽게 판단하고 결정할 사항은 아니거든. ①번은 보장기관의 확인만으로 결정이 가능하지만

---

57 2019년 8월 1일부터는 아동복지시설 등(대리양육, 가정위탁 포함)에서 보호받고 있는 아동의 부양의무자도 '부양불능상태'로 인정할 예정이야. 즉, 가정위탁아동이 수급을 신청할 경우, 그의 부모는 부양의무자 소득·재산 기준을 적용하지 않아.

②번과 ③번은 생활보장위원회의 심의·의결을 거쳐야 돼.

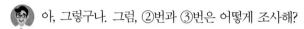 아, 그렇구나. 그럼, ②번과 ③번은 어떻게 조사해?

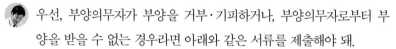 우선, 부양의무자가 부양을 거부·기피하거나, 부양의무자로부터 부양을 받을 수 없는 경우라면 아래와 같은 서류를 제출해야 돼.

수급(권)자 제출자료

■ 기본자료
① 소명서(수급(권)자 작성)
② 사실조사보고서(통합조사관리 담당공무원 작성)
③ 수급(권)자 및 부양의무자의 주민등록초본(공부상 확인되는 경우에는 제출생략)
④ 지출실태조사표
⑤ 최근 1년간 수급(권)자 명의의 통장 입출금내역
　＊ 부정수급 신고 등 추가 확인 필요시 1년이상 통장 입출금내역 추가자료 요구가능

■ 추가자료(담당자 판단)
① 부양기피사유서(부양의무자가 동의하는 경우에만 제출 요청, 부양의무자 작성)
② 가출(실종)신고서, 아동양육시설 등 보호확인서, 아동학대신고서, 이혼판결문 및 가정법원에 제출한 이혼신청서 등 부양거부·기피·부양을 받을 수 없는 사유 등을 뒷받침할 수 있는 자료

출처: 2019년 국민기초생활보장 사업안내

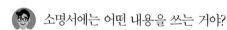 소명서에는 어떤 내용을 쓰는 거야?

 부양을 받지 못하는 이유를 적는 거지. 보통 내용이 이래.

소명서	부양기피 사유서
저는 20년 전 배우자와 이혼하고 두 자녀와 연락이 두절된 상태입니다… 현재 기본적인 생활 유지가 힘들며….	저희 아버지는 20년 전에 어머니와 이혼하셨고… 이혼하기 전부터 알코올중독으로 가족을 돌보지 않고 폭력을 일삼았으며….

↑

 이건, 수급(권)자가 작성하는 거야.

이건, 부양의무자가 작성하는 건데, 부양의무자가 동의하는 경우에만 작성해.

이런 서류를 내면 그다음은 어떻게 되는 거야?

조사담당자가 기본 자료를 검토하고 생활실태 등의 사실조사를 하지. 소명내용이 타당한지를 판단하고, 인정할 만한 사유라면 생활보장위원회를 거쳐 보장 여부를 결정해.

그렇구나.

하지만, 소명 내용 자체가 신뢰성이 떨어지는 경우도 상당히 있어. 경우에 따라서는 거짓 소명을 하는 경우도 있지.

그래?

부양의무자가 부양을 거부하고 있다고 소명했는데 입출금 내역 확인결과, 일정 금액의 돈을 정기적으로 받고 있는 경우도 있어. 그뿐 아니야. 수년 전부터 아들과 연락을 끊었다고 소명했는데 해외여행을 같이 간 기록이 확인된 적도 있어.[58]

잘 가려내야 되겠네?

그렇지.

---

58 물론, 부양의무자와 해외여행을 갔다는 자체만으로 판단할 사항은 아니야. 다만, 위 사례의 경우, 소명의 신뢰성이 떨어진다는 거지.

그럼, 어떤 경우에 부양을 받을 수 없다고 인정하는 거야? 가족사라는 게 너무 다양하잖아.

부양의무자가 자녀라고 하면 과거 부모의 적절치 못한 양육(부·모의 외도, 이혼, 폭력, 알코올중독 등)으로 부양을 거부하는 게 보통이야. 하지만 사유는 다양해. 가이드라인이 되는 대표적인 예시들은 국민기초생활보장 사업안내에 나와 있지. '부양을 거부하거나 기피하는 경우'와 '부양을 받을 수 없는 경우'가 구분되어 있어.

그래?

응. 구체적으로 알고 싶다면 '국민기초생활보장 사업안내'에서 아래 내용을 찾아봐.

- 또한 생계와 주거를 달리하는 30세 이상인 복수의 자녀가 모두 수급(권)자인 경우 부양능력이 양쪽에 모두 있음에 해당하는 부모, 본인 부모와 본인 자녀가 각각 수급(권)자인 경우 부양능력이 양쪽에 모두 있음에 해당하는 부양의무자 등도 적용 가능함

※ 한쪽의 부양을 이행하는 부양능력이 있는 부양의무자(요약)

구분	수급자 A	수급자 B	적용 방안
각 수급자에 대한 부양능력 정도	있음	있음	A(B) 가구는 보장중지, 나머지 B(A) 가구에는 A(B) 가구원 수에 해당하는 기준중위소득 40%를 차감한 부양능력 판정소득에 적용
	있음	미약	부양능력 있음인 가구는 보장중지, 부양의무자가 보장중지 되는 가구에 실제 지원하는 금액을 나머지 가구에 대한 부양비에서 차감
	미약	있음	
	미약	미약	A, B 가구 중 한쪽 가구에만 부양비 산정

4) 부양의무자가 있어도 부양을 받을 수 없는 경우 [법 제8조의2제2항]

가) 부양의무자가 부양불능상태인 경우

(1) 「병역법」에 따라 징집·소집된 경우 (군 의무복무 중인 사람)
※ 사관생도, 부사관·위관이상(직업군인), 병역특례 취업자, 경찰대학 졸업 후 군복무 대체이행자, 사회복무요원, 상근예비역은 적용 대상이 아님

(2) 「해외이주법」 제2조의 해외이주자에 해당하는 경우

(3) 「형의 집행 및 수용자의 처우에 관한 법률」 및 「치료감호법」등에 따른 교도소·구치소·유치장·치료감호시설·소년원·소년분류심사원 등에 수용 중인 사람

(4) 보장시설에서 급여를 받고 있는 사람(보장시설수급자)

(5) 실종선고 절차가 진행 중인 사람

(6) 가출 또는 행방불명으로 경찰서 등 행정관청에 신고된 후 1개월이 지났거나 가출 또는 행방불명 사실을 시장·군수·구청장이 확인한 사람

나) 부양의무자가 부양을 거부하거나 기피하는 경우

(1) 수급(권)자가 부양의무자로부터 실질적인 부양을 받지 못하여 기준 중위소득 43% 이하의 생활을 하고 있다고 소명하여 시장·군수·구청장이 확인하는 경우

(가) 학대 피해아동이 가정위탁 보호 등의 보호조치를 받고 있는 경우 또는 아동이 부양의무자와 생계와 주거를 달리하여 아동 공동생활가정에서 보호조치를 받고 있는 경우

(나) 수급(권)자 가구가 이혼한 한부모가구로, 전 배우자가 수급(권)자인 아동의 부양을 거부·기피하는 경우

(다) 수급(권)자 가구가 미혼모(부) 가구로 자녀의 친생부(모)가 수급(권)자인 아동의 부양을 거부·기피하는 경우

(라) 장애인·아동·한부모시설 등에서 퇴소한 수급(권)자를 부양의무자가 부양 거부·기피하는 경우 등

　　※ 장애인 등이 시설에서 입·퇴소하여 부양을 받을 수 없다고 주장하는 경우, 수급자가 동의하는 경우에는 퇴소 전 시설장의 의견서 등을 통해 부양거부·기피를 판단 가능. 단, 수급자가 동의하지 않는 경우 등 의견서 제출여부 만으로 부양거부·기피를 판단하지 않도록 유의

(2) 부양의무자와 가족관계 해체상태로 정상적인 가족기능을 상실하여 정서적·경제적 부양을 받을 수 없다고 수급(권)자가 소명하여 시장·군수·구청장이 인정하는 경우

> **가족관계 "단절" → "해체" 용어변경 사유**
>
> • 부양의무자가 있어도 부양을 받을 수 없는 경우의 확인(인정)은 수급(권)자와 부양의무자와의 관계에 대한 가족기능 작동여부 등의 판단으로 보장기관의 재량행위라 할 수 있음
> • 이전 지침에서 사용된 '실질적인 가족관계 단절'의 의미가 용어의 경직성으로, 실질적인 가족기능(정서적·경제적 지지 등)을 상실하여 실질적인 부양이 이루어지지 않고, 기능회복을 기대하기 어려운 상태로 판단되는 수급(권)자에 대하여,
> 　- 부양의무자와 1~2회의 전화연락 또는 방문만으로도 '실질적인 가족관계 단절이 아니다' 라고 판단하는 등의 지나치게 엄격한 제도운영이 있었음
> • 이에 가족 간의 관계로서의 기능이 작동하지 못하고 있는 상태를 '실질적인 가족관계 단절'이라는 용어 대신 '가족관계 해체상태로 정상적인 가족기능을 상실'이라는 용어로 변경함
> 　- '가족관계 해체'는 가족 관계의 기능을 상실하여 보편적이고 정상적인 가족 관계에서 작동하는 정서적 지지, 경제적 지지 등이 이루어지지 않고 있는 상태에 대한 소명의 합리성, 객관적 실당성, 전후의 일관성 등 종합적인 판단을 위한 용어로, 단절보다 순화된 용어임

(가) 부 또는 모가 이혼 후 재혼하여 전 배우자와의 자녀에 대해 실질적으로 부양하지 않고 있는 경우

(나) 과거 가족 간의 관계해체 사유(이혼, 폭력, 상해, 방임, 유기, 가출, 학대, 알콜중독 등)의 이유로 가족관계가 해체되어 부양의무자로부터 실질적인 부양을 받을 수 없는 경우 등

(다) 수급(권)자 가구가 미혼모·부 및 한부모가 되는 과정에서 부양의무자인 직계존속과 갈등(자녀입양 강요, 임신중절 강요 등)으로 가족관계가 해체되어 실질적인 부양을 받을 수 없는 경우

(라) 수급(권)자의 1촌의 직계비속인 부양의무자가 19세 미만인 미성년 자녀('민법」 제4조)로 그의 보호자인 이혼한 전 배우자가 조사를 거부하거나 기피하는 경우

　　※ 동 조항을 적용받던 부양의무자가 19세 이상의 성년이 되면 계속 적용 불가

(3) 양자, 양부모 등 혈연관계가 아님을 이유로 부양을 거부하거나 기피하는 경우

　- 친부모가 이혼하고 재혼한 뒤 실종선고, 가출·행방불명 신고 된 상태에서 자녀가 수급신청을 한 경우 그 계부모 등

다) 수급(권)자가 부양을 받을 수 없다고 보장기관이 확인한 경우

(1) 부양의무자 가구에 자연재해 및 이에 준하는 사고 등이 발생한 경우

(2) 부양의무자가 수급(권)자의 1촌의 직계비속이 실종, 가출, 행방불명 등인 경우 그 배우자(사위, 며느리)인 경우

(3) 부양의무자가 근로무능력자로만 구성된 가구로서 부양능력 판정소득액은 기준 중위소득의 70% 이하이나 재산이 본인이 거주하는 주택에 한정되어 있거나, 재산에 대한 재산권 행사나 처분이 곤란하여 해당 재산을 제외하면 부양능력 없음에 해당하는 경우

(4) 취약계층 우선보장 대상 : 보장기관이 부양의무자로부터 부양을 받을 수 없다고 확인한 아래의 수급(권)자

> **취약계층 우선보장 대상**
>
> (가) 부양비를 제외한 수급(권)자의 소득인정액이 기준 중위소득의 30% 이하인 가구
>
> 【 2019년 기준 중위소득의 30% 】

가구규모	1인가구	2인가구	3인가구	4인가구	5인가구	6인가구	7인가구
금액	512,102	871,958	1,128,010	1,384,061	1,640,112	1,896,163	2,152,214

- 상기 수급(권)자 가구는 해당 가구의 소득인정액 만으로는 생계급여 수급자 선정기준을 충족하나, 부양의무자의 부양능력으로 인해 탈락한 경우(생계급여 비수급 빈곤층)로서,
  - 반드시 개별 가구에 대한 지방생활보장위원회 심의를 실시하여 보장여부 결정 필요

(나) 수급(권)자가 장애인 등 근로능력이 없는 자로만 구성된 가구 또는 만성질환, 희귀난성성질환 자 및 중증질환자(암환자, 중증화상환자) 등 6개월 이상 치료·요양·입원이 필요한자가 있는 가구로 부양의무자로부터 실제 부양을 받지 못하는 가구
(다) 수급(권)자인 가구주가 '장애인복지법'에 따른 1~4급 등록장애인, 75세 이상의 노인으로 부양의무자로부터 실제 부양을 받지 못하는 경우
(라) 수급(권)자가 질병·장애·실직 등으로 생활이 곤란한 이혼 또는 미혼인 한부모 가구로, 부양의무자 등(전 배우자, (조)부모, 자녀의 전생부모)으로부터 양육비 등 지원이 없거나 또는 지원받는 양육비 등이 기준 중위소득의 40% 이하에 해당하여 실질적으로 생활이 어려운 가구
  ※ 부양의무자로부터 양육비 등 지원이 있는 경우에는 정기지원 사적이전소득으로 산정
(마) 조부모와 손자녀로 구성된 조손가정으로서 손자녀의 부모가 사망 또는 행방불명·가출·유기·방임 등으로 인해 부모가 있어도 지원을 받을 수 없는 경우로서 손자녀의 부모를 제외한 가구의 소득인정액이 기준 중위소득 40% 이하에 해당하여 실질적으로 생활이 어려운 가구
(바) 수급(권)자 중 보장시설 입소가 필요한 가구원(저체노인, 중증장애인, 알코올 중독자 등)이 있으나 부양의무자로부터 실제 부양을 받지 못하는 가구
(사) 기타, 시장·군수·구청장이 수급(권)자의 생활실태로 보아 부양의무자의 부양 능력에도 불구하고 보장하는 것이 타당하다고 판단하여 지방생활보장위원회의 심의·의결을 거치는 경우

- 수급(권)자가 '취약계층 우선보장 대상자'에 해당하는 경우, 수급(권)자는 보장 결정하고 '부양의무 불이행'자에 대한 보장비용 징수 제도를 운영하여 적극적으로 수급자 보장 요망
  - 보장비용 징수 대상인 부양의무자의 보장비용은 지방생활보장위원회의 심의·의결로 징수제외 가능
- '취약계층 우선보장 대상 여부 판단을 위해 필요한 경우 사업팀과 통합조사·관리팀 간 사례회의를 활용하는 등 부양의무자로 인한 기초생활보장 사각지대 적극 해소
- 수급 신청가구 특성, 부양의무자가 부양을 할 수 없는 사유, 수급신청가구의 선보장 후징수 등의 여부 등 고려
- 수급자 소명서(동의여부), 부양의무자 미지원 사유서(필요시), 공무원 사실조사보고서, 수급자 가구특성을 확인할 수 있는 자료 등을 구비하여 심의

< 취약계층 우선보장 심의 사례 >

◎ (사례1) 1~4급 등록장애인포함 가구, 소득인정액 30%이하가구
  - (부양상황) 부양의무자가 모친으로, 실제 소득은 없고 집으로 인해 부양능력 있음으로 탈락, 실제 집을 처분하였으나 기타 재산으로 인정되고, 부채 상환 증빙 서류 등 제출에 어려운 상황(다른 자녀의 부채 상환 등)
  - (보장비용징수) 보장비용 징수는 보장비용 징수 제외 대상자(부양의무자 재산 기준이 (A+B) * 60% 이하)에 해당하여 징수 제외 처리

◎ (사례2) 질병, 실직 등으로 생활이 곤란한 한부모가구
  - (부양상황) 부양의무자인 전남편은 상속재산인 토지가 많아 부양능력 있으나 공동명의라 매각이 어렵고, 작년 일용근로를 하던 중 뇌경색으로 쓰러져 언지능력을 상실하여 근로를 할 수 없는 상황
  - (보장비용징수) 부양의무자의 현재 건강상태, 소득이 없는 점 등을 고려하여 지생보 심의를 통해 징수 제외
◎ (사례3) 알코올 의존증으로 요양병원 입퇴원 반복하는 의료비 지출이 많은 대상자
  - (부양상황) 부양의무자는 대학생인 자녀에게 매달 생활비를 보내주는 등 지출이 많아 부양을 할 수 없는 상황
  - (보장비용징수) 자녀 교육 비용이 많이 발생하고 있으나, 부양 의무자의 부양능력을 고려하여 보장비용은 징수 결정
◎ (사례4) 주거환경 열악, 만성질환으로 생활이 어려운 대상자
  - (부양상황) 부양의무자의 소득기준 초과, 두발 암파 비용 발생, 개인부채까지 상환하고 있는 상태로 부양 할 수 없는 상황이며, 연락은 하고 자녀가 경제적 지원은 전무한 상황
  - (보장비용징수) 부양의무자의 지출요인 등을 고려하여 지생보 심의를 통해 징수 제외

(5) 수급(권)자의 채무로 인하여 부양의무자가 신용불량자가 되거나, 재산압류 및 급여를 채권추심 당하거나, 파산자가 되는 등 중대한 금전적인 제한을 당한 경우
(6) 부양의무자가 6개월 이상 정기적으로 부채(의료·교육·주거부채에 한함)를 상환하고 있어 소득에서 상환금액(원금+이자)을 제외할 경우 부양능력 없음 기준에 해당하는 경우
(7) 부양의무자의 임금이 체불되어 체불액을 제외하면 부양능력 없음에 해당하는 경우
  ※ 회사의 임금체불확인서, 통장거래내역 등을 제출받아 심의를 통해 체불액만큼 소득산정에서 제외하되 6개월에 1회 이상 체불여부 확인
(8) 부양의무자가 해외이주 상태는 아니나 외국에 1년 이상 장기체류하여 부양의무자로 부터 수급(권)자가 부양을 받지 못하여 기준 중위소득 40% 이하의 생활을 하고 있는 것으로 보장기관장이 확인한 경우
(9) 부양의무자가 다음 기준에 해당하는 경우
  (가) 다음의 소득재산기준을 모두 만족하는 경우
    ① 부양능력 판정소득액 : 수급(권)자 가구의 기준 중위소득 40%와 부양의무자 가구 기준 중위소득 100%를 합한 금액 미만 [(A×40%)+(B×100%)]
    ② 재산의 소득환산액 : 수급(권)자 가구 및 당해 부양의무자 가구의 각각의 기준 중위소득을 합한 금액의 60%미만 [(A+B)×60%]

(나) (가)의 부양능력 판정소득액은 만족하나 재산의 소득환산액 기준을 초과하는
부양의무자 가구가 근로무능력자로만 구성된 가구이고 수급(권)자의 생활실태
및 가구특성 등을 종합적으로 고려할 때 보호가 필요하다고 인정하는 경우

- 부양의무자의 재산기준이 초과 하더라도 수급(권)자는 보장 가능
  ※ 동 조항은 지방생활보장위원회의 심의·의결을 거쳐 보장비용 징수 제외가 가능한
    사례로 이미 인정하던 경우이거예(지침 283쪽 (다)-③ 참조) 보장기관이 부양의무자의
    소득과 재산 기준이 상기 기준 미만인 경우, 수급자의 생활실태 등이 열악하면 수급(권)자는
    보장하고 지방생활보장위원회를 통하여 보장비용 징수 제외 처리할 수 있다는 의미임

✓(10) 기타 부양의무자가 부양을 할 수 없는 타당한 사유를 소명하거나, 보장기관이
직접 사실을 확인한 경우 등

라) 수급(권)자가 30세미만의 한부모가구, 보호종료아동인 경우
(1) 적용대상 요건(부양의무자 가구 특성 고려하지 않음)
  ○ 수급(권)자 가구 요건
    - 「한부모가족지원법」 제4조에 따른 한부모 자격 책정 가구
    - 「아동복지법」 제52조 제1항 제1호 아동양육시설, 제1호 공동생활가정 퇴소아동,
      「아동복지법」 제3조 제6호에 따른 가정위탁 종료아동
      * (아동자립정착금 지원대상) 만18세 이상의 해당 시설 만기퇴소 및 가정위탁 보호종료 아동
  ○ (나이기준) 30세 생일 도래 일이 속한 달의 전월까지 적용
(2) 적용대상 급여
  ○ 생계급여, 의료급여 모두 적용
    ※ 기타 처리기준은 바)항목 수급(권)자 가구에 노인 또는 1~3급 장애인 및 부양의무자
      가구에 노인 또는 중증장애인이 포함된 경우와 동일(190~193쪽)

【부양의무자가 있어도 부양을 받을 수 없는 경우의 처리 방법】

구 분	지방생활보장위원회 심의여부		사후관리(확인조사)	
	보장여부	보장비용 징수여부	소득·재산조사	부양여부 등 생활실태조사
부양불능 상태인 경우[가]항	심의 불필요	심의불필요 (징수제외)	조사 제외	조사
부양거부·기피인 경우[나]항	심의	심의	조사 제외	조사
부양을 받을 수 없다고 확인한 경우[다]항	심의	심의	조사	조사

출처: 2019년 국민기초생활보장 사업안내

 여기에 나와 있는 예시에만 적용할 수 있는 건 아니지?

 응. 꼭 그런 건 아니야. 구체적으로 명시되어 있지 않더라도 그와 준
하는 경우라면 인정할 수 있어. 물론 타당한 사유가 있어야 돼(맨 마
지막 ✓(10)항을 봐봐).

 그렇구나. 어쨌든, 예시가 많기는 하다. 그렇지?

 많아졌지.

 많아졌다고?

 응. 예전에는 구체적인 예시가 이렇게 많이 들어가 있진 않았는데, 많
아지게 된 이유가 있지.

 그래?

우선, 내부적으로는 지자체 공무원들의 요구가 있었어. 지자체가 재량적으로 판단할 사항인데 구체적인 사례나 지침이 부족하다 보니, 지자체 입장에서는 좀 부담스러워했지. 그러다 보니, 최소한의 소극적인 판단만 하는 경우가 많았어.

지자체 복지공무원 a씨

아니. 신청인 대부분이 부양을 받지 못한다고 하는데.... 구체적인 지침을 줘야지 판단을 하지요!! 이거, 지자체에 책임 떠 넘기는 거 아닌가요??

아!

그리고 외부적으로는, 부양의무자 기준의 사각지대 문제가 지속적으로 제기되어 왔어(실제 부양을 받지 못했던 수급노인의 자살 사건도 있었지).

그러다 보니 많아졌구나?

그렇지, 부양의무자와 관련된 사각지대를 줄이려면 부양을 받지 못하는 수급자에 대한 적절한 조치가 있어야 하니까. 계속적으로 강조할 수밖에 없는 거지. 그러다 보니 내용이 점점 많아지는 거야(적어도 기준이 폐지되기 전까지는 말이야).

※ 이렇게 얘기할 거 같다는 거야.

🧑 좋아, 그럼 부양을 받을 수 없는 상태이고 보장기관이 이를 인정했어. 그럼 이제 어떻게 되는 거야?

🧑 생활보장위원회를 거쳐 보장 여부를 결정하고 맞춤형 급여를 지급하지. 다만, 그중에서 부양능력 있는 부양의무자가 특별한 사정없이 부양을 거부·기피하고 있는 경우라면 지급된 급여(생계급여 등 현금급여)의 전부 또는 일부를 그 부양의무자에게 징수해(부양의무자가 납부하지 않으면 「국세징수법」 또는 「지방세징수법」에 따라 체납처분 돼).

🧑 전부나 일부?

🧑 응. 생계급여라면… '부양능력 있음'으로 판정된 부양의무자에게는 지급한 생계급여의 전부를 징수하고, '부양능력 미약'으로 판정된 부양의무자에게는 지급한 생계급여의 일부(부양비만큼)를 징수하지. 이런 걸 '부양의무 불이행자에 대한 보장비용징수'라고 해. 보장비용 징수 여부도 생활보장위원회에서 결정해. 보장 여부와 함께 심의하는 게 보통이지.

🧑 그러니까, 심의를 상정하고 보장 여부를 결정하되, 그 사유에 따라서

보장비용을 징수한다?

그렇지.

그럼, 매월 징수한다는 거야?

생계급여라면 그렇지. 한 달 급여 지급하고 징수하고, 다음 달 급여 지급하고 또 징수하고….

징수되는 사례가 많아?

물론, 많지는 않아. 대부분 특별한 사유를 가지고 있으니까. 징수 제외로 결정되는 게 보통이지. 그리고, 부양의무자가 악의적으로 부양을 거부한다고 해도 징수까지 원하는 수급(권)자는 그리 많지 않아. 차라리 수급을 포기해 버리지.

그렇구나.

어때? 좀 정리가 돼?

응. 우선, 기본형과 변종형 기준으로 부양능력을 판정하고, 부양을 받을 수 없는 아주 특별한 사유가 있으면 생활보장위원회를 거쳐 보장한다. 그렇지?

그렇지. 여기서 중요한 건, '부양을 받을 수 없는 경우'에 대한 적절한 조치야. 적절한 조치가 있어야지 보다 현실적인 부양능력 판정이 될 수 있어.

부양의무자 기준이 전면 폐지된다고?

🧑 2019년 4월 보건복지부 장관이 언론과의 인터뷰에서 언급했었지.

박능후 "기초생활보장제도 부양의무자 기준, 전면 폐지하겠다"

(전략) [이창곤 논설위원의 직격인터뷰] 박능후 보건복지부 장관
내년 제2차 기초생활보장 종합계획 수립 때 반영 (후략)[59]

🧑 부양의무자 기준을 지속적으로 완화해 오긴 했지만 전면 폐지를 공식화한 것은 이번이 처음이야.

🧑 그래?

🧑 부양의무자 폐지에 대한 요구를 받아들인 현 정부에서도 그간에는 단계적 폐지에 대한 계획만 가지고 있었어. 2017년 8월에 발표한 제1차 기초생활보장 종합계획(`18~`20년)에서도 부양의무자 기준에 대한 여러 가지 진일보한 계획들(주거급여 부양의무자 기준 폐지[60] 등)이 있었지만 전면 폐지까지는 담아내지는 못했지.

🧑 그럼, 이제 2차 기초생활보장 종합계획(`21~`23년)을 발표할 때가 됐네?

🧑 그렇지, 3개년 계획이니까 2020년에 수립할 예정이야. 앞서 봤던 보건복지부 장관의 인터뷰 내용이 2차 계획에 전면 폐지를 담겠다는 내용이야.

🧑 아, 그렇구나. 전면 폐지를 한다고 해도 일정 시간이 걸리긴 하겠다. 그렇지?

🧑 그렇긴 하지. 그리고 계획이니까 추진되는 과정에서 변동사항이 생길 수도 있어. 예산 문제, 국민 정서 등을 고려하고 여러 협의와 논의를 거쳐 결정되겠지. 경우에 따라서는 현재 부양의무자 기준을 대체할 새로운 부양의무자 기준(고소득, 고

---

59 이창곤, 박능후 "기초생활보장제도 부양의무자 기준, 전면 폐지하겠다", 한겨레, 2019.04.16.,
   http://www.hani.co.kr/arti/society/society_general/890283.html

60 2018년 10월부터 시행되었어.

재산 부양의무자만을 대상으로 하는 기준 등)이 생길 수도 있어.

지켜봐야 할 사항이네.

그렇지. 어느 정도 수준이 됐든, 부양의무자 기준의 사각지대는 반드시 해소되어야 돼. 그게 중요한 거지.

11장

좋아, 이제
어떤 급여를
받는 거야?

- 기초생활보장제도의 급여

드디어, 선정 기준의 모든 걸 이해했다! 신청가구의 생활이 어려운 정도는 소득평가액과 소득환산액, 즉 소득인정액으로 확인하고, 생계급여나 의료급여를 신청한 경우에는 부양의무자의 부양능력과 부양을 받을 수 없는 사유를 확인해서 보장 여부를 결정한다. 맞지?

웅. 파트별로 길고 복잡하게 설명을 하긴 했지만, 요약하면 그렇지.

아직도 갸우뚱해지는 면이 있기는 하지만… 그래도, 좀 깊이 알고 있다는 느낌이 들어.

좋아. 그럼 이제는 기초생활보장제도의 급여에 대해서도 얘기해 보자. 선정 기준이 있는 것도 어차피 보장을 받기 위한 거잖아.

그렇지.

기초생활보장제도의 급여는 '맞춤형 급여'라고 했지? 교육급여(중위소득의 50%)-주거급여(중위소득의 44%)-의료급여(중위소득의 40%)-생계급여(중위소득의 30%) 총 네 가지 급여대상자로 구분해서 차등적인 급여를 지급하지.

그럼, 기초생활보장제도의 급여는 총 네 가지야?

기본적인 급여는 그렇지. 하지만 세 가지가 더 있어. 총 일곱 가지야.

생계급여 의료급여 주거급여 교육급여

해산급여 장제급여 자활급여

🤓 아래 있는 세 가지 급여는 처음 들어 보는데?

🧑 '해산급여'는 생계·의료·주거급여 수급자가 출산했을 때 받을 수 있는 급여야.(교육급여만 받는 수급자는 받을 수 없어) 출산 시 60만 원이 지급되지.

🤓 '장제급여'는 사망했을 때?

🧑 그렇지. 생계·의료·주거급여 수급자가 사망했을 때 장례비용으로 지급받는 급여야. 장례를 치른 사람에게 75만 원이 지급돼.

🤓 그럼, '자활급여'는?

🧑 자활급여는 수급자의 자활을 돕기 위해 지급하는 금품이나 그 밖의 지원을 말해. 자활사업의 각종 수당, 자활근로 인건비, 취업 알선, 창업지원, 자산형성 지원 등이 모두 자활급여이지. 현금급여만 있는 건 아니야.

🤓 자활근로 인건비도 자활급여에 속하네?

🧑 응. 자활급여 중 하나지.

🤓 그럼. 이런 급여는 언제 지급되는 거야?

🧑 각 급여[61]마다 틀리지만, 매월 지급되는 현금급여의 정기 지급일은 매월 20일이야. 생계급여와 주거급여(임차가구의 주거급여)가 그렇지.

---

61 장제·해산급여는 신청 후 4일 이내, 자활근로 인건비는 매월 말일, 교육급여(학용품비)는 학기 초 등 급여마다 달라.

의료급여나 교육급여는?

의료급여는 기본적으로 현금급여가 아니야. 그리고 교육급여는 매월 지급하는 급여가 아니지. 별도 지급일이 따로 있어.

그렇구나. 현금급여는 계좌로 입금되는 거지?

그렇지, 수급자 본인 명의의 계좌로 입금하는 게 원칙이야.

근데, 기초생활보장 급여는 생활비로 쓰이는 거잖아. 혹시 늦게 지급되면 상당히 곤란하겠는데?

맞아. 그래서 각 시·군·구의 급여 담당자는 정신을 바짝(?) 차리며 일하고 있지.

20일 날 지급되는 현금급여에 대해선 추가 지급일(매월 말일)도 있어. 정기급여일이 지난 후 책정되었다면 추가지급일에 급여를 지급해.

아, 생활비로 쓰일 돈이니까 한 달이 넘지 않도록?

그렇지.

근데, 아까 현금급여는 계좌로 지급하는 게 원칙이라고 했잖아? 계좌가 압류되거나 계좌를 개설하지 못하는 경우는 어떻게 해?

기초생활보장 급여는 압류를 금지하고 있어. 채무 때문에 계좌가 압류되는 상황이라면 '압류방지 전용통장'으로 급여를 받을 수 있어.

그럼, 계좌개설 자체가 불가능하면? 중한 질병으로 의식이 없는 사람도 있을 거 아니야?

만약 그런 경우라면 가족(배우자, 직계혈족, 3촌 이내의 방계혈족)이나 이해관계자가 급여를 받을 수도 있어.[62]

그렇구나.

그리고 이런 경우도 있어. 급여 특성상 제3자의 계좌로 입금하는 경우도 있지. 대표적으로 장제급여와 (교육급여 중) 교과서대가 있어. '장제급여'는 장례를 치른 사람에게 지급하고, '교과서대'는 해당 학교로 지급해.

하긴, 사망한 수급자에게 장제급여를 지급할 순 없잖아?

그렇지.

좋아. 그럼, 구체적인 내용들을 살펴볼까?

오케이.

---

62 단, 이해관계자는 반드시 생활보장위원회 심의를 거쳐야 돼.

1. 생계급여

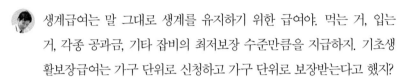 생계급여는 말 그대로 생계를 유지하기 위한 급여야. 먹는 거, 입는 거, 각종 공과금, 기타 잡비의 최저보장 수준만큼을 지급하지. 기초생활보장급여는 가구 단위로 신청하고 가구 단위로 보장받는다고 했지?

 그렇지.

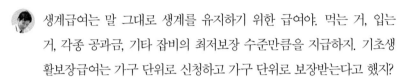 생계급여가 그렇지. 4인 가구이면 가구원 한 명 한 명에게 개별적인 생계급여를 지급하는 게 아니라. 4인 가구의 급여를 가구원 중 한 명에게 지급하지. 급여액 산정은 간단해. 다음 **선정기준액에서 소득인정액**만 빼면 돼.

생계급여액 = 생계급여 선정기준액 - 소득인정액

■ 2019년도 급여종류별 수급자 선정기준

(단위: 원)

구분 \ 가구 규모	1인 가구	2인 가구	3인 가구	4인 가구	5인 가구	6인 가구	7인 가구
생계급여 수급자 (기준 중위소득 30%)	512,102	871,958	1,128,010	1,384,061	1,640,112	1,896,163	2,152,214
의료급여 수급자 (기준 중위소득 40%)	682,803	1,162,611	1,504,013	1,845,414	2,186,816	2,528,218	2,869,620
주거급여 수급자 (기준 중위소득 44%)	751,084	1,278,872	1,654,414	2,029,956	2,405,498	2,781,039	3,156,580
교육급여 수급자 (기준 중위소득 50%)	853,504	1,453,264	1,880,016	2,306,768	2,733,520	3,160,272	3,587,024

※ 생계급여 수급자 선정기준 기준 중위소득 30%는 동시에 생계급여 지급 기준에 해당
※ 8인 이상 가구의 급여별 선정 기준:
　1인 증가시마다 7인 가구 기준과 6인 가구 기준의 차이를 7인 가구 기준에 더하여 산정
　- 8인 가구 주거급여수급자 선정기준: 3,532,121
　= 3,156,580원(7인 기준) + 375,541원(7인 기준-6인 기준)

출처: 2019년 국민기초생활보장 사업안내

소득인정액이 60만 원이고 2인 가구라고 한다면 생계급여액은 271,958원이야(871,958원 - 600,000원 = 271,958원). 1원 단위는 '올림'으로 적용해서 271,960원을 받지.

10원 단위라니….

선정기준액이 1원 단위인데 뭐….

생계급여는 매월 20일에 지급받는 거라고 했지?

그렇지. 만약 20일에 지급받지 못했다면 말일에 지급받을 수도 있어. 보통 신규 책정자들이 그렇지.

하긴 날짜를 맞춰서 책정할 수는 없는 거잖아.

그렇지. 그리고, 신규 책정자가 처음 급여를 받을 때는 신청일부터 소급해서 급여를 받아.

그건, 무슨 말이야?

기초생활보장을 신청하면 처리 기한이 30일 걸린다고 했잖아? 1월 1일에 신청해서 2월에 책정되었으면 2월 20일에 1월분 급여까지 소급받는 거지. 즉, 급여신청일이 급여개시일이야.

처음 급여를 받게 된 신규 수급자는 생각보다 많은 금액에 놀라기도 해. 하지만 몇 개월 치가 소급된 급여야.

 어쨌든, 좀 실망스럽겠는데?

그렇지, 하지만, 그게 아니어도 생계급여는 예상했던 금액보다 적은 경우가 많아. 소득인정액을 빼고 지급하는 거니까. 게다가, 생계급여에서 일정액을 빼는 경우도 있어.

그래? 빼는 금액은 뭔데?

생계급여 공제액이라고 하는데 두 가지 경우에 뺄 수 있어.

정부양곡을
신청했을 경우

장기 입원 중일 경우

우선, 생계급여 수급자가 정부양곡을 신청했다면 양곡구입비를 생계급여에서 공제해. 기초생활보장 수급자는 매월 할인된 가격의 쌀(가구원 1인당 매월 10kg)을 구입할 수 있어.

그렇구나. 가격이 얼마인데?

연도마다 차이가 있어. 2019년 기준으로 생계급여 수급자가 부담하는 구입비는 10kg에 1,960원, 20kg에 3,880원이야.

엄청 할인된 가격이구나?

시중 쌀보다 질은 떨어지지만 저렴하지.

3인 가구면 매월 30kg를 신청할 수 있는 거네?

그렇지. 해당 월의 생계급여는 5,880원을 빼고 받는 거야.

그럼, '장기 입원 중일 경우'에는?

수급자가 의료기관에 장기간 입원하고 있는 경우에는 매월 생계급여에서 일정액을 공제해. '장기입원공제'라고 하지. 병원에서 생활을 하는 거니까 일정 금액을 빼는 거야.

근데, 입원비가 들어가잖아?

바로 뒤에서 설명하겠지만 입원비에 대해서는 의료급여로 지원받아. 선정 기준이 가장 낮은 생계급여 수급자는 당연히 의료급여를 보장받을 수 있어. 의료급여 1종 수급자라면 입원비는 전액 감면돼.

아, 그렇구나. 그럼 생계급여에서는 얼마 정도를 빼는 거야?

3개월 중 30일 이상 장기 입원 중일 경우에만 공제하는 건데, 아래와 같은 공제액을 기준으로 생계급여를 계산해.

【2019년 장기입원에 따른 생계급여 공제표】

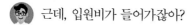

(단위: 원)

가구규모 입원자수	1명	2명	3명	4명	5명	6명	7명
1명	220,590	187,800	161,965	149,047	141,297	136,130	132,439
2명		375,599	323,931	298,095	282,594	272,260	264,879
3명			485,895	447,143	423,891	408,391	397,318
4명				596,190	565,189	544,520	529,757
5명					706,485	680,650	662,197
6명						816,780	794,636
7명							927,075

출처: 2019년 국민기초생활보장 사업안내

계산식은 아래와 같아.

생계급여액 - 장기입원공제액 + 식대 중 본인 일부 부담액 =
실제 지급 받을 생계급여액

그러니까, 식비를 공제한 장기입원공제액을 빼는 거구나?

그렇지, 표의 장기입원공제액은 이렇게 보면 돼. 4인 가구 중 1명이 매월 1일부터 말일까지 쭉 장기입원 중이라고 한다면 장기입원 공제액은 149,047원이야

알겠다. 그럼 병원이 아니고 시설이면 어떻게 돼? '노인요양시설' 같은 거 있잖아?

일반수급자가 보장시설에 입소했다면 일반수급자가 아니라 '보장시설 수급자'야. 보장시설수급자의 생계급여는 급여 내용도 다르고 지급방식도 달라. 이 장의 마지막에서 별도로 설명할게.

좋아. 그럼, 조건부 수급자는 어때? 일반수급자와 똑같은 방식으로 생계급여를 받는 거야?

그렇지, 기본적으로는 똑같아. 가구의 소득인정액이 생계급여 선정기준액을 넘지 않는다면 그 차액만큼의 급여를 지급받는 거지. **하지만 조건부 수급자 중 '조건 불이행자'는 좀 달라.** 특별한 이유 없이 자활사업에 참여하지 않는다면 생계급여는 중지돼. 자활사업에 참여한다는 조건으로 생계급여를 지급받는 거니까.

사회복지 공무원이 설명하는 국민기초생활보장제도

그럼, 조건 불이행자가 있는 가구는 아예 생계급여를 받을 수 없는 거야?

가구 전체는 아니고 조건 불이행자 본인의 생계급여만 중지해. 1인 가구인데 조건 불이행자라면 따질 것도 없이 생계급여를 지급하지 않지만 2인 가구 중 1명이 조건 불이행자라면 나머지 1명에 대해선 1인 가구 기준으로 생계급여를 지급해.

조건을 이행하면 다시 2인 가구로 받는 거지?

그렇지. 조건을 이행한 달의 다음 달부터는 원래대로 생계급여를 지급받아.

2. 의료급여

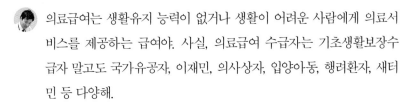 의료급여는 생활유지 능력이 없거나 생활이 어려운 사람에게 의료서
비스를 제공하는 급여야. 사실, 의료급여 수급자는 기초생활보장수
급자 말고도 국가유공자, 이재민, 의사상자, 입양아동, 행려환자, 새터
민 등 다양해.

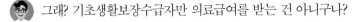 그래? 기초생활보장수급자만 의료급여를 받는 건 아니구나?

 그렇지.

그래? 의료급여 수급자가 되면 건강보험은 어떻게 돼?

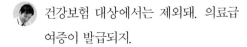 건강보험 대상에서는 제외돼. 의료급
여증이 발급되지.

건강보험증하고 비슷하게 생겼구나.
건강보험 대상자는 일정 정도의 본인
부담금을 내고 치료를 받잖아? 나머
지 비용은 국민건강보험공단에서 부
담하는 거고… 의료급여도 비슷한 거
야?

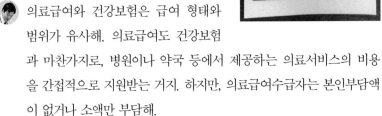 의료급여와 건강보험은 급여 형태와
범위가 유사해. 의료급여도 건강보험
과 마찬가지로, 병원이나 약국 등에서 제공하는 의료서비스의 비용
을 간접적으로 지원받는 거지. 하지만, 의료급여수급자는 본인부담액
이 없거나 소액만 부담해.

그러니까 현금으로 지원받는 급여는 아니구나?

일부 현금급여가 있긴 하지만 기본적으로는 아니지. 의료급여 비용은 의료서비스를 제공한 의료기관에 지급해.

그렇구나. 본인 부담이 없거나 소액만 부담한다고 했잖아? 구체적으로 얼마를 부담하는 거야?

의료급여 수급자는 '1종 수급자'와 '2종 수급자'로 구분해. 종별에 따라 부담액이 다르지. 2종보다 1종 수급자가 혜택이 더 많아.

구분	1종	2종
국민기초생활보장	- (가구 단위) 근로무능력자 가구 - (개인 단위) 산정특례 등록한 결핵질환자, 희귀난치성질환 등록자, 중증질환(암환자, 중증화상환자) 등록자, 시설수급자	1종 이외에는 2종 수급자임.
그 외	- 행려환자, 이재민, 의상자 및 의사자의 유족, 입양 아동(18세 미만), 국가유공자, 국가무형문화재의 보유자, 북한이탈주민, 5·18 민주화운동 관련자, 노숙인	✕

우선, 1종 수급자만 봐봐. 1종이 아니면 나머지는 다 2종이야.

가구 단위는 뭐야?

근로무능력자 가구(가구원 모두 근로무능력자)이면 가구원 모두 1종 수급자라는 거야.

그럼 개인 단위는?

근로무능력자 가구가 아니면 모두 2종 수급자이긴 한데, 그중에서 개인 단위의 사유를 가지고 있는 사람이 있으면 그 사람만 1종 수급자로 적용한다는 거야. 예를 들어, 3인 근로능력 가구인데, 1명이 희귀난치성질환을 가지고 있다면 희귀난치성 질환자는 1종 수급자, 나머지 가구원은 2종 수급자가 되는 거야.

 아, 알겠다.

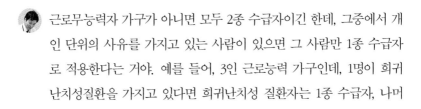 종별로 부담해야 되는 금액은 아래와 같아.

【수급권자가 의료기관 등을 이용한 경우 본인이 부담해야 하는 금액】

구 분		1차(의원)	2차 (병원, 종합병원)	3차 (상급종합병원)	약국	PET 등
1종	입원	없음	없음	없음	—	없음
	외래	1,000원	1,500원	2,000원	500원	5%
2종	입원	10%	10%	10%	—	10%
	외래	1,000원	15%	15%	500원	15%

* 보건복지부장관이 고시하는 경증질환[부록 5]으로 종합병원 이상급 기관에서 원외처방전을 발급받아 약국에서 조제 받는 경우 약국약제비 본인부담은 급여비용총액의 3%
** 상기 본인부담금은 급여청구분에 대한 것으로 비급여 청구분은 전액 본인이 부담해야 하며 선별급여시에는 급여항목별로 30~90% 본인이 부담해야 함

출처: 2019년 의료급여 사업안내

 1종 수급자라면 입원 시에는 본인 부담이 없고, 외래 시에는 1,000원에서 2,000원 정도의 돈을 부담하는 거구나?

 그렇지. 1종 수급자가 허리가 아파서 물리치료를 받고 약국에서 약을 구입했다면 외래 1,000원, 약값 500원을 내는 거지.

 의료급여도 비급여 항목[63]에 대해선 환자가 전액 부담하네?

 응. 그리고 선별급여일 경우에도 30%에서 90%는 환자가 부담해

---

63 입원기간 중 안치료를 제외하고는 건강보험과 같아.

야 돼.

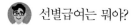 선별급여는 뭐야?

환자 일부 부담을 조건으로 한 '예비적 급여'로 비급여와 급여의 중간 이라고 보면 돼. 고가의 신약 등 비급여 항목에 적용하여 환자의 의료비 부담을 줄여 주지. 임상적 유용성이 있고 대체가 불가능하면 30~50%를, 임상적 유용성이 있고 대체는 가능하나 사회적 요구가 높을 경우에는 50%를, 임상적 유용성이 불명확하나 사회적 요구가 높을 경우에는 50~80%를 환자가 부담해.

그럼, 'PET 등'은 뭐야?

여기서 'PET 등'이라는 것은 특수장비 촬영(CT, MRI, PET)을 말해. 입원 중인 1종 수급자가 아니라면 특수장비 총액의 5~15%를 본인이 부담해야 돼.

그렇구나. 근데, 입원했을 때는 식대도 있지 않나? 위 표에 식대도 포함되어 있는 거야?

아, 그거는 별도 부담이야. 식대 본인 부담면제자(수가 내에 식대가 포함되어 있는 1종 수급자, 보건기관 입원환자, 일부 식대 본인 부담면제자)가 아니라면 식대의 일부는 본인이 부담해야 돼. 기본 부담률은 20%야.

구분	식대중 본인부담율
1종·2종	20%
중증질환(합병증 포함)	5%

근데, 지금까지 얘기를 쭉 들어보니까 두 가지 생각이 든다.

그래? 뭔데?

첫째로 경우에 따라서는 적지 않은 본인부담금을 내야 하는 수급자도 있을 거 같아. 중증질환자나 여러 가지 질병을 가지고 있는 수급자, 혹은 2종 병원입원자 등은 본인부담액이 클 수도 있잖아.

그리고 두 번째는?

약간 상반되는 얘기이긴 한데… 기본적으로는 본인부담금이 적으니까 남용하는 경우도 있을 거 같아. 별로 아프지도 않은데 여러 군데 병원을 다닐 수도 있고 말이야. 비슷한 약인 거 같은데 약을 쌓아두고 드시는 노인분들도 많잖아.

하나라도 빠지면 어딘가 아픈 거 같아~

둘 다 맞는 얘기야. 그래서 다양한 방식의 보완책이 마련되어 왔지.

아, 보완책이 있었구나. 어떤 게 있는데?

우선, 1종 수급자인 중증 질환 및 희귀·중증 난치질환자에 대해서는 외래 시에도 본인부담금을 면제해('중증 질환 및 희귀·중증 난치질환자 산정특례'라고 해).

그리고?

본인부담금 면제자를 제외한 1종 수급자에게는 1인당 매월 6천 원의 '건강생활 유지비'를 지원해. 외래 이용 시 본인부담금으로 사용되지. 이외에도 '본인부담 보상금제도'[64], '본인부담금 상한제'[65], '의료급여 대지급금 제도'[66] 같은 게 있어.

아, 다 본인 부담을 완화하는 제도구나. 그럼, 남용에 대해서는?

남용에 대해서는 '의료급여 연장승인', '선택의료급여기관 제도' 그리고 '동일 성분 의약품 중복투약자 관리' 등의 사후관리를 통해서 보완해.

연장 승인은 어떤 건데?

수급자는 진료받을 수 있는 상한일수가 정해져 있어(연간 365일). 그래서 상한일수를 초과하여 진료를 받으려면 별도 승인을 받아야 돼. 이걸 '의료급여 연장승인'이라고 하지.[67] 연장승인을 받지 않고 상한일수를 초과했다면 의료급여 적용을 제한해.

그럼 '선택 의료급여기관 제도'는?

하나의 질병으로 여러 병원을 다니거나 중복투약 가능성이 높다면 한 곳의 병원만 선택하도록 조치해. 선택한 병원에서 의뢰서를 받지 않는 이상 다른 병원은 갈 수 없어. 만약 의뢰서 없이 다른 병원에 갔다면 진료비 전액은 본인이 부담해야 돼.

아, 그러니까, 한 곳에서 집중 관리하도록 조치하는 거구나?

그렇지.

'중복투약자 관리'는?

---

64 1종, 2종 모두에게 적용할 수 있어.
65 1종, 2종 모두에게 적용할 수 있어.
66 입원한 2종 수급자에게 적용해.
67 상한일수를 초과하기 전 의사의 확인을 받은 '연장승인신청서'를 시·군·구에 제출해야 돼.

둘 이상의 병원에 방문하여 동일 성분의 의약품을 6개월 동안 215일 이상 처방·조제하였다면 계도-사례관리-제재 등을 통하여 특별 관리해. 중복 투약에 대한 조치이지.

수급자를 선정했다고 끝난 게 아니구나?

그렇지. 대상자를 선정하는 것 못지않게 중요한 게 사후관리야. 그래서 각 시·군·구에는 '의료급여관리사'가 배치되어 있어. 의료급여 관리사는 수급자의 건강관리와 교육부터 복약지도와 사례관리까지 의료급여에 관한 다양한 업무를 수행해. 아까 설명했던 의료급여 연장 승인 같은 업무가 의료급여 관리사들이 하는 업무이지.

중요한 역할을 하고 있는 거구나?

그렇지.

좋아. 지금까지는 의료비 본인 부담에 대한 내용이었잖아? 그 외 다른 지원은 없어?

몇 가지 더 있어.

어떤 게 있는데?

부득이한 사유로 의료급여기관을 이용할 수 없거나 의료급여기관이 없는 경우에 지급하는 '요양비'라는 것도 있고, 의료급여를 받고 있는 장애인에게 지원하는 '장애인 보장구 지원'도 있어. 그 외에도 '임신·출산 진료비', '노인 틀니·임플란트 지원' 등이 있지. 의료급여 수급자이면서 각 대상 요건을 충족한다면 추가적인 지원을 받을 수 있어.

아! 그럼, 장애인이면서 의료급여 수급자이면 보장구 지원을 받을 수 있는 거야?

그렇지. 장애인 보장구는 장애인들의 일상생활을 돕는 다음과 같은 기구를 말해. 대상 요건을 충족하면 구입비용을 지원받을 수 있지.

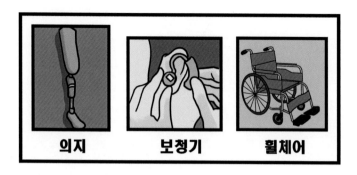

의지　　　　　보청기　　　　　휠체어

 오케이, 의료급여도 이제 좀 알겠다.

3. 주거급여

주거급여는 임차가구의 주거비 부담을 완화하고 자가가구의 주거 수준을 향상시키는 급여야. 임차가구에게는 일정 임차료를 지급하고(임차급여) 자가가구에게는 주택개량을 지원하지(수선유지급여).

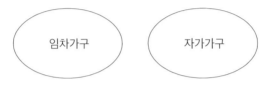

임차가구

자가가구

임차가구는 현금급여를 받고, 자가가구는 소유한 주택을 고쳐주는 거구나?

그렇지. 주거급여를 신청한 가구에 대해선 소득·재산 조사와 함께 주택조사를 실시해. 주택조사를 통하여 임차가구의 임차료를 검증·확인하고 자가주택의 노후도를 확인하지. 임차급여는 임차료 수준에 따라, 수선유지급여는 주택노후도에 따라 급여의 수준이 결정돼.

1) 임차가구의 주거급여

임차가구는 월세나 전세 가구를 말하는 거야?

월세, 전세, 그리고 전대차[68]도 포함돼.

 그럼, 임차가구는 얼마 정도의 임차급여를 받는 거야?

 생계급여처럼 선정기준액만큼의 지원을 받는 건 아니야. 임차급여는 실제 임차료를 근거로 지역별 기준 임대료, 가구원 수, 소득인정액에 따라 차등 지급해. 여기서, 실제 임차료는 보증금까지 고려한 금액이야.

 아, 그러니까 '실제임차료'라는 게 월세만 얘기하는 건 아니구나?

 응. 보증금이 높으면 월세가 낮아지고, 보증금을 낮게 하면 월세가 높아지니까. 당연히 보증금을 고려해야지. 게다가, 전세는 아예 월세가 없잖아.

 하긴… 그럼 '지역별 기준 임대료'라는 건 뭐야?

 '기준임대료'는 국가가 정한 최저주거에 대한 기준금액'이야.

【 임차급여의 지급 기준: 기준 임대료 (2019년) 】

(원/월)

구 분	1급지 (서울)	2급지 (경기, 인천)	3급지 (광역시, 세종시)	4급지 (그외 지역)
1인	233,000	201,000	163,000	147,000
2인	267,000	226,000	178,000	161,000
3인	316,000	272,000	213,000	194,000
4인	365,000	317,000	247,000	220,000
5인	377,000	329,000	258,000	229,000
6~7인	441,000	389,000	296,000	267,000
8~9인	485,000	427,000	325,000	293,000
10~11인	533,000	470,000	358,00	323,000

※ 가구원수가 7인 이상인 경우에는 가구원 2인 증가시마다 기준 임대료를 10% 증가 (천원 단위 이하 절사)

출처: 2019년 주거급여 사업안내

 최저 주거 기준이라서 그런지 실제 임대료하고는 차이가 나네? 그럼

---

68 임대차(월세, 전세)계약에서 집을 빌려주는 사람을 '임대인', 빌리는 사람은 '임차인'이라고 하잖아? 전대차는 임차인이 임대를 놓는 경우를 말해. 이 경우, 새로운 임차인은 '전차인'이라고 하지.

임차급여는 어떻게 계산되는 거야?

 좋아. 구체적으로 설명해 볼게. 우선, 크게 두 가지 과정을 거쳐서 계산해.

첫째, 실제 임차료를 계산하고 기준 임대료를 확인하여 둘 중 낮은 금액을 임차급여액으로 산정해.

실제 임차료	vs	기준 임대료

 기준 임대료는 아까 봤던 금액이고, 실제 임차료는 이렇게 계산해. 아까 내가 보증금까지 고려한다고 했지?

실제 임차료 = 보증금의 월환산액 + 월차임

 아, 보증금을 월로 환산하는 거구나?

 응. 이런 계산식을 사용해서 환산해.

보증금의 월환산액 = 보증금 × 0.04 ÷ 12(월)

 1,000만 원/10만 원 월세계약이라면 '실제 임차료'는 133,333원[69]이지.

 오케이, 그다음은?

 실제 임차료와 기준 임대료 중 낮은 금액을 확인해. 경기도에 거주하

---

69 월차임(10만 원)에 보증금 월 환산액(33,333원)을 더한 값이야.

는 1인 가구가 1,000만 원/10만 원 월세라면 실제 임차료(133,333원)가 더 낮은 금액이야. 기준 임대료가 201,000원이니까. 그럼, 이 가구의 임차급여액은 133,333원이 되는 거지.

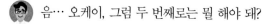 음… 오케이, 그럼 두 번째로는 뭘 해야 돼?

임차급여액은 산정했지만 한 가지 고려할 게 더 있어. 소득인정액이야. 둘째로는 소득인정액 금액에 따라 임차급여액을 조정해. 소득인정액이 생계급여 선정 기준보다 높은지 낮은지를 확인하는 거야. 가구의 소득인정액이 생계급여 선정 기준보다 낮거나 같으면 별도 조정 없이 '임차급여액'을 그대로 지급해.

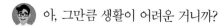 아, 그만큼 생활이 어려운 거니까?

그렇지.

 그럼, 생계급여 선정 기준보다 높다면?

'자기부담분'이라는 걸 계산해서 임차급여액을 조정해. 자기부담분은 이렇게 계산하지.

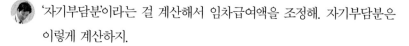

자기부담분 =
(소득인정액 − 생계급여 선정기준) × 0.3

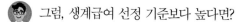 아, 생계급여 기준을 초과한 금액에 0.3을 곱한다?

응. 1인 가구이고 소득인정액이 56만 원이라고 한다면 '자기부담분'은 14,369원이야.[70] 소득인정액이 생계급여 선정 기준보다 높은 가구는 임차급여액에서 자기부담분을 빼고 지급해(1원 단위에서 올림하여 10원 단위로 지급).

---

[70] (560,000원−512,102)×0.3

알겠다. 주거급여도 생활 형편에 따라 차등적으로 지원하는 거구나?

 그렇지. 이렇게 계산된 주거급여는 생계급여와 마찬가지로 매월 20일에 지급해. '보증금 분'과 '월차임 분'으로 나누어 지급하지(단, 전세는 보증금분으로 지급). 주거급여 사업안내 지침에 다양한 예시가 있어. 한 번 봐봐. 확실히 이해할 수 있을 거야.

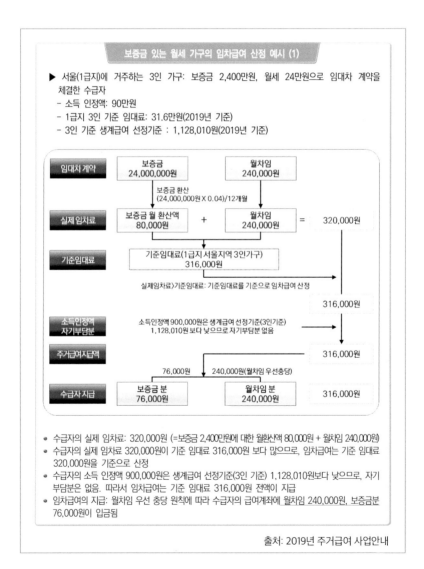

출처: 2019년 주거급여 사업안내

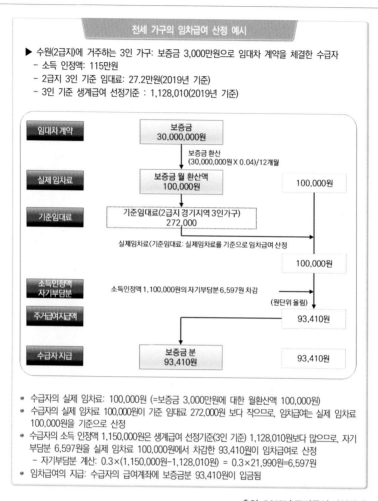

전세 가구의 임차급여 산정 예시

▶ 수원(2급지)에 거주하는 3인 가구: 보증금 3,000만원으로 임대차 계약을 체결한 수급자
- 소득 인정액: 115만원
- 2급지 3인 기준 임대료: 27.2만원(2019년 기준)
- 3인 기준 생계급여 선정기준 : 1,128,010(2019년 기준)

임대차 계약	보증금 30,000,000원	
	보증금 환산 (30,000,000원 X 0.04)/12개월	
실제 임차료	보증금 월 환산액 100,000원	100,000원
기준임대료	기준임대료(2급지 경기지역 3인가구) 272,000	
	실제임차료(기준임대료: 실제임차료를 기준으로 임차급여 산정	100,000원
소득인정액 자기부담분	소득인정액 1,100,000원의 자기부담분 6,597원 차감	(원단위 올림)
주거급여지급액		93,410원
수급자 지급	보증금 분 93,410원	93,410원

- 수급자의 실제 임차료: 100,000원 (=보증금 3,000만원에 대한 월환산액 100,000원)
- 수급자의 실제 임차료 100,000원이 기준 임대료 272,000원 보다 작으므로, 임차급여는 실제 임차료 100,000원을 기준으로 산정
- 수급자의 소득 인정액 1,150,000원은 생계급여 선정기준(3인 기준) 1,128,010원보다 많으므로, 자기 부담분 6,597원을 실제 임차료 100,000원에서 차감한 93,410원이 임차급여로 산정
  - 자기부담분 계산: 0.3×(1,150,000원-1,128,010원) = 0.3×21,990원=6,597원
- 임차급여의 지급: 수급자의 급여계좌에 보증금분 93,410원이 입금됨

출처: 2019년 주거급여 사업안내

 근데, 담당공무원이 하나하나 계산하는 건 아니지?

 그렇지. 사회보장 정보시스템에서 계산되니까. 하지만 경우에 따라서는 신청인이 주거급여액을 물어보기도 해.

그러면 그때는 계산을 해봐야겠네?

신청 단계라서 제한적이기는 하지만 상담 내용을 토대로 대략적인 금액을 안내하지.

소득인정액과 임차료 같은 걸 넣으면 자동으로 계산되는 게 있으면 좋겠다.

주거급여를 모의로 계산해보려면 'http://cafe.daum.net/hyunho123' 여기를 한번 접속해봐. 한 지자체 복지공무원이 만든 '복지계산기'라는 건데, 소득인정액, 임차료 등을 넣으면 주거급여액이 자동으로 계산돼.

그래? 나중에 한번 들어가 봐야겠다.

도움이 될 거야. 계산 과정도 한눈에 볼 수 있으니까.

아, 맞다! 근데… 주거 유형이 월세, 전세, 전대차만 있는 건 아니잖아?
사용대차로 거주하는 사람도 있고, 시설에서 거주하는 사람도 있고… 이런 경우에는 임차급여를 전혀 받을 수 없는 거야?

'임차급여 특례' 대상이 아닌 아래의 대상자는 주거급여를 받을 수 없어.

㉠ 사용대차가구
㉡ 보장시설수급자
㉢ 「청소년복지 지원법」 등 다른 법령에 따라 제공된 거주시설 수급자
㉣ 국가·지자체, 공공기관이 제공하는 거주시설 수급자
㉤ 가까운 가족[71]끼리 임대차 계약을 한 가구
㉥ 가정위탁보호 중인 입양대상 아동

---

71 수급자의 1촌 직계혈족 및 그 배우자를 말해.

임차급여 특례는 뭔데? 예외적인 사항이 있다는 거네?

'임차급여 특례'는 전·월세, 전대차 계약은 아니지만 예외적으로 일정 정도의 임차급여를 지급하는 특례야. 실제 임차료를 기준 임대료의 60%로 간주하여 지급하지. 특례가구로는 '가족해체 방지를 위한 별도 가구'가 대표적이야.[72]

아, 부모 집에 거주하는 한부모가족 같은 경우?

응. 부모 집에 거주하는 한부모가족이 별도 가구로 책정되었다면 사용대차이지만 임차급여 특례를 적용받을 수 있어. 서울에 거주하는 2인 한부모가족이고, 소득인정액이 생계급여 기준 이하라면 기준 임대료(267,000원)의 60%인 160,200원을 임차급여로 받을 수 있지.

임차급여 특례에서도 소득인정액을 고려하는 거구나?

그건 똑같아.

급여도 선정 기준만큼이나 예외적인 기준이 많네?

그렇지.

2) 자가가구의 주거급여

좋아, 임차가구는 이제 알겠어. 자가가구의 주거급여는 어때?

자가가구의 주거급여는 '수선유지급여'라고 해. 수선유지급여는 정기적으로 현금급여를 받는 게 아니고 주택 노후도에 따라 집을 보수해

---

72 생활보장위원회 심의를 거친 사용대차가구, 종전사용대차가구, 임차료가 발생하는 시설에 입소한 사람 등도 임차급여 특례를 적용받을 수 있어.

주는 거야. 노후도는 경보수, 중보수, 대보수 세 가지로 나뉘는데 지원 금액은 아래와 같아.

구분	경보수	중보수	대보수
지원금액(수선주기)	378만원 (3년)	702만원 (5년)	1,026만원 (7년)
수선 내용	도배, 장판 등	창호,단열,난방공사 등	지붕,욕실 및 주방 개량 등
소득인정액	소득인정액이 생계급여 선정기준 이하인 경우 소득인정액이 생계급여 선정기준 초과에서 중위소득 35% 이하인 경우 소득인정액이 중위소득의 35% 초과에서 43% 이하인 경우		100% 지원 90% 지원 ✓ 80% 지원
	육로로 통행이 불가능한 도서지역(제주도 본섬 제외)의 경우, 위 수선비용을 10% 가산		

출처: 2019년 주거급여 사업안내

🧑 집이 가장 낡은 '대보수'인 경우에는, 수선주기가 7년이고 1,026만 원 한도 내에서 집수리를 하는 거네?

🧑 그렇지. 하지만, 수선유지급여도 소득인정액에 따라 달라. 생계급여 선정 기준 이하라면 금액의 100%를 지원받고 그게 아니라면 금액의 80% 혹은 90%만 지원받아.

🧑 그렇구나.

🧑 그리고, 수선유지급여에는 '주거약자에 대한 추가지원'도 있어.

🧑 주거약자? 주거약자라면 누구를 말하는 건데?

🧑 고령자 또는 장애인을 말해. 수선유지급여를 받고 있는 사람이 고령자 또는 장애인이라면 위에서 살펴본 수선비용과는 별도로 편의시설을 지원해. 장애인은 최대 380만 원 한도 내에서, 고령자는 최대 50만 원 한도 내에서 지원하지.

🧑 편의시설이라면 어떤 걸 말하는 거야?

🧑 출입구의 경사로, 비디오폰, 욕실 센서, 방문보조 손잡이 등이 있어. 거동이 불편한 고령자나 장애인에게는 필요한 지원이지.

4. 교육급여

 교육급여는 기초생활보장 가구의 교육비 부담을 덜어주기 위한 급여야. 초중등교육법의 초·중·고등학교나 평생교육법의 평생교육시설[73]에 재학하고 있는 학생이 지원받을 수 있지. 지급 내용은 비교적 간단해. 이 표만 보면 돼.

○ 지급 기준 및 지급 내역 (학년이 시작되는 '19.3월부터 적용)

지급대상	급여항목	지급내역	지급방법	
초등학생	부교재비	<u>1명당 132,000원</u>	✓연1회 일괄지급	수급자 현금 지급
중·고등학생		<u>1명당 209,000원</u>		
초등학생	학용품비	<u>1명당 71,000원</u>	✓연1회 일괄지급	
중·고등학생		<u>1명당 81,000원</u>		
고등학생	교과서	해당 학년의 정규 교육과정에 편성된 교과목의 교과서 전체	✓연1회 일괄지급	학교로 지급*
	수업료	연도별·급지별 학교장이 고지한 금액 전부	분기별 지급	
	입학금		1학년 제1분기에 신청 시 전액 지급	

* 수급자가 입학금, 수업료, 교과서대금을 학교에 기 납부한 경우, 해당 금액을 학교에서 수급자에게 환급
※ 학교에서 수급자에게 교과서를 배부하되 낙인효과가 발생하지 않도록 일반학생들과 구별 없이 배부하고 교과서대 징수 시 교육급여 수급자 교과서대금 인출 유보

출처: 2019년 교육급여 운영방안 안내

 부교재비와 학용품비는 수급자에게 현금으로 지급하고, 교과서대, 수업료, 입학금은 학교로 지급해. 주의할 건, 생계급여와 같이 매월 지급하는 급여는 아니라는 거야. 대부분 연 1회 지급하지. 지원금액을 매월 받는다고 착각할 때가 많아.

---

[73] 고등학교 졸업 이하의 학력이 인정되는 학교 형태의 시설만 인정해.

그러니까 초등학생의 경우에는, 1년에 부교재비 132,000원과 학용품비 71,000원을 받는 거야?

그렇지. 그리고 교육급여는 학생별로 지급받는 거야. 초등학생 1명, 중학생 1명이라고 한다면 2명이 급여를 받는 거지.

알겠다.

5. 기타 지원(감면 및 기타 혜택)

기초생활보장 수급자는 지금까지 살펴봤던 네 가지 급여 외에도 각종 감면이나 추가 혜택을 받을 수 있어. 세금면제, 공과금·전화 요금 감면, 에너지 바우처, 문화누리카드 등 다양하지.

◈ 기초생활보장수급자 관련 감면제도

지원내용	비 고
□ 주민세 비과세(개인균등할 비과세) ○ (지원대상) 생계·의료·주거·교육급여 수급자 ○ (관련근거) 「지방세법」 제77조제2항	시·군·구에서 일괄 면제
□ TV수신료 면제(월 수신료 면제) ○ (지원대상) 생계·의료급여 수급자(주거·교육급여 수급자는 제외) ○ (관련근거) 「방송법 시행령」 제44조제1항제1호	한국전력공사(국번없이 123) KBS수신료콜센터 (1588-1801)
□ 전기요금 할인 ○ (지원대상) - 생계·의료급여 수급자 : 월 16,000원 한도(해당월 전기요금, 7월.8월 하절기 2만원) - 주거·교육급여 수급자 : 월 10,000원 한도(해당월 전기요금, 7월. 8월 하절기 12천원) ○ (관련근거) 한국전력공사 기본공급약관시행세칙 제48조제6항	한국전력공사(국번없이 123)
□ 에너지바우처(난방비 지원) * 가구원 수별로 연 145~86천원 지원 ○ (지원대상) 소득기준과 가구원 특성기준을 모두 충족 - 소득 : 생계·의료 수급자 - 가구원특성 : 수급자(본인) 또는 세대원이 다음 어느 하나에 해당 · 주민등록기준 1953.12.31.이전 출생자 · 주민등록기준 2013.01.01.이후 출생자 · 「장애인복지법」 에 따른 등록된 장애인 · 임신 중이거나 분만 후 5개월 미만인 여성 · 중증질환자, 희귀난치질환자(국민건강보험법 시행령 기준) * 지원제외 대상 - 보장시설 수급자 - 가구원 모두가 3개월 이상 장기입원 중인 것이 확인된 수급자 - 한국에너지재단의 '18년 등유나눔카드를 발급 받은 자(가구) - 한국광해관리공단의 '18년 연탄쿠폰을 발급 받은 자(가구) - '18년 9월 이후, 동절기 연료비를 지급받은 긴급복지지원 대상자 ○ (관련근거) 「에너지법」 제16조의3, ○ 한국에너지공단 에너지 바우처 www.energyv.or.kr	읍·면사무소 또는 동주민센터 (안내: 에너지바우처 상담서비스 1600-3190)

출처: 2019년 국민기초생활보장 사업안내

지원내용	비 고
□ 도시가스요금 감면 ㅇ (지원대상) 「국민기초생활 보장법」에 따른 생계·의료·주거·교육급여 수급자, 차상위계층, 「장애인복지법」에 따른 1~3급 장애인, 「국가유공자 등 예우 및 지원에 관한 법률」 및 「5.18 민주유공자 예우에 관한 법률」에 따른 1~3급 상이자, 「독립유공자 예우에 관한 법률」에 의한 독립유공자 또는 수급자, 다자녀가구 ㅇ (지원내용) 동절기 24~6천원, 비동절기 6.6~1.6천원	읍·면사무소 또는 동주민센터 / 지역 도시가스회사
□ 문화누리카드 이용료 지원 ㅇ (지원대상) 기초생활수급자, 차상위자활, 차상위본인부담경감, 차상위계층확인서발급, 장애인연금·장애(아동)수당 수급자, 한부모가족 지원대상자, 교육급여 수급자(학생)와 나머지 가구원 ㅇ (지원내용) 1인 1카드, 1인당 연간 7만원 ㅇ 문화누리카드 www.mnuri.kr	읍·면사무소 또는 동주민센터 문화누리카드 고객지원센터 (1544-3412)
□ 주민등록증 재발급, 주민등록 등·초본 발급 수수료 면제 ㅇ (지원대상) 생계·의료·주거·교육급여 수급자 ㅇ (관련근거) 「주민등록법 시행규칙」 제18조제2호	읍·면사무소 또는 동주민센터
□ 교통안전공단 자동차 검사소(출장검사장 포함)자동차 정기 및 종합검사 수수료 면제 ㅇ 지원대상 : 생계·의료급여 수급자 * 보장시설수급자, 주거·교육급여 수급자는 제외 * 공동소유 자동차의 경우 수급자 소유지분의 50%이상 ㅇ 교통안전공단 www.ts2020.kr	교통안전공단(1577-0990)
□ 기타 상수도 및 하수도 요금 감면, 종량재폐기물 수수료 감면 등	지자체별 조례에 따라 지원

◆ 저소득층 통신요금 감면제도

구분	장애인·국가유공자	생계·의료급여수급자	주거·교육급여 수급자 및 차상위계층	비고
시내전화	ㅇ 월 통화료 50% 감면	ㅇ 가입비 및 기본료 면제 ㅇ 시내통화 75도수 면제		
시외전화	ㅇ 월 통화료 50% 감면 (3만원 한도)	ㅇ 시외통화 75도수 면제		
인터넷 전화	ㅇ 월 통화료 50% 감면	ㅇ 가입비 및 기본료 면제 ㅇ 시내·외통화 150도수 면제		
이동전화	ㅇ 기본료 및 통화료 35% 감면	ㅇ 기본료(26,000원 한도) 면제 및 통화료 50% 감면(총 4.1만원 한도)	ㅇ 기본료 및 통화료 각각 35% 감면(총 3만원 한도)	알뜰폰 (MVNO) 사업자 제외
번호안내	ㅇ 114 안내요금 면제	ㅇ 114 안내요금 면제		
초고속 인터넷	ㅇ 월 이용료 30% 감면	ㅇ 월 이용료 30% 감면		
휴대 인터넷	ㅇ 월 이용료 30% 감면	ㅇ 월 이용료 30% 감면		

출처: 2019년 국민기초생활보장 사업안내

그리고, 이외에도 무료 소송지원, 개인파산·회생 지정변호사 제도, 한국장학재단 학자금 대출 등의 추가적인 지원도 있어.

그렇구나. 맞다! 지자체별로 지원하는 것도 있잖아? 조례에 의해서 받는 급여는 소득평가액으로 산정하지도 않잖아?

맞아. 지자체별로 지원하는 별도 급여도 있지.

그런 급여는 거주지에 따라 다르겠네?

그렇지. 서울시는 기초생활보장 가구에게 교복비를 지급하지만 경기도는 한부모가구에게 교복비를 지급해.

다른 지역으로 이사 가게 되면 급여를 받을 수 없는 거지?

응. 해당 지자체에 거주하는 경우만 받을 수 있어.

급여를 지급받는 사람도 좀 헷갈리겠다.

그렇지. 생계급여든 지자체 급여든 다 계좌로 받는 거니까. 전국이 똑같이 지급하는 급여인지, 해당 지자체에서만 지급하는 급여인지 알 수가 없지.

■ **잠깐만!**

'보장시설 수급자'의 생계급여는 다르다고?

🧑 생계급여(혹은 의료급여[74]) 수급자가 보장시설에 입소하면 보장유형이 변경돼. 일반(조건부) 수급자에서 '보장시설 수급자'로 전환되지. 보장시설 수급자는 일반 생계급여를 받는 게 아니라 '보장시설 생계급여'를 받아. 노인 부부가구 중 1명이 보장시설에 입소했다면 입소한 1명은 보장시설 생계급여를 받고, 나머지 1명은 일반 생계급여를 받지. 보장시설 수급자만 별로로 보호하는 거야.

🧑 '보장시설'은 어떤 시설을 말하는 거야?

🧑 사회복지시설 모두가 보장시설은 아니야. 보장시설의 범위는 따로 정해져 있어 (맨 아래 표 참고). 가장 흔히 볼 수 있는 '보장시설' 중 하나가 '노인요양시설'이지.

🧑 그럼 '보장시설수급자'의 생계급여는 뭐가 다른 거야?

🧑 우선 생계급여를 수급자 본인에게 지급하지 않고 보장시설에 지급해.

🧑 그렇구나. 그럼 생계급여의 내용이나 급여액도 다르고?

🧑 응. 시설 생활에 필요한 비용(주식비, 부식비, 취사용 연료비, 의류·신발비)을 지원하는 것으로, '1인당 보장기관 월 급여 기준'에 따라 해당되는 금액을 지급하지.

---

74 의료급여 수급자도 '보장시설 생계급여'를 받을 수 있어.

【2019년 보장시설 수급자 1인당 월급여 지급기준】

지급기준 구분(현원)	월평균 급여액	(참조)1식 단가
전체평균	241,697	2,425
30인 미만 시설	252,812	2,571
30인 이상 ~ 100인 미만 시설	229,504	2,248
100인 이상 ~ 300인 미만 시설	220,652	2,212
300인 이상 시설	220,635	2,206

출처: 2019년 국민기초생활보장 사업안내

해당 시설의 현원에 따라 금액이 다른 거구나?

응. 평균 24만 원 정도야. 그리고, 이와 별도로 추가급여도 있어. 매월 지급하는 급여는 아니지만 '월동대책비'와 '특별위로금'이라는 것도 있지. 이 중 '특별위로금'은 예외적으로 수급자 개인에게 지급해.

【2019년 보장시설 수급자 월동대책비 및 특별위로금 지급기준】

구 분	지급기준	30인 미만 시설	30인 이상 ~ 100인 미만 시설	100인 이상 ~ 300인 미만 시설	300인 이상 시설
월동대책비	매년 10월 (연1회)	35,394원	32,131원	30,891원	30,889원
특별위로금	설·추석 전월 (연2회)	36,300원 (수급자 개인별 직접지급)			

※ 설이 1월인 경우에는 당월(1월)에 지급

출처: 2019년 국민기초생활보장 사업안내

그럼, 보장시설에 있으면 '의료급여'는 어떻게 되는 거야?

보장시설 수급자도 병원치료를 받을 수 있으니까 일반수급자와 마찬가지로 의료급여를 받을 수 있어.

'주거급여'는?

주거급여는 지급하지 않아. 미지급 대상 중 하나지. 다만, 시설에서 퇴소하면 다시 받을 수 있어.

'교육급여'는?

보장시설 수급자가 초·중·고등학생이라면 받을 수 있어(보장시설은 노인요양시설만 있는 건 아니야. '아동복지시설'이나 '한부모가족복지시설'도 있지).

그렇구나.

보장시설 수급자의 급여, 이제 알겠지?

응. 급여 말고 다른 점은 없어?

물론, 급여만 다른 건 아니야. 급여 외에도 다른 부분이 있어.

그래?

보장시설 수급(권)자에게만 적용하는 소득공제(자립적립금 공제)도 있고 부양의무자 기준 특례도 있지. 약간 다른 선정 기준과 관리 기준이 있다고 생각하면 돼. 하지만, 지금까지 설명했던 일반(조건부) 수급자의 기준을 크게 벗어나진 않아. 구체적인 설명은 생략하겠지만, 필요하다면 해당 연도 『국민기초생활보장 사업안내』의 보장시설 파트를 봐. 앞에서 설명했던 선정 기준과 비교해보면 쉽게 이해할 수 있을 거야.

【보장시설의 범위】

구 분	시 설 종 류	특 성
1. 장애인복지시설 (장애인복지법 제58조)	• 장애인거주시설 (장애인단기거주시설, 장애인공동생활가정 제외)	• 장애인에 대한 거주·요양·지원 등 서비스 제공 및 지역사회생활 지원
2. 노인복지시설 (노인복지법 제32조, 제34조)	• 양로시설	• 수급자 및 부양의무자로부터 적절한 부양을 받지 못하는 65세 이상자 등
	• 노인공동생활가정	• 수급자 및 부양의무자로부터 적절한 부양을 받지 못하는 65세 이상자 등
	• 노인요양시설	• 수급자 및 부양의무자로부터 적절한 부양을 받지 못하는 65세 이상의 요양 필요자 등
	• 노인요양공동생활가정	• 수급자 및 부양의무자로부터 적절한 부양을 받지 못하는 65세 이상 중증노인성질환자 등
3. 아동복지시설 (아동복지법 제52조)	• 아동양육시설	• 보호대상아동을 입소시켜 보호·양육·취업훈련· 자립지원서비스 등 제공
	• 아동일시보호시설	• 일시보호, 향후 양육대책수립·보호조치
	• 아동보호치료시설	• 불량아동의 선도 및 건전한 사회인 육성
	• 자립지원시설	• 복지시설 퇴소자에게 취업 준비기간 또는 취업 후 일정기간 보호로 자립지원
	• 종합시설	
4. 정신보건시설 (정신건강증진 및 정신질 환자 복지서비스 지원에 관한 법률 제3조)	• 정신요양시설	• 정신질환자를 입소시켜 요양 및 사회복귀훈련 실시
	• 정신재활시설 (정신질환자생활시설 중 입소생활시설만 해당)	• 정신질환자에 대한 사회복귀 촉진훈련 실시
5. 노숙인복지시설 (노숙인등의복지 및 자립지원에관한법률 제16조)	• 노숙인재활시설	• 신체 및 정신장애 등으로 자립이 어려운 노숙인 등에게 치료 및 재활서비스를 제공하는 시설
	• 노숙인요양시설	• 건강상의 문제 등으로 단기간 내 가정 및 사회 복귀가 어려운 노숙인 등에게 요양서비스를 제공 하는 시설

출처: 2019년 국민기초생활보장 사업안내

구 분	시 설 종 류	특 성
6. 한부모가족복지시설 (한부모가족지원법 제19조) ※ 공동생활지원시설은 제외	• 모자가족복지시설	• 모자가족에게 생계·주거 및 자립을 지원하는 시설
	• 부자가족복지시설	• 부자가족에게 생계·주거 및 자립을 지원하는 시설
	• 미혼모가족복지시설	• 미혼모가족과 출산미혼모 등에게 생계·주거 및 자립을 지원하는 시설
	• 일시지원복지시설	• 배우자(사실혼관계포함)가 있으나 배우자의 학대로 아동양육과 모의 건강에 지장을 초래할 우려가 있을 경우 주거와 생계를 지원하는 시설
7. 여성보호시설 (성매매방지및피해자 보호등에관한법률 제9조제1항)	• 일반지원시설	• 입소희망자, 보호처분자 대상으로 6월의 범위 내에 숙식 제공과 자립지원
	• 청소년지원시설	• 성매매 피해자인 청소년 대상으로 1년 범위 내에서 숙식 제공, 교육·자립지원
	• 자립지원공동생활시설	• 성매매 피해자 등을 대상으로 2년의 범위에서 숙박 등의 편의를 제공하고 자립을 지원하는 시설
8. 성폭력·가정폭력 피해자시설 (성폭력방지 및 피해자 보호등에관한법률 제12조, 가정폭력방지 및 피해자 보호등에관한법률 제7조)	• 성폭력피해자보호시설 • 가정폭력피해자보호 시설	• 피해자 일시보호, 사회복귀 조력 • 일시보호, 가정복귀조력, 타보호시설 위탁
9. 기타 사회복지시설	• 한센생활시설	• 무의탁 한센 (감염병예방 및 관리에관한법률 제2조)환자의 보호 및 요양서비스 제공
	• 결핵요양시설	• 무의탁 결핵 (감염병예방 및 관리에관한법률 제2조) 환자의 보호 및 요양서비스 제공

출처: 2019년 국민기초생활보장 사업안내

12장

대상자로 선정되면,
언제까지
지원 받는 거야?

- 선정 이후

보장 가구의 범위를 확인하고 소득·재산을 조사하였으며, 부양의무자의 부양능력까지 확인해서 기초생활보장 수급자로 선정되었어. 그럼, 이제 언제까지 지원받는 거야?

계속 지원 여부는 가구원, 근로능력, 생활 수준 등의 변동사항에 따라 달라. 변동이 없다면 변동 없이 급여를 받을 테지만 변동이 있다면 그에 맞게 급여가 조정되거나 보장이 변경되지.

질병으로 근로하지 못했던 수급자가 병이 완쾌되어 재취업을 했어. 그러면 근로능력과 소득이 변경돼. 그리고 그에 맞게 급여가 조정되거나 보장이 변경되지. 부양의무자도 마찬가지야. 부양의무자가 대학생이어서 소득활동을 못하다가 졸업 후 취업을 했고 소득이 생겼어. 그럼 부양능력이 변경돼. 만약, '부양능력 미약'이나 '부양능력 있음'으로 판정될 경우에는 수급자의 급여가 조정되거나 보장이 변경되지.

그렇구나.

변동사항이 소득·재산에만 있을까? 그렇지 않아. 거주지 변경, 가구원 변경, 주거유형 변경(월세, 전세 등), 근로능력, 사망, 출생, 혼인, 이혼, 학교 졸업 등등 급여에 영향을 미치는 변동사항은 생각보다 많아.

가구원 변동에… 학교 졸업까지?

3인 가구인데, 가족 중 1명이 타 지역으로 이사했다고 하자. 그럼 그때부터는 3인 가구로 보장하는 게 아니라 2인으로 보장해야 돼. 2인 가구 기준은 3인 가구 기준보다 낮으니까 중지가 될 수도 있지. 학교도 마찬가지야. 가구원 중 1명이 대학교를 졸업했다고 하자. 취업을 하게 되었다면 소득인정액이 변경되고 취업을 하지 못했다면 조건을 부과해야 돼.

언제까지 지원받는지는 대상 가구마다 다르겠구나?

그렇지.

그럼, 변동사항에 대한 관리 기준이 별도로 있는 거야?

극히 일부[75]를 제외하고는 지금까지 설명했던 선정 기준과 같아. 선정 기준은 수급자격을 확인하기 위한 거잖아. 당연히 계속 지원 여부도 같은 기준을 적용해야지. 보장 중 상시 근로소득이 발생했다면 신청 조사 때와 마찬가지로 상시 근로소득을 산정하고 소득평가액을 계산하는 거야. 재산도 똑같아. 금융재산이 추가로 생겼다면 생활준비금과 부채 등을 빼고 소득으로 환산하는 거야.

하긴, 내가 너무 당연한 걸 물어봤네. 그렇다면, 이런 변동사항이 생기는 시기는 대상자마다 다 다를 거 아니야? 그걸 어떻게 확인해?

우선, 수급자는 변동사항에 대한 신고의무가 있어. 「국민기초생활보장법」에 명시되어 있지.

제37조(신고의 의무) 수급자는 거주지역, 세대의 구성 또는 임대차 계약내용이 변동되거나 제22조제1항 각 호의 사항이 현저하게 변동되었을 때에는 지체 없이 관할 보장기관에 신고하여야 한다. 〈개정 2014. 12. 30.〉
[전문개정 2012. 2. 1.]

신고의무사항은 신청서에도 적혀있어.

---

75 '보장기관 확인소득' 같은 게 있지. 보장기관 확인소득은 수급자에게만 부과할 수 있어.

< 유 의 사 항 >	확 인 (√ 체크)
1. 장애인연금의 차상위 부가급여를 신청하여 차상위 자격이 확인되었으나, 위탁 심사결과 장애등 급이 경증으로 하락한 경우, 장애인연금 신청일을 장애수당 신청일로 처리하는데 동의합니다.	☐
2. 「사회보장급여의 이용·제공 및 수급권자 발굴에 관한 법률」 및 관계 법률에 따라 허위 또는 기타 부정한 방법으로 급여를 받거나 타인으로 하여금 급여를 받게 한 경우, 급여 지급 사유가 소급하여 소멸한 경우 등에는 보장비용을 지급한 보장기관이 그 비용의 전부 또는 일부를 그 급여를 받은 자 또는 급여를 받게 한 자로부터 환수~~할 수 있으며, 관계 법률에~~ 따라 징역, 벌금, 구류 또는 과태료 등의 처분을 받을 수 ~~있습니다.~~	☐
3. 사회보장급여의 제공여부 결정에 필요한 조사를 거부~~, 방해 또는 기피할 경우~~ 관계 법률에 따라 신청이 각하되거나 결정이 취소되고, 급여가 정지 ~~또는~~ 중지되거나, 과태료 등이 부과될 수 있습니다.	☐
4. 이 신청에 따라 사회보장급여를 제공받으면 거주지, 세대원, 소득·재산상태, 근로능력, 수급 이력, 복수국적발생 등이 변동되었을 때 변동사유를 신고하지 않거나 허위로 신고한 경우 해당 급여는 환수될 수 있으며, 관계 법률에 따라 형사 처벌 또는 과태료 등의 처분을 받을 수 있습니다.	☐
5. 사회보장급여 신청을 위해 작성·제출하신 서류는 반환되지 않습니다.	☐
6. 사회복지공동모금회 등 서비스연계를 신청하는 경우, 신청을 대행하고 필요한 경우 관련 정보(성명, 주소, 연락처, 자격정보 등)를 제공하는 것에 동의합니다.	☐
7. 교육급여를 신청한 경우, 초·중·고 학생 교육비 지원을 신청한 것으로 처리하는 것에 동의합니다.	☐
8. 「국민기초생활 보장법」 제8조의2 제1항 제3호, 같은 법 시행령 제5조의6 제2항 제3호에 따른 부양의무자 기준 미적용 요건이 향후 변경되는 경우(부양의무자 또는 그 가구원의 기초연금·장애인연금 수급권 소멸·상실 또는 지급 정지, 장애등급 하향조정 등)에는 같은 법에 따른 급여가 정지 또는 중지될 수 있으며, 부양의무자 조사를 위한 서류('금융정보등 제공동의서' 등) 제출이 필요할 수 있습니다.	☐
9. 기초생활보장급여를 신청한 경우 차상위계층 지원사업(차상위계층 확인, 차상위 본인부담경감, 차상위 자활급여)을 신청한 것으로 처리하는 것에 동의합니다. 기초생활보장급여를 신청하였으나 조사 결과 부적합한 경우, 기초생활보장급여가 전부 중지된 경우에는 관련 개인정보를 활용하여 차상위계층 지원사업 지원 여부를 확인하고, 그 결과를 안내 받는 것에 동의합니다.	☐
10. 차상위계층 지원사업 수급 중 소득이나 재산 등이 변동된 경우에는 「국민기초생활보장법」 제21조의 제2항에 따라 기초생활보장급여를 신청하는 것에 동의하며, 이 경우 관련 개인정보(수급가구 및 부양의무자 가구의 정보)를 활용하는 것에 동의합니다.	☐

> 여기 조그맣게 쓰여있어.

본인(대리신청인 포함)은 개인정보 활용 동의와 유의사항에 대하여 담당공무원으로부터 안내받았음을 확인하며, 위와 같이 사회보장급여를 신청합니다.

년   월   일

신청인(대리 신청인)[11] 성명 :   (서명 또는 인)
(배우자 동시신청 시) 배우자 :   (서명 또는 인)

특별자치시장·특별자치도지사·시장·군수·구청장·교육감 귀하

8) 민간·공공임차, 사용대차, 공동생활가정 거주자,
9) 가정위탁(입양대상), 보장시설, 타 법령 우선지원 주거시설, 공공운영 공동생활가정 등,
10) 「의료급여법」 제3조제1항제2호부터 제10호에 해당하여 의료급여를 받고자 하는 수급권자,
11) 가족, 친족(8촌이내의 혈족, 4촌이내의 인척), 사회복지담당공무원 및 기타 관계인(후견인) 등

출처: 2019년 국민기초생활보장 사업안내

 만약 고의적으로 신고를 하지 않는 등 부정(혹은 부적정)하게 급여를 받았다면 나중에 반납해야 될 수도 있어.

 '이런 건 모르겠지?'라고 생각했다가는 큰 낭패를 볼 수도 있겠는데?

그렇지. 몇 년 동안 받은 급여를 환수하는 경우도 있어(고의성 정도에 따라 형사 처벌될 수도 있지).

하지만, '신고의무' 정도로 모든 변동사항을 그때그때 확인할 수 있을까?

물론, 그럴 수는 없겠지. 그래서 보장기관인 시·군·구는 연간조사 계획을 수립하고 정기적으로(혹은 수시로) 확인조사를 실시해.

확인조사?

응. 확인조사에는 크게 두 가지가 있어.

우선 첫 번째는, 보건복지부가 주기적으로 입수한 공적자료(소득, 재산)에 대한 확인조사야. 사회보장정보시스템을 통하여 각 시·군·구에 공적

자료를 전달하고, 각 시·군·구는 공적자료에 대한 확인조사를 실시
하지.

우리가 선정 단계에서 봤던 공적자료들 있지?

응.

건강보험 보수월액, 일용근로소득, 금융재산, 일반재산, 자동차 등등
이런 공적자료들을 일정 시기에 다시 조회해서 각 시·군·구에 제공
하는 거야.

집을 구입했다면 시가표준액이 조회되고 상시적으로 취업을 했다면
건강보험 보수월액이 조회되지. 몇 개월 전에 했던 아르바이트가 일
용직 소득으로 조회될 수도 있어. 이러한 공적자료에 대한 변동조사
가 첫 번째 확인조사야. 조사대상은 수급자뿐만 아니라 부양의무자
도 포함돼.

그럼 이 확인조사는 언제 하는 거야?

보건복지부에서 일괄 진행하므로 조사 시기는 보건복지부에서 정해.
전국에 있는 시·군·구가 똑같은 시기에 조사를 실시하지. 크게는 반
기(상반기, 하반기) 확인조사가 있고 반기 확인조사가 없는 달에는 월
별 확인조사가 있어. 즉, 일 년 내내 확인조사를 실시한다고 보면 돼
(보통 상반기 확인조사는 4월부터 6월까지, 하반기 확인조사는 10월부터 12월
까지야).

1월	2월	3월	4월	5월	6월	7월	8월	9월	10월	11월	12월
월별 확인 조사	월별 확인 조사	월별 확인 조사	상반기 확인조사			월별 확인 조사	월별 확인 조사	월별 확인 조사	하반기 확인조사		

'월별 확인조사'와 '반기 확인조사'는 조사내용이 좀 달라. 금융 재산, 국세청 종합소득자료, 일용근로소득자료 등을 연 2회만 입수하거든. 반기 확인조사가 규모도 크고 변동 건수도 많지.

근데, 6개월에 한 번만 조회하는 공적자료는 시간차가 꽤 있겠는데?

그렇지. 그래서 확인조사도 중요하지만 신고의무도 중요한 거야. 현실적으로 모든 변동사항을 실시간으로 확인할 순 없거든. 신고를 누락하고 급여를 받았는데, 나중에 확인되면 수급자도 힘들어지고, 보장기관도 힘들어져.

그러겠다. 반납해야 하는 사람이나 받아야 하는 사람이나 마찬가지일 거 같아.

게다가 환수하는 절차도 꽤나 까다롭고 복잡해. 개인 돈이 아니기 때문에 1만 원 1건을 환수한다고 해도 '사전통지-의견청취-징수결정-납부통지' 등 여러 가지 절차를 거쳐야 돼.

만약, 납부를 통지를 했는데 납부하지 않으면?

그러면 절차가 더 늘어나지. 납부 독촉도 하고, 체납처분(압류→매각→청산)도 할 수 있어.

그렇구나.

좋아. 그럼 두 번째 확인조사인 '연간조사 계획에 따른 조사'는 뭐야?

첫 번째 확인조사는 공적자료에 의한 소득·재산 조사였잖아? 두 번째 확인조사는 공적자료로 확인할 수 없는 변동사항에 대한 조사야. 조사대상으로는 사적이전소득 부과자(연 1회), 보장기관 확인소득 산정자(연 1회), 소득활동을 하고 있지 않은 근로능력 수급자(반기 1회), 부양을 거부·기피하고 있는 부양의무자(연 1회) 등이 있지.

하긴, 선정할 때도 공적자료로 확인할 수 없는 사항이 많았잖아? 이런 사항에 대해서도 정기적으로 확인하는 거구나?

그렇지.

그러고 보면 선정 이후에도 할 게 많네?

그렇지. 한번 선정하고 끝나는 게 아니야. 신규 조사보다 더 힘든 게 사후관리지. 각 시·군·구의 통합조사 관리팀[76]에도 조사업무를 맡고 있는 직원보다 관리업무를 맡고 있는 직원이 더 많아

그렇구나.

그리고 이런 확인조사 말고도 확인할 게 더 있어.

그래?

급여에 영향을 미치는 변동사항이 확인조사의 변동사항만 있는 건 아니거든. 확인조사의 변동사항 외에도 갖가지 변동사항(거주지 변동, 인적 변동: 출생, 사망, 말소, 출입국, 군 입대 등)들이 많아.

아, 그러네.

이런 변동이 발생하면 수시로 보장자격을 확인하고 급여를 조정해

---

76 조사와 관리 업무를 전담하는 팀이야.

야 돼.

그러겠다. 사망한 사람에게 급여를 지급할 순 없으니까. 그럼 이런 유형의 변동사항은 어떻게 확인해?

수급자의 신고와 '사회보장 정보시스템'의 알림 기능으로 확인해.

알림 기능?

응. 사회보장 정보시스템은 '변동집계 현황'이라는 메뉴를 통하여 각 시·군·구에 '처리할 일'을 알려줘. 각 시·군·구의 관리업무 담당자들은 '처리할 일'을 수시로 확인하고 그에 따른 변동조사를 실시하지.

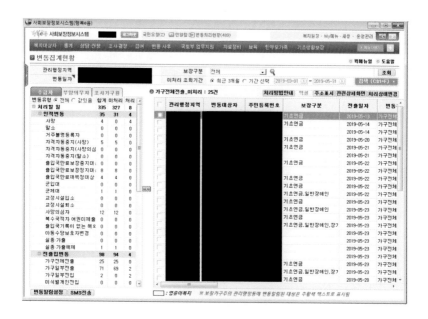

처리 여부도 체크되는 거네?

응. 보건복지부에서 정기적으로 모니터링을 해.

근데, 이런 자료는 어디서 오는 거야?

'사회보장 정보시스템'은 여러 기관의 다양한 자료(행정안전부의 주민등록정보, 법무부의 교정시설 입소 자료, 출입국 자료, 병무청 군 복무 자료 등)가 연계되어 있어. 거주지 변경 후 전입신고를 하면 주민등록정보가 변경되잖아?

그렇지.

그럼 그 변동자료가 '변동집계현황'의 '처리할 일'로 연계되는 거야.

그렇구나. 선정 이후가 진짜 시작이구나? 자산조사가 있는 공공부조가 왜 행정 비용이 많이 들어가는지 알겠다.

그렇지. 조사도 조사지만 계속적으로 자격관리를 해야 되는 거니까. 수행인력도 있어야 되고, 시스템도 구축해야 되고, 정기적으로 자료도 제공해야 되고, 조사도 해야 되지. 그뿐인가? 새로운 기준이 생기거나 이전 기준이 변경되면 변경된 사항에 대해서는 모든 걸 바꿔야돼. 다 비용이 드는 일이지.

그럼에도 불구하고 꼭 필요한 일이긴 하겠다, 그렇지?

두말하면 잔소리지. '급여의 적적성'을 위해선 꼭 필요한 일이야.

흔히, 복지공무원 사이에서는 '기초생활보장만 알면 다 안다'고 얘기한다. 물론, 모든 복지제도에 대한 얘기는 아니다. 하지만 적어도 소득인정액 기준이 있는 우리나라 공공부조에 대해서는 맞는 말이다. 한부모가족 지원제도, 차상위 지원제도, 긴급복지 지원제도, 기초연금, 장애인연금 등이 그렇다. 기초생활보장제도의 선정 기준은 이러한 공공부조의 근간이 된다.

따라서 이 책을 읽은 독자라면 다른 공공부조도 쉽게 이해할 수 있을 것이다. 각 제도의 선정 기준을 기초생활보장의 선정 기준과 비교해보기만 하면 된다. 이 책에서 배웠던 기초생활보장제도의 선정 기준이 '마스터키'가 될 것이다.

여타 복지제도와 마찬가지로 기초생활보장제도도 매년 혹은 수시로 기준이 변경된다. 앞으로의 개정사항에 대해서는 적절한 시기에 개정판을 통하여 보완해 나가도록 하겠다.

2019년 7월 15일

부록

2020년 중위소득 및 급여종류별 수급자 선정 기준

보건복지부는 7월 30일에 제58차 중앙생활보장위원회를 개최하여 2020
년도 기준 중위소득과 함께 각 급여별 선정 기준 및 최저보장수준을 심
의·의결함(해당 자료: 보건복지부 홈페이지).

1. 2020년 기준 중위소득

4인 가구 기준으로 2019년 대비 2.94% 인상

■ 2019년 및 2020년 기준 중위소득

(단위: 원/월)

가구원 수		1인	2인	3인	4인	5인	6인
기준 중위 소득	'19년	170만 7008	290만 6528	376만 32	461만 3536	546만 7040	632만 544
	'20년	175만 7194	299만 1980	387만 577	474만 9174	562만 7771	650만 6368

2. 2020년 급여별 선정 기준

주거급여 선정 기준은 중위소득의 45%로 적용('19년 44%)

■ 2019년 및 2020년 급여별 선정 기준

(단위: 원/월)

가구원 수		1인	2인	3인	4인	5인	6인
교육급여 (중위 50%)	'19년	85만 3504	145만 3264	188만 16	230만 6768	273만 3520	316만 272
	'20년	87만 8597	149만 5990	193만 5289	237만 4587	281만 3886	325만 3184
주거급여 (중위 45%)	'19년 (44%)	75만 1084	127만 8872	165만 4414	202만 9956	240만 5498	278만 1039
	'20년 (45%)	79만 737	134만 6391	174만 1760	213만 7128	253만 2497	292만 7866
의료급여 (중위 40%)	'19년	68만 2803	116만 2611	150만 4013	184만 5414	218만 6816	252만 8218
	'20년	70만 2878	119만 6792	154만 8231	189만 9670	225만 1108	260만 2547
생계급여 (중위 30%)	'19년	51만 2102	87만 1958	112만 8010	138만 4061	164만 112	189만 6163
	'20년	52만 7158	89만 7594	116만 1173	142만 4752	168만 8331	195만 1910

3. 2020년 의료급여 본인 부담 비용

자기공명영상장치(MRI, 척추), 초음파(자궁·난소) 등 비급여 항목의 급여화를 확대

■ 본인부담 비용

구분		1차 (의원)	2차 (병원, 종합병원)	3차 (지정병원)	약국	본인 부담 상한액
1종	입원	없음	없음	없음	-	매월 5만 원
	외래	1,000원	1,500원	2,000원	500원	
2종	입원	10%	10%	10%	-	연간 80만 원
	외래	1,000원	15%	15%	500원	

4. 2020년 임차가구 기준 임대료

2019년 대비 7.5~14.3% 인상

■ 2020년 임차가구 기준 임대료

(단위: 만 원/월)

구 분	1급지(서울)		2(경기·인천)		3(광역시·세종시)		4(그 외 지역)	
1인	26.6	(+3.3)	22.5	(+2.4)	17.9	(+1.6)	15.8	(+1.1)
2인	30.2	(+3.5)	25.2	(+2.6)	19.8	(+2.0)	17.4	(+1.3)
3인	35.9	(+4.3)	30.2	(+3.0)	23.6	(+2.3)	20.9	(+1.5)
4인	41.5	(+5.0)	35.1	(+3.4)	27.4	(+2.7)	23.9	(+1.9)
5인	42.9	(+5.2)	36.5	(+3.6)	28.5	(+2.7)	24.9	(+2.0)
6인	50.4	(+6.3)	43.0	(+4.1)	33.1	(+3.5)	29.1	(+2.4)

* 괄호는 2019년 대비 증가액임
* 가구원 수가 7인 이상인 경우 가구원 2인 증가할 때마다 기준 임대료 10% 증가

5. 2020년 자가가구 보수 한도액

2019년 대비 21% 인상

■ 2020년 자가가구 보수 한도액

구분		경보수(주기: 3년)	중보수(주기: 5년)	대보수(주기: 7년)
수선 비용	'19년	378만 원	702만 원	1,026만 원
	'20년	457만 원(+79만 원)	849만 원(+147만 원)	1241만 원(+215만 원)

6. 2020년 교육급여 지급기준 및 지급내역

고등학교 부교재비 약 60% 인상 등

■ 2019년 및 2020년 교육급여 지급기준 및 지원내역

지급대상	급여항목	최저 교육비	1인당 지급금액(연간)		비고 ('19년 대비)
			'19년	'20년	
초등학생	부교재비	13만 1208원	13만 2000원	13만 4000원	1.4%↑
중학생		20만 8860원	20만 9000원	21만 2000원	1.4%↑
고등학생			20만 9000원	33만 9200원	62%↑
초등학생	학용품비	7만 494원	7만 1000원	7만 2000원	1.4%↑
중·고등학생		8만 826원	8만 1000원	8만 3000원	1.4%↑
고등학생	교과서대		해당 학년의 정규 교육과정에 편성된 교과목의 교과서 전체		
	수업료 및 입학금		연도별·급지별 학교장이 고지한 금액 전부